SCORPIO

Melanie Tonia Evans

Endlich frei!

Ausstieg aus narzisstischen Beziehungen

Aus dem Englischen
von Barbara Rusch

SCORPIO

Der Originaltitel *You Can Thrive After Narcissistic Abuse. The #1 System for Recovering from Toxic Relationships* erschien 2018 bei Watkins, an imprint of Watkins Media Limited, London.

Die Autorin und der Verlag bedanken sich bei Coleman Barks und HarperCollins für die freundliche Genehmigung, aus *The Essential Rumi* (Neue erweiterte Ausgabe) zu zitieren, HarperCollins, 2004, herausgegeben und übersetzt von Coleman Barks.

Wichtiger Hinweis: Die Informationen und Ratschläge in diesem Buch wurden mit größter Sorgfalt von Autorin und Verlag erarbeitet und geprüft. Alle Leserinnen und Leser sind jedoch aufgefordert, selbst zu entscheiden, ob und inwieweit sie die Anregungen in diesem Buch umsetzen wollen. Insbesondere soll dieses Buch keine Beratung, Diagnose oder Behandlung durch medizinische oder psychologische Experten ersetzen. Eine Haftung der Autorin bzw. des Verlags für Personen-, Sach- oder Vermögensschäden ist ausgeschlossen.

MIX
Papier aus verantwortungsvollen Quellen
FSC® C014889

Redaktion: Désirée Schoen
Umschlaggestaltung: Favoritbuero, München
Umschlagabbildung: © mysondanube/gettyImages,
© bastinda18/shutterstock
Layout und Satz: Danai Afrati
Druck und Bindung: Pustet, Regensburg
ISBN 978-3-95803-238-5

www.scorpio-verlag.de

Inhalt

Vorwort

VON DR. CHRISTIANE NORTHRUP

Vor einigen Jahren rief mich eine Kollegin an und schockierte mich mit der Mitteilung, dass sie sich nach dreißig Jahren Ehe von ihrem gut aussehenden, erfolgreichen Ehemann – einer Säule der Gemeinde – scheiden lassen würde. Sie hatte herausgefunden, dass er eine Affäre hatte. Doch dies war erst der Anfang. Mit der Zeit fiel es ihr wie Schuppen von den Augen, dass ihre Ehe und ihre Beziehung nichts weiter als eine Illusion gewesen waren. Eine Illusion, die sie jahrzehntelang mit all ihrer Energie gehegt und gepflegt hatte. Er war nie der Mann gewesen, als den sie sich ihn vorgestellt hatte; der Mann, nach dessen Aufmerksamkeit sie sich sehnte, die sie jedoch nie wirklich erlangte – wofür sie ihren eigenen Unzulänglichkeiten die Schuld gab. Nein, er war weitaus schlimmer. Sie fand heraus, dass er ihre gemeinsame Tochter sexuell missbraucht hatte und zudem praktisch ein Doppelleben führte: Nach außen gab er sich als pflichtbewusster Vater und Ehemann – respektiert von der ganzen Gemeinde und der erweiterten Familie –, aber hinter dieser Fassade war er ein vollkommen anderer. Und wie so häufig, glaubte ihr niemand ihre Seite der Geschichte. Aber das war egal. Sie konnte sich befreien.

Weil ich damals bereits so viel Erfahrung mit narzisstischer Persönlichkeitsstörung gesammelt hatte, konnte ich ihr helfen zu erkennen, womit sie es zu tun hatte … und, weitaus wichtiger noch, sie in die richtige Richtung führen, damit sie das Ganze nicht nur überstehen – sondern als »Thriver« aufblühen würde.

Die Genesung meiner Kollegin und Tausender anderer wurde enorm durch die unglaublich wirksame Arbeit von Melanie Tonia Evans befeuert, die ich vor einigen Jahren kennenlernte. Eine

Freundin von mir absolvierte während ihrer Scheidung Melanies *Narcissistic Abuse Recovery Program*. Jeden Tag rief sie mich an, um mir von ihren Einsichten, ihren emotionalen Zusammenbrüchen, aber auch ihren Durchbrüchen und Fortschritten zu erzählen. Auch sie ist heute auf jeder Ebene ein Thriver. Und wir alle hören uns regelmäßig Melanies *Thriver TV* an – damit wir nicht in alte empathische (aber unwirksame) Muster zurückfallen.

Unser Leben als Thriver ist der pure Gegensatz zu dem Leben der meisten anderen, die in Beziehungen mit cleveren narzisstischen Menschen – meisterhaften Manipulierern, die einem das Fell über die Ohren ziehen – stecken, einschließlich der Therapeuten, bei denen die Opfer Hilfe suchen. Unsere Gesellschaft beginnt erst sehr langsam zu verstehen, dass Persönlichkeitsstörungen, die meist auch Narzissmus beinhalten, ein enormes, bislang nicht erkanntes Problem – epidemischen Ausmaßes – für das Gesundheitswesen darstellen. Erst seit Kurzem hat der Berufsstand der Psychologen überhaupt erkannt, dass eine konventionelle Gesprächstherapie bei narzisstischen Menschen ganz und gar nicht hilft. Ebenso wenig wie »Wut-Management«. Tatsächlich werden sie durch konventionelle Therapie sogar noch schlimmer. Warum? Weil sie das, was sie in der »Therapie« lernen, nutzen, um das Leiden ihrer Partner und Partnerinnen oder Familienmitglieder noch zu verstärken. Narzisstische Menschen bewerben sich für die Opferrolle. Und sie spielen sie, egal, was passiert, auf einem oscarreifen schauspielerischen Niveau. Ihre Opfer unternehmen im Gegenzug alles, was in ihrer Macht steht, um den Narzisstinnen und Narzissten zu helfen, ohne zu verstehen, dass diese Energievampire nicht wie Menschen mit normaler Empathie denken und handeln. Sie besitzen keine Empathie. Für viele ist das einfach schwer zu glauben. Wir sind in der irrigen Überzeugung aufgewachsen, dass unsere Liebe und Energie alles und jeden heilen kann. Und in den meisten Bereichen unseres Lebens stimmt das auch. Doch in Bezug auf Narzisstinnen und Narzissten ist diese Überzeugung schlicht gefährlich.

Sandra Brown, die Autorin von *Women Who Love Psychopaths (Frauen, die Psychopathen lieben)*, sagt, dass »die Welt scheinbar auf merkwürdige Weise zu ihrem Vorteil gepolt ist«. Ein anderer Kollege – ein klinischer Psychologe mit über dreißigjähriger Erfahrung in der Behandlung von Männern, die von Priestern sexuell missbraucht wurden – erzählte mir, dass diese Menschen Chamäleons sind, die einen voll und ganz um den Finger wickeln können. »Selbst nach all den Jahren, die ich in diesem Bereich arbeite«, sagte er, »ist mir klar, dass ich noch immer von einem Narzissten verschaukelt werden kann, solange er oder sie ausreichend charmant und gut aussehend ist.« Ernüchternd, oder?

Ich schrieb *Vom Schatten ins Licht: Wie Sie Energieräuber erkennen und sich von ihnen befreien können,* weil mir nach 35 Jahren an vorderster Front geleisteter Arbeit für Frauengesundheit klar wurde, dass die große Mehrheit der Frauen, die unter sogenannten Autoimmun- oder rätselhaften Krankheiten wie chronisches Müdigkeitssyndrom, adrenale Erschöpfung, Fibromyalgie, rheumatische Arthritis, Hashimoto-Thyreoiditis oder Lupus litten, mit einem Energievampir zusammenlebte. Solche Betroffenen können nur gesunden, wenn sie endlich verstehen, mit wem sie es zu tun haben, und sich befreien. Als Expertin für ganzheitliche Frauengesundheit musste ich in Bezug auf dieses Phänomen Alarm schlagen, um Menschen zu helfen, sich aus dieser Toxizität zu befreien, bevor sie ihr Leben ruinierte. Und natürlich habe auch ich wie Melanie meine persönlichen Erfahrungen mit solchen Persönlichkeiten gemacht. Ich weiß, wie schwer es ist, sich vor ihnen zu retten. Und ich glaube fest daran, dass wir jetzt an einem Punkt der Geschichte angelangt sind, an dem unsere Gesellschaft langsam den durch Narzisstinnen und Narzissten verursachten Schaden zu sehen beginnt. Fraglos hat die durch den Harvey-Weinstein-Skandal ins Rollen gekommene #MeToo-Bewegung dazu beigetragen. Damit ist ein Schritt auf einer langen Reise getan.

Melanie Tonia Evans kennt die persönliche Hölle narzisstischen Missbrauchs hautnah und aus eigener Erfahrung. Viel wichtiger noch, hat sie einen Weg aus diesem Fegefeuer entdeckt: die in diesem Buch vorgestellte Heilmethode *Quanta Freedom Healing*. Nachdem ich ihren Online-Kurs absolviert habe, kann ich die Wirksamkeit ihrer Behandlung bestätigen. Es reicht nicht, Narzissmus mit dem Verstand zu durchdringen – auch wenn dies ein Anfang ist. Letztendlich muss jeder von uns seine Wunden tief im Inneren angehen – die uns zum Ziel für narzisstische Menschen machen. Wir müssen emotional und spirituell heilen – auf tiefster Ebene. Wir müssen uns nach innen wenden. Wir müssen den narzisstischen Menschen aufgeben und endlich das einzige Leben umarmen, das wir retten können: unser eigenes. In diesem Buch werden Sie genau erfahren, wie das geht. Auch Sie können ein Thriver werden, der nicht mehr ängstlich, krank oder unterdrückt ist. Danke, Melanie, dass du diese Arbeit für dich und für uns machst.

Dr. Christiane Northrup, Mai 2018
Autorin von *Vom Schatten ins Licht: Wie Sie Energieräuber erkennen und sich von ihnen befreien können*

Vorwort

VON THERESA CHEUNG

Es war immer meine Grundeinstellung, mein Leben von Liebe, Freundlichkeit, Mitgefühl und Empathie leiten und inspirieren zu lassen. Das Licht in jedem und allem zu sehen und feinfühlig gegenüber den Bedürfnissen anderer zu sein ist der Weg in den Himmel, sage ich meinen Lesern. Ich könnte meine spirituellen Bücher nicht schreiben, wenn ich nicht an die Wahrheit dieses Konzepts glauben würde. Vor ein paar Jahren jedoch wurde mein Glaube an den Himmel und die Macht der Liebe, alles zu erklären und zu bezwingen, bis in die Grundfesten erschüttert.

2014 tauchte jemand in meinem Leben auf, der mir von einer verlässlichen Quelle wärmstens empfohlen worden war. Ich hatte keinen Grund, an dieser Quelle zu zweifeln, doch in den folgenden zwei Jahren sollte ich die Hölle auf Erden erleben.

Die Geschichte ist lang und würde allein ein ganzes Buch füllen, deshalb gehe ich an dieser Stelle nicht weiter darauf ein. Es reicht, wenn ich sage, dass ich genau die Schmerzen, die Verwirrung, Leere und den Kummer erlebte, die Melanie so bewegend in diesem unglaublichen Buch beschreibt. Nie zuvor habe ich jemanden gekannt, der mit solcher Intensität schmeichelte, so voll und ganz an die eigene Großartigkeit glaubte und mir auf solche Weise verhieß, Magie in mein Leben zu bringen … und der mit solcher Leichtigkeit betrog und mit der Wahrheit spielte, dass ich nicht mehr wusste, was real war, der so gierig nahm, ohne einen Gedanken daran, etwas zurückzugeben, und dessen Versprechungen absolut nichts bedeuteten.

Trotz der qualvollen Intensität meiner Verwirrung und Schmerzen und offensichtlicher roter Warnlampen, anstatt mich selbst wertzuschätzen und wegzugehen, verschloss ich einfach die Augen vor der Wahrheit. Unerklärlicherweise begann ich alles zu tun, was ich konnte, um diesem Jemand zu helfen, ihn zu unterstützen oder zu beeindrucken, um die goldene Ära grenzenloser Liebe, die urplötzlich durch Ignorieren und Schweigen abgelöst worden war, wiederauferstehen zu lassen. Ich glaubte, dass er meinen Wert wieder erkennen würde, wenn ich ihn mit Liebe, Selbstaufopferung und Freundlichkeit überschüttete, doch je mehr ich von mir gab, desto schlimmer wurde es. Es war erbarmenswert. Ich verlor mich selbst, und ich kann ehrlich sagen, wäre ich nicht über Melanies Videos gestolpert, würde ich dieses Vorwort vielleicht nicht schreiben. Ganz sicher würde ich nicht dieses fröhliche, liebevolle und erfüllende Leben führen, das ich heute führe.

Ich bin eine spirituelle Autorin, und deshalb schreiben mir häufig Menschen, um mich um Rat zu fragen, warum schlimme Dinge passieren, oder weil sie meine spirituelle Wegbegleitung bei der Verarbeitung des Verlusts eines geliebten Menschen oder in einer Krise im Glauben an sich selbst suchen. Meine Leser liegen mir sehr am Herzen, und nichts bereitet mir mehr Freude, als zu lehren, mein Wissen zu teilen und die Spiritualität anderer wachsen zu sehen. Doch in diesem dunklen Abschnitt meines Lebens war ich plötzlich einfach nicht mehr fähig, anderen diese Führung mit Überzeugung anzubieten. Der Grund war, dass ich selbst Hilfe und spirituelles Verständnis brauchte.

Die Situation war so qualvoll und mein Herz in so viele Teile zerbrochen, dass ich nicht wusste, wohin ich mich wenden sollte. Ich bin mein ganzes Leben lang eigenständig gewesen, und andere, selbst Familie und Freunde, um Hilfe zu bitten, wenn ich sie brauche, fällt mir nicht leicht. Glücklicherweise hatten mir in der Vergangenheit meine spirituellen Glaubensvorstellungen und die Energie der Liebe und Freude in meinem Herzen durch schwierige Zeiten geholfen und mir die nötige Kraft und Hoffnung gegeben. Dieses Mal jedoch war die Situation dramatisch anders. Mein Herz war verdorrt, mein Geist leer. Ich brauchte dringend Hilfe, und so tat ich, was ich immer tue: Ich betete darum. Der Himmel (mit etwas Hilfe von Google) antwortete mir durch die YouTube-Videos von Melanie Tonia Evans. Ich war sofort von ihrer Botschaft fasziniert. Sie kam mit aller Kraft bei mir an. Ich schrieb mich für ihr NAR-Programm ein, und das Abenteuer meiner Heilung begann.

Vier Jahre später bin ich dank Melanie am Ende des narzisstischen Tunnels und an jenem Punkt angelangt, an dem ich tatsächlich dankbar für die Erfahrung bin, weil sie mir zeigte, dass es mir gravierend an Selbstliebe fehlte. Melanie half mir, etwas zu verstehen, was ich instinktiv wusste, an das ich aber offensichtlich erinnert werden musste: nämlich dass ich das Verständnis, die Bestätigung, die Verehrung und die Begeisterung, die ich von außen zu bekommen versuchte, in meinem Inneren entdecken musste. Ich habe auch ein Stadium erreicht, in dem ich wirklich keine Rache mehr brauche, weil ich weiß, dass – um es mit John Milton (1608–1674) zu sagen –: »Wohin ich fliehe, ist die Hölle da. Ich bin selbst die Hölle«, und dass für einen Narzissten das Gesetz des Karmas sorgen wird. Dank Melanies spiritueller Weisheit kann ich loslassen und diesem Jemand einfach Liebe übersenden und hoffen, dass er seinen Frieden findet.

Natürlich sage ich all dies im Nachhinein, denn damals schienen Verständnis, Hoffnung und jegliche liebevolle Lösung ein Ding der Unmöglichkeit. Deshalb freue ich mich so unglaublich, heute dieses Vorwort zu schreiben, weil ich weiß, dass dieses Buch jedem, der es liest, Heilung, Verständnis, Trost, Unterstützung, Liebe und freudige Hoffnung geben wird. Ob man nun narzisstischen Missbrauch erlitten hat oder nicht, dieses Buch sollte für jeden Menschen Pflichtlektüre sein, weil immer mehr eine narzisstische Persönlichkeitsstörung haben und, wie Melanie erklärt, sensible, empathische Menschen für Narzisstinnen und Narzissten die Droge der Wahl sind. Wenn Sie bislang noch keinem narzisstischen Menschen begegnet sind, dann ist die Wahrscheinlichkeit hoch, dass Sie irgendwann auf einen treffen werden. Die Informationen in diesem Buch werden Ihnen helfen, die Warnsignale früher zu erkennen und einem Leben aus Schmerzen, Kummer und Verwirrung zu entgehen.

Ich glaube nicht an die Hölle, aber eine Beziehung mit einem narzisstischen Menschen zu haben oder mit einem aneinanderzugeraten fühlt sich ziemlich danach an. Glücklicherweise gibt es einen Engel auf Erden in der Person von Melanie Tonia Evans, der uns zeigt, dass ein Leben nach dem narzisstischen Missbrauch nicht nur erfüllender sein kann als zuvor, sondern dass es den Himmel auf Erden wirklich gibt. Der erste Ort, um nach diesem Verständnis und nach Heilung zu suchen, liegt in unserem Inneren. Der Weg ist extrem schwierig, solange man auf sich selbst gestellt ist, aber das sind Sie nicht: Melanie und ihr Team stehen bereit, um Sie zu heilen, zu führen und bei jedem Schritt auf Ihrem Weg zu unterstützen.

Indem Sie dieses Buch lesen, lassen Sie sich selbst etwas unglaublich Stärkendes, Liebevolles und Heilendes zukommen. Es könnte die wertvollste Anschaffung sein, die Sie je getätigt haben. Ich freue mich sehr für Sie, dass Sie nun den ersten Schritt auf dem Weg hinaus aus dem schwarzen Loch des narzisstischen Missbrauchs getan haben. Zusammen mit Melanies Online Thriver Community kann dieses lebensverändernde Buch wahrhaftig Ihr Licht in der Dunkelheit sein. Es ist ein Kurs in Selbstheilungswundern, eine Rückkehr zur Liebe. Es ist die Antwort des Himmels für Sie.

Theresa Cheung, Mai 2018
Autorin der *Sunday Times*-Bestseller *Answers from Heaven*
und *Achtsamkeitsrituale. 21 Wege zu einem glücklicheren Leben*
www.theresacheung.com

Einleitung

Dieses Buch ist ein Buch für jeden von uns. Die meisten Menschen haben entweder selbst eine Form des narzisstischen Missbrauchs erlitten oder kennen jemanden aus dem engsten Umfeld, dem dies widerfahren ist. Doch niemand, der nicht selbst die Erfahrung narzisstischen Missbrauchs gemacht hat, kann den Umfang dieser lautlosen Epidemie ermessen. Geschweige denn, dass er oder sie nachvollziehen könnte, dass einen die Auswirkungen in eine nie zuvor erfahrene, abgrundtiefe Verzweiflung stürzen lassen können – und in welches Entsetzen darüber, dass man sich davon offenbar einfach nicht erholen kann.

Ich möchte Ihnen gleich zu Beginn sagen, dass dieses Buch für Sie wichtig ist, wenn Sie aufgrund einer traumatischen Beziehung leiden, sei es zu einem Elternteil, Ehepartner, Geliebten, Freund, Chef, Kollegen, Geschäftspartner – es kann sogar Ihr eigenes Kind sein. Dabei ist es unerheblich, ob Sie aktuell in einer missbräuchlichen Beziehung gefangen sind oder noch mit der Heilung von längst vergangenen Erfahrungen kämpfen. Und Sie müssen auch gar nicht genau wissen, ob ein Mensch nun ein echter Narzisst ist oder nicht, um von den in diesem Buch vorgestellten wirksamen Heilmethoden zu profitieren. Das einzige für Sie wichtige Kriterium ist, dass Sie von schmerzvollen und enttäuschenden Beziehungen genug haben.

Dieses Buch behandelt zwar in erster Linie die Heilung von narzisstischem Missbrauch, doch es geht auch weit darüber hinaus: Es hilft Ihnen, die Dynamiken des Narzissmus kennenzulernen und zu verstehen, und vor allem zeigt es Ihnen, wie Sie von dessen schleichender Giftwirkung vollständig genesen können. *Endlich frei!* handelt im Wesentlichen davon, wie jeder Einzelne Teil eines geheilten globalen Ganzen ist und wie wir uns selbst zurückgewinnen – trotz Missbrauch und Missbrauchern. Dies erfordert jedoch, jenseits unserer rationalen Denkprozesse tief in unser Selbst einzutauchen, um die Symptome zu behandeln, die wir früher für nicht behandelbar hielten. Erst dann können wir beginnen, das Undenkbare zu heilen und das Trauma zu überwinden, das wir einst für unüberwindbar hielten, um ein erfüllteres Leben zu führen, als wir es je zuvor – auch vor dem Missbrauch – kannten.

Es ist Teil meiner Heilmethode, eine höhere Macht heranzuziehen, und tatsächlich funktioniert sie nur durch diese Verbindung. Dennoch liegt es mir fern, Ihnen eine bestimmte Spiritualität aufzudrängen, denn das Konzept Ihrer höheren Macht können Sie selbst bestimmen. Sie könnte zum Beispiel auch buchstäblich das »Leben« selbst sein. Der Einfachheit und Einheitlichkeit halber verwende ich in diesem Buch für diese höhere Macht Begriffe wie »Lebenskraft«, »Lebensquelle« und »Schöpfung«, die, wie ich glaube, im Grunde alle dasselbe bezeichnen.

Ich bin mir bewusst, dass viele Mitglieder unserer Community leider aufgrund von religiösem Missbrauch (oder aus anderen Gründen) eine Aversion gegenüber dem Begriff »Gott« hegen, was ich zutiefst respektiere. Wer jedoch damit keine Probleme hat: Ich verwende die Begriffe Lebenskraft, Lebensquelle und Schöpfung in einem Sinn, der durchaus mit Gott gleichgesetzt werden kann. Wenn Sie nicht an Gott glauben, dann könnten Sie einfach stattdessen eine »Energie« anerkennen. Heilung und Transformation erfolgen unabhängig davon, wie wir dieses Prinzip nennen.

In diesem Buch spreche ich zudem von früheren Leben. Tatsächlich glaube ich fest an Vorleben. Ich glaube auch daran, dass die Leiden, die wir zur Heilung ausgewählt haben, in unseren Leben so lange immer wieder auftauchen werden, bis wir sie endlich bewältigen. In meiner früheren Tätigkeit als Rückführungstherapeutin erhielt ich immer wieder erstaunliche Beweise für frühere Leben von

Menschen, die sich an historische Ereignisse erinnerten, von denen sie zuvor überhaupt keine bewusste Kenntnis besaßen. Dazu gehörten Namen, Daten und Ereignisse, die in historischen Aufzeichnungen, zum Beispiel in Geburtsurkunden, nachgeprüft werden konnten. Und ich erlebte dies auch viele Male an mir selbst während meiner eigenen Rückführungen. Ich glaube, dass der Ursprung unserer Traumata und Missbrauchsmuster meist in brutalen historischen Epochen liegt und sie von Leben zu Leben weitergetragen werden. Deshalb müssen wir unser Bewusstsein erweitern und uns bemühen, die größeren Zusammenhänge zu erkennen, um so das Trauma oder den Missbrauch an der Wurzel zu packen und zu entfernen – denn sonst können wir niemals heilen.

Gleiches gilt für epigenetische Traumata, die über das Molekulargedächtnis und die Expression unserer Gene von Generation zu Generation weitergegeben werden, bis sie endlich ein Mensch aus seiner DNA löst und heilt und auf diese Weise den Kreislauf für sich selbst und für kommende Generationen durchbricht. Mittlerweile glauben immer mehr Menschen daran, dass Traumata von unseren Vorfahren über das Erbgut – die Gene – an uns weitergereicht werden können.

Derzeit gibt es noch keinen wissenschaftlichen Beweis für die Existenz von früheren Leben (wobei darüber bereits äußerst überzeugende Bücher geschrieben wurden, wie zum Beispiel Brian L. Weiss' Klassiker *Die zahlreichen Leben der Seele*). Seien Sie sich aber im Klaren, dass es für die Wirkung meiner Heilbehandlung vollkommen unerheblich ist, ob Sie ebenfalls davon überzeugt sind: Sie wird das Trauma aus Ihrer Vergangenheit klären, ganz gleich, worum es sich dabei handelt und was Sie glauben.

Im Bereich der Epigenetik hingegen gewinnen die stützenden wissenschaftlichen Beweise derzeit unglaublich an Kraft, und ich werde mich in diesem Buch auf sie beziehen.

Dieses Buch behandelt die Heilung von narzisstischem Missbrauch, einem Missbrauch, der in einer wie auch immer gearteten

Beziehung mit einem Menschen mit narzisstischer Persönlichkeitsstörung (NPS) erfolgt. Diese Menschen werden oftmals auch mit Bezeichnungen wie »Psychopath« oder »Soziopath« versehen. »Narzisst« wiederum ist inzwischen ein Schlagwort, mit dem viele geradezu um sich werfen und es auch auf Personen anwenden, die zwar vielleicht gedankenlos und sogar egoistisch, aber sicherlich keine Narzissten sind.

Tatsächlich können wir alle bisweilen ein wenig (oder auch ziemlich!) narzisstisch sein – besonders wenn wir uns unsicher, verletzt und emotional getriggert fühlen. In solchen Situationen schlagen wir um uns, reagieren, ohne nachzudenken, und sagen oder tun womöglich Dinge, auf die wir später nicht stolz sind. Es besteht jedoch ein riesiger Unterschied zwischen »gelegentlichem Narzissmus« und »malignem Narzissmus«: Maligne Narzisstinnen und Narzissten agieren nicht nur gedankenlos und verletzend, sondern sie sind von Grund auf bösartige pathologische Lügner. Sie besitzen keinerlei Empathie und benutzen andere Menschen – häufig zu deren Nachteil –, um zu bekommen, was sie möchten. Und sie handeln nicht nur gelegentlich, sondern *immer* so und empfinden danach (im Gegensatz zu Menschen mit einem Gewissen) *keine* Reue oder Bedauern. Sie können zwar, wenn es ihren Absichten dient, so tun, als ob sie diese empathischen menschlichen Qualitäten besäßen, aber in Wahrheit haben sie sie nicht.

Leider haben viele von uns solche gefährlichen Menschen in ihr Leben gelassen und sind von ihnen zerstört worden. Und da Sie dieses Buch lesen, gehören auch Sie wahrscheinlich dazu. Genau aus diesem Grund habe ich es geschrieben: um Ihnen zu helfen, die verloren gegangenen Anteile Ihres Selbst wieder zurückzugewinnen und auf eine Weise vollständig zu heilen, wie Sie es bislang in Ihren kühnsten Träumen nicht für möglich gehalten hätten.

Im ersten Teil des Buches beschäftigen wir uns mit narzisstischem Missbrauch, lernen seine Formen und Auswirkungen auf uns und unsere Beziehungen kennen. Im zweiten Teil sind die zehn

Schritte dargestellt, mit deren Hilfe Sie sich mit Ihrem Trauma verbinden und es heilen können. Der dritte Teil zeigt auf, was wir aus narzisstischem Missbrauch – sowohl für uns selbst als auch für zukünftige Generationen – lernen und wie wir weiter vorankommen können. Dazu stelle ich Ihnen im ganzen Buch wahre Geschichten von Menschen vor, die sich selbst von narzisstischem Missbrauch geheilt und ihrem Leben auf eine bisher nicht gekannte, wunderbare Weise eine neue Richtung gegeben haben. Um ihre Privatsphäre zu schützen, habe ich lediglich einige Namen und Details geändert, durch die sie sonst erkannt werden könnten.

Zunächst möchte ich Ihnen jedoch versichern, dass ich weiß, wie komplex und vielschichtig narzisstischer Missbrauch ist und wie wichtig es für Sie ist, die bestmögliche Hilfe und Unterstützung zu erhalten. Um genesen zu können, müssen Sie stets zur Wahrheit vorstoßen, ob Sie nun unter dem Trauma seit Tagen, Jahren oder Ihr ganzes Leben gelitten haben.

Deshalb möchte ich an dieser Stelle auf meinen Online-Kurs verweisen. Ich lehre seit über zehn Jahren Menschen online, wie sie von Missbrauch genesen und sich ein missbrauchsfreies Leben gestalten können. In dieser Zeit habe ich gelernt, dass es vielen hilft, einer bestimmten Struktur, einem Schritt-für-Schritt-Prozess zu folgen, um vom zerstörerischen Trauma des narzisstischen Missbrauchs zu genesen. Ich habe auch gelernt, wie wichtig ein Unterstützersystem ist, sodass man, wenn man nicht mehr weiterkommt, um Anleitung bitten kann und Rat von jemandem erhält, der genau weiß, was man gerade durchmacht. Aus diesem Grund habe ich einen kostenlosen Online-Kurs zusammengestellt und eine Community gegründet, um dieses Buch zu begleiten – mein »You Can Thrive Program«, für das Sie sich hier registrieren können: www.youcanthriveprogram.com. In diesem Programm führe ich Sie genauso zu Ihren Ressourcen, wie ich Sie durch dieses Buch begleite.

Okay, wenn Sie also genug haben von all dem Schmerz, dem Irrsinn und den Gefühlen der Hilflosigkeit, die mit narzisstischem

Missbrauch einhergehen, dann ist es an der Zeit, loszulegen. Lassen Sie es uns gemeinsam angehen! Ich freue mich darauf, Ihnen dabei zu helfen, zu genesen und ein Thriver zu werden.

In Liebe

Melanie

Noch ein Hinweis: Ich verwende in diesem Buch der besseren Lesbarkeit wegen überwiegend die männliche Form. Aber selbstverständlich können Menschen jeden Geschlechts sowohl narzisstische Missbraucher als auch Missbrauchte sein.

1
Wie alles anfing

Dieses Buch zu schreiben war für mich eine Herzensangelegenheit. Tatsächlich erzählt dieses Buch mein Leben – wie es beinahe endete und wie es heute ist. Anfänglich war mir nicht klar, dass meine Geschichte die Geschichte so vieler anderer Menschen ist. Ich wollte nur irgendwie ein einzelnes verheerendes Ereignis in meinem Leben überleben, das jeden Schrecken überstieg, den ich mir bis dato hatte vorstellen können. Erst später entdeckte ich, dass viele Menschen Ähnliches erlebt hatten und wie viele von uns darüber schwiegen, sich gefangen und machtlos fühlten, voller Scham, Schmerz und Furcht und ohne eine Ahnung, womit sie es wirklich zu tun hatten.

Wie so viele andere Menschen weltweit erlitt ich narzisstischen Missbrauch, das heißt, ich wurde von einem Menschen mit narzisstischer Persönlichkeitsstörung (NPS) missbraucht. Ein solcher Mensch ist pathologisch selbstbezogen, stellt übertriebene Ansprüche und ist gefangen in Emotionen und Verhaltensweisen, die niemand von uns jemals erlebt hat und die durch Dinge ausgelöst werden, über die sich normale Erwachsene gar nicht aufregen. Beziehungen mit solchen Menschen sind zerstörerisch und verwirrend; sie rauben ihren Opfern ihr Selbstwertgefühl, ihre persönlichen Rechte und Ressourcen.

Leider tritt narzisstischer Missbrauch in geradezu epidemischem Ausmaß auf. Um die extreme Verwirrung und Traumatisierung zu verstehen, die er bewirkt, muss man aber von einem narzisstischen Menschen aus den üblichen Kämpfen und Kümmernissen des Lebens (die schwierig genug sind) herausgerissen und mitten in die Hölle hineingeworfen worden sein. Wie so viele andere Betroffene weiß ich, wie es sich anfühlt, genau von jenem Menschen ausgeplündert, seelisch vergewaltigt, verteufelt und weggeworfen zu werden, dem wir unser Herz geschenkt haben und vertrauen. Diese Erfahrung zersplittert einem die Seele.

Ich bin sehr dankbar für die Möglichkeit, dieses Buch schreiben zu dürfen, denn narzisstisch missbrauchte Menschen suchen verzweifelt Hilfe. Es ist traurig und erschreckend, dass es für Narzisstinnen und Narzissten bislang keine wirksame Heilung oder zumindest eine Behandlung gibt, durch die sie sich bessern könnten (dies vor allem, weil sie gar nicht denken, dass etwas falsch an ihnen ist) – und dass es auch nur wenige echte Heilungschancen für deren Opfer gibt. Nur allzu oft erleiden von Narzissten verletzte Menschen schwere Traumata, verlieren das Vertrauen in sich selbst und andere, entwickeln anhaltende psychische Erkrankungen wie eine posttraumatische Belastungsstörung (PTBS) oder Agoraphobie, und ihre einzige Hoffnung ist, diese schrecklichen Leiden irgendwie in den Griff zu bekommen. Darüber hinaus sehe ich überall in Familien den heimtückischen Kreislauf des narzisstischen Missbrauchs, wobei sich durch die Traumata, die von Generation zu Generation weitergegeben werden, schädliche Muster entwickeln und die Kinder von Missbrauchten nicht selten selbst zu Opfern oder sogar Tätern werden.

Als eine Mutter, deren Sohn schrecklich unter dieser Form von Missbrauch litt und der in seinem Kampf für seine Heilung fast sein Leben verlor, weiß ich, wie entscheidend es für unsere Heilungssysteme ist, sich hinreichend anzupassen und so zu ändern, dass eine echte Heilung erfolgen kann – mit genesenden Erwachsenen, die als gutes Beispiel vorangehen. Von narzisstischem Missbrauch gesunden, anderen bei der Heilung helfen und unseren Kindern eine gesunde und ganzheitliche Seinsweise zu übermitteln ist für mich zur Passion geworden. Tatsächlich ist die Mission »wirklich heilen« zu meinem *dharma* – meiner Lebens-/Liebesmission – geworden, die nun den Kern meiner Arbeit bildet.

Mein Weg begann, als ich mit 35 Jahren einen Menschen traf, von dem ich glaubte, dass er der perfekte Mann für mich sei. Er war warmherzig, zuvorkommend und attraktiv. Und er war so unterstützend, einfühlsam und spirituell. Ich verliebte mich in ihn – Hals über Kopf, mit allen Fasern meines Seins. Ich erlebte eine Verbindung mit einem Seelenverwandten, die mich so umwarf, dass ich eines Tages zu ihm sagte: »Ich bin so verliebt, dass ich nicht mehr geradeaus sehen kann.« Das war völlig untypisch für mich, und zur Überraschung aller, die mich kannten, war ich, sechs Wochen nachdem ich ihn kennengelernt hatte, mit ihm verlobt, und vier Monate später feierte ich meine Traumhochzeit.

Alles schien perfekt, und doch stellten sich mir von Zeit zu Zeit die Haare im Nacken auf, wenn er einen Kommentar abgab oder mich auf eine Weise anblickte, die mir einfach nicht richtig schien. Schon bald hatte er meine ganze Zeit in Beschlag genommen. Ich fühlte mich zwar ein wenig kontrolliert, deutete es jedoch als einen Ausdruck dafür, wie sehr er mich liebte.

Dann erfuhr ich, dass seine Krebserkrankung – ein Melanom, gegen das er angeblich in der Vergangenheit eine Chemotherapie erhalten und das in Remission gewesen war – wieder ausgebrochen war. Ich war für uns beide am Boden zerstört. Doch ich liebte diesen Mann so sehr, dass ich ihm absolut zur Seite stehen und alles, was ich konnte, unternehmen wollte, um ihm dabei zu helfen, die Krankheit zu überstehen. Bald danach stellte ich fest, dass mit der Erkrankung auch seine Eifersucht extrem zugenommen hatte. Verhalten, das zuvor unangenehm gewesen war, eskalierte in unzumutbare Ansprüche: Ich sollte nicht mit anderen Männern sprechen oder sie auch nur anschauen. Er verbot mir, männliche Klienten zu behandeln, und befragte mich über jede Minute meines Tagesablaufs oder verfiel in Wutausbrüche, wenn ich etwas später nach Hause kam, weil ich im Supermarkt in der Schlange hatte warten müssen.

Ich führte dieses Verhalten auf die Krebserkrankung zurück, doch egal, wie sehr ich ihn liebend unterstützte und ihm versicherte, dass ich ihn nicht verlassen würde, seine Eifersucht wurde immer stärker und entwickelte sich zu einer ausgewachsenen Paranoia. Schon nach kurzer Zeit war ich so weit, dass ich vor jedem Mann zurückschreckte und zu Boden blickte, wenn ich mit ihm in der Öffentlichkeit unterwegs war, voller Angst, dass ein anderer Mann auch nur in meine Richtung schauen könnte.

Als ich Monate später herausfand, dass der angebliche Krebs nur eine von ihm genial eingefädelte Täuschung war, um Mitgefühl und Aufmerksamkeit zu erhalten, zeigte er genau einen Tag lang Reue. Nachdem es nun keine Krebserkrankung mehr gab, hinter der er sich verstecken konnte, kontrollierte und missbrauchte er mich jedoch nur noch schlimmer. Ich wusste damals nicht, dass er mich auf diese Weise dafür bestrafte, seinen Schwindel aufgedeckt zu haben.

Und noch andere Dinge kamen ans Licht: Seine ganze Vergangenheit war ein großer Schwindel, der von ihm behauptete finanzielle Erfolg entsprach nicht der Wahrheit. Langsam realisierte ich, dass er permanent und über alles log. Eine Lüge verschleierte die vorhergehende – und ich wusste langsam nicht mehr, was wahr war und was nicht.

Erschwerend kam hinzu, dass ich anfänglich keine Vorstellung davon hatte, wie süchtig ich nach ihm geworden war und wie eng mit ihm verstrickt. Es war nun offensichtlich, dass etwas furchtbar schieflief und ich von ihm erheblich missbraucht, über den Tisch gezogen und isoliert wurde, doch ich fühlte mich unfähig, ihn zu verlassen. Unseren ganzen Besitz hatten wir gemeinsam, und er häufte Schulden an. Es gab zahlreiche schwebende Gerichtsverfahren aufgrund seiner Betrügereien und krummen Geschäfte, und ich versuchte nur noch ständig, Schadensbegrenzung zu betreiben, damit wir das Dach über unserem Kopf nicht verloren.

Hektisch Katastrophen und Schwierigkeiten aus der Welt zu schaffen lenkte mich ständig davon ab, was wirklich mit mir geschah: Meine Seele war zersprungen und meine Fähigkeit, meine

Wahrheit, meine Rechte oder Bedürfnisse zu bestimmen, zerstört. Es kam so viel ans Licht, das nicht meinem Bild von ihm als Märchenprinzen entsprach, und meine grenzenlose Liebe verwandelte sich langsam in Kritik und Verachtung. An diesem Punkt begann die verbale, körperliche und sexuelle Gewalt – und noch immer verließ ich ihn nicht. Es stand zu viel auf dem Spiel, auch all das, wofür ich mein ganzes Leben gearbeitet hatte, bevor ich ihn getroffen hatte. Und deshalb trennte ich mich nicht von ihm, so dachte ich zumindest. Doch später lernte ich, dass ich von ihm wie psychisch besessen war. Jeder Aspekt meiner Gefühle und Gedanken war von ihm besetzt. Ich fühlte mich, als ob ich ohne ihn nicht einmal mehr atmen könnte. Darüber hinaus standen immer seine Drohungen im Raum. Er hatte schon zuvor das Leben von Menschen zerstört, und zwar Stück für Stück, erzählte er mir, und wenn ich versuchen würde, ihn zu verlassen, wäre er absolut fähig, auch mir dies anzutun.

In den folgenden vier Jahren gab es Zeiten, in denen ich mich mehr davor fürchtete, bei ihm zu bleiben, als davor, ihn zu verlassen – und ich versuchte, ihm zu entfliehen. Doch dann stalkte und terrorisierte er mich, riss alles nieder, was ich aufgebaut hatte, griff die Menschen in meinem Umfeld an und zwang mich so, zu ihm zurückzukehren, damit er mein Leben nicht vollständig zerstörte. Oder er tauchte total zerknirscht und reuevoll auf und erklärte, dass er von nun an alles tun würde, um unsere Ehe zu retten. Wieder und wieder gab ich nach und kehrte zu ihm zurück. Trotz allem hielt ich stur an der Vorstellung fest, dass ich diesen Mann kurieren und verändern könnte.

Selbstverständlich konnte das niemals gut gehen. Im Gegenteil, der Kreislauf der Gewalt verschlimmerte sich nur. Immer wieder kamen wir zusammen. Dann beteuerte er, dass er alles daransetzen würde, um sich zu ändern, und ich verzieh ihm die unverzeihlichen Dinge, die er mir angetan hatte, wie meine Bürocomputer zu stehlen und Schecks für mein Konto zu fälschen (die Liste ist endlos).

Doch schon nach kurzer Zeit baute sich die Spannung wieder auf, die Situation explodierte, und irgendwie kam ich wieder los von ihm, auch weil ich oft fürchtete, dass ich sterben würde, wenn ich ihn nicht verließ.

Schließlich zog ich aus und mietete mir eine Wohnung, doch ich war immer noch süchtig nach ihm. Ich konnte einfach nicht aufhören, an ihn zu denken oder mich zwanghaft mit ihm zu beschäftigen. Er lebte in dem Haus, das ich bezahlt hatte, renovierte es und behauptete, dass es ihm gehörte. Ich war zutiefst entsetzt über sein Verhalten, und trotzdem hatten wir noch immer gelegentlich »Dates«, die zu unaussprechlich traumatischen Abenden führten. Manche davon waren so schrecklich, dass ich tatsächlich keine bewusste Erinnerung mehr daran habe.

Nach einer erneuten Runde nach dem Motto »Ich werde alles tun, um diese Ehe zu retten« überredete ich ihn, mit mir zusammen eine Spezialistin für Persönlichkeitsstörungen aufzusuchen, die bei ihm eine narzisstische Persönlichkeitsstörung (NPS) diagnostizierte. Kurz darauf ging er nicht mehr zu den Sitzungen. Die Spezialistin behandelte mich weiter und versuchte mir zu helfen, ihn zu verlassen. Die junge Frau, die immer vor mir ihre Termine hatte, war von einem Narzissten schwanger und erzählte mir, dass sich seine letzten drei Freundinnen alle selbst getötet hatten. Langsam dämmerte mir, wie ernst meine Lage war, vor allem als die Spezialistin mit mir Klartext redete: »Das sind Ihre vier Optionen, wenn Sie bei ihm bleiben. Entweder wird er Sie umbringen, oder Sie werden sich selbst umbringen, oder Sie haben einen Nervenzusammenbruch, oder Sie entwickeln durch den Dauerstress eine schreckliche, möglicherweise sogar tödliche Krankheit.«

Ich fragte sie, was mit einem bei einem Nervenzusammenbruch passiert. Sie erzählte mir von einer Patientin, die von einem Kriseninterventionsteam in eine Klinik gebracht worden war, weil sie ihre gesamte Kleidung aus dem Fenster im Obergeschoss ihrer Wohnung schmiss und dazu Unverständliches schrie. Die Frau war jetzt, 18

Monate später, immer noch in der Psychiatrie. »Es ist ein langer Weg zurück von einem Zusammenbruch«, erklärte meine Therapeutin.

Nur wenige Wochen danach mahnte sie, dass ich ihrer Meinung nach selbst einem Zusammenbruch nahe war. Ich wog nur noch 37 Kilo, meine Haare fielen büschelweise aus, und meine PTBS sprengte alle Vorstellungen. Seit Monaten schon hatte ich nicht mehr richtig essen und schlafen können, und ich zitterte fast unablässig. Wie eine Drogenabhängige traf ich mich immer noch mit meinem Mann, und weil jeder darüber entsetzt war, log ich über diese Treffen und erfand Vorwände dafür.

Als ich kurz darauf bei einem Workshop für das Catering sorgte, kamen ein paar Leute auf mich zu und sprachen mich an. Ich fühlte im Inneren Panik aufsteigen, wie es für mich mittlerweile im Umgang mit Menschen, besonders mit Männern, normal geworden war. Die Panik wurde schlimmer, und ich realisierte, dass ich gerade einen stillen inneren Nervenzusammenbruch erlitt. Ich konnte nicht einfach wegrennen, der Ausgang war von Menschen verstellt. Im nächsten Moment fühlte ich mich, als ob ich von der Decke herabsehen und mich selbst dabei beobachten würde, wie ich mit diesen Menschen sprach. Ich wusste, dass etwas schrecklich schieflief, deshalb entschuldigte ich mich und ging raus zu meinem Auto. In diesem relativ sicheren Raum kehrte ich mit einem dumpfen Geräusch in meinen Körper zurück. Doch die Halluzinationen gingen weiter. In zuerst flackernden, dann in stetigen Bildern sah ich schreckliche Szenen vor mir, in denen ich mit meinem Auto gegen einen Baum raste. Es machte keinen Unterschied, ob ich die Augen schloss oder nicht, die Bilder blieben, und das Gefühl des Grauens und der Machtlosigkeit, das ich dabei empfand, war unbeschreiblich. In dem Moment war ich mir vollkommen sicher: Ich war übergeschnappt, und ich fühlte, wie sich mein Verstand gleichsam auflöste.

Irgendwie gelang es mir, heimzufahren und eine Freundin anzurufen. Ich wurde hektisch in eine Notaufnahme gebracht, erhielt ein

Sedativum, und die Bilder lösten sich langsam auf. Tests ergaben, dass ich an einem Versagen der Nebennieren litt, weil diese den Stress, dem sie ausgesetzt waren, nicht mehr aushielten. Der dazu auftretende Nervenzusammenbruch war offensichtlich. Man erklärte mir meine Optionen: Ich würde wahrscheinlich für den Rest meines Lebens Antipsychotika nehmen und eine engmaschige ärztliche Überwachung sowie möglicherweise einen Aufenthalt in der Psychiatrie ertragen müssen, je nachdem, wie gut ich auf die Medikamente reagierte. Es könnte bis zu drei Jahre dauern, bis ich durch vollständige Ruhe mit psychiatrischer Betreuung genesen würde, allerdings würde ich wohl nie mehr so wie zuvor funktionieren.

Es fühlte sich wie das Ende für mich an: Ich hatte Medikamente noch nie gut vertragen, selbst frei verkäufliche Schmerzmittel wie Paracetamol nicht. Ich war 40 Jahre alt und hatte alles verloren. Ich war finanziell ruiniert. Ich hatte meine Glaubwürdigkeit, meine Freunde und meine Familie verloren und jetzt auch noch die körperliche und psychische Gesundheit, die ich brauchte, um mein Leben wieder neu aufzubauen.

In dieser Nacht stand ich wegen Suizidgefahr unter ständiger Beobachtung. Ich lag in meinem Bett und dachte darüber nach, mich selbst umzubringen, als eine Stimme in meinem Kopf sagte: »Nein, es gibt einen anderen Ausweg.« Ich dachte, die Stimme sei Teil meines Irrsinns, und stritt mich mit ihr, doch sie blieb hartnäckig. In meiner Verzweiflung stand ich von meinem Bett auf, ging in das Badezimmer und blickte in das Gesicht der verrückten, geschundenen, ausgemergelten Frau, die mir aus dem Spiegel entgegenstarrte. Dann sackte ich auf der Badezimmermatte zusammen, überwältigt von der qualvollen Vorstellung, weiterzuleben und gleichzeitig keinen Weg zu sehen, wie ich das schaffen sollte. In völliger Verzweiflung hob ich meine Arme, brach in Tränen aus und schrie: »Helft mir. Ich kann das nicht allein!«

Ich fühlte, wie alles in mir zusammenbrach. Ich hatte alles losgelassen: mein Leben, mein Dasein und sogar meine Seele, hatte vollständig kapituliert. Vielleicht hätte ich nicht in diesem Maß losgelassen, wenn irgendetwas von mir übrig gewesen wäre, an dem ich mich hätte festhalten können. Aber ich hatte nicht das Gefühl, als ob es noch irgendetwas gäbe. An diesem Punkt war ich sogar überzeugt, dass es meinem Sohn ohne mich besser gehen würde. Ich kapitulierte nicht, um gerettet zu werden, sondern weil es für mich nichts anderes mehr zu tun gab.

Und dann geschah es. Das Gefühl war eindeutig – als ob sich mein Kopf geöffnet hätte und aus seinem Inneren ein ganzer Wust an Dingen herausgesogen würde. Mein bisheriges Gefühl, ein ohnmächtiges Opfer zu sein, war plötzlich verschwunden, und innerhalb von Sekunden fuhren so viel Klarheit und Erleuchtung in mich ein, dass ich mich ihnen nicht entziehen konnte. Bis zu diesem Moment hatte ich in meinem ganzen Leben noch nie etwas so Echtes und Wahres erfahren.

Plötzlich wusste ich genau, warum mein Ex in mein Leben getreten war, und verstand die gesamten Zusammenhänge. Dann machte ich die unglaubliche Erfahrung, in die Zukunft katapultiert zu werden. Die Vision war fantastisch real. Ich fühlte mich wirklich in jeder Körperzelle glücklich, selbstbewusst und frei von allen Schmerzen. Dann kehrte ich wieder in meinen Körper in der gegenwärtigen Realität zurück. Doch die kurze Vision reichte mir, um zu wissen, dass dieses »neue Ich« auf mich wartete.

Bis dahin hatten ich und jeder, den ich kannte, alles, was mir passiert war, nur mit »ihm« und dem »Narzissmus« in Zusammenhang gebracht. Ich hatte einfach nicht verstanden, dass dies mit mir selbst zu tun hatte. Doch nun waren mir alle Zusammenhänge gezeigt worden, und ich hatte die tiefen, seelenheilenden Gründe erfahren, warum dieser Narzisst auf der Bühne meines Lebens eine Rolle spielen musste. Ich verstand, dass mir dies helfen sollte, die Traumata zu heilen, die ich bereits erlitten hatte, bevor ich ihn kennenlernte. Bei dieser Selbstanalyse verspürte ich weder Scham noch Schmerzen. Ich erlebte einfach nur ein unglaubliches Gefühl der

Erkenntnis: »O mein Gott, das war mir bis jetzt nie klar – das ist der Schlüssel!«

Als ich Sekunden später aus dieser »göttlichen Übertragung« auftauchte, hatte ich mich schon verändert. Ich empfand Hoffnung. Ich hatte in dieser Vision in jeder Zelle meines Körpers *gespürt,* wie sich mein neues Ich, die neue Melanie, fühlen würde, wenn sie das Trauma heilen konnte. Ich wusste, dass dieses neue Ich in der Zukunft viel besser sein würde als mein Ich der Vergangenheit und auch viel besser als das Ich jenes Menschen, der ich vor dem narzisstischen Missbrauch gewesen war.

Am nächsten Tag geschah ein Wunder: Mein Arzt war über meine Veränderung bass erstaunt und einverstanden, dass ich die Antipsychotika absetzte und die Psychiatrie verließ. Von diesem Tag an traf ich mich nie mehr mit meinem Ex-Mann und trat auch nicht mehr in Kontakt mit ihm. Ich blockierte ihn auf allen Kanälen. Zwar hatte ich noch ein riesiges Trauma und einige Nervenerkrankungen zu heilen, aber ich war nie mehr versucht, ihn anzurufen, weil ich wusste, dass meine Heilung nichts mit ihm zu tun hatte. Ich hatte mir meine Kraft zurückgeholt – und wunderbarerweise ging es nur darum, mich selbst zu heilen.

Als ob jemand einen Schalter gedrückt hätte, versuchte der Narzisst von einer Sekunde auf die andere nicht mehr, mich zu kontrollieren, zu terrorisieren und in Abhängigkeit zu halten. Seine Attacken blieben von nun an aus.

Und so begann ein unglaublicher, 18 Monate langer göttlicher Auftrag, den ich »Wie man ein Missbrauchstrauma wirklich heilt« nannte. In meiner Vision hatte ich gesehen, dass die Heilung tief im Unterbewussten stattfinden muss, das nicht im Kopf, sondern im Körper besteht. Das darin eingebettete Trauma muss erreicht, freigelassen und durch eine andere Kraft ersetzt werden, die seine Auswirkungen aufhebt. Hätte ich die »göttliche Übertragung« nicht als so durch und durch wahr empfunden, hätte ich mich für völlig übergeschnappt gehalten. Aber ich hatte nie den leisesten Zweifel an ihr und folgte meinem Bauchgefühl. Ich erforschte und lernte engagiert verschiedene Körper-Seele-Heilmethoden wie Kinesiologie, ThetaHealing und Emotional Freedom Techniques. Die sofortige Erleichterung, die ich verspürte, sobald ich diese Methoden anwandte, war im wahrsten Sinne des Wortes vom Himmel gesandt. Ich konnte fühlen, wie ich mich von innen nach außen veränderte und wie ich diese spürbaren Veränderungen in mir »festhielt« – ganz anders als in meiner jahrelangen Gesprächstherapie, die durch ein ständiges Neuverarbeiten der Informationen eine dauerhafte Heilung zu erzielen versuchte.

Obwohl ich manchmal an meiner weiteren möglichen Entwicklung zweifelte, so waren meine Fortschritte doch insgesamt verblüffend. Meine Nebennieren und meine Psyche waren auf eine Art und Weise genesen, wie es medizinisch eigentlich als unmöglich gegolten hatte, und so wie ich mein äußeres Leben wiederaufbaute, spiegelte es langsam auch den Wiederaufbau meines inneren Lebens wider. In weniger als zwölf Monaten war ich einen sehr weiten Weg gegangen.

Zu diesem Zeitpunkt war ich eine vollwertige Therapeutin für Körper-Seele-Heilmethoden geworden, und ich war begeistert, dass die Menschen in meinen Traumabehandlungen auch fantastische Resultate erlebten. Obwohl ich so viel verloren hatte und mein Leben wieder am Nullpunkt beginnen musste, war ich auf vielerlei Weise glücklicher als jemals zuvor.

Eine meiner Erkrankungen hielt sich jedoch hartnäckig: Ich litt unter akuter Agoraphobie. Zwar fühlte ich mich an »sicheren« Orten wohl, doch ins Freie zu gehen – besonders alleine – erfüllte mich mit blankem Entsetzen.

Ich unternahm alles nur Erdenkliche, um dieses Leiden zu heilen, und suchte jeden erreichbaren Spezialisten für Körper-Seele-Behandlungen auf. Zudem versuchte ich hartnäckig, meine Agoraphobie selbst zu heilen, denn mittlerweile war ich erfolgreich und erfahren darin, mich und andere Menschen zu behandeln. Doch nichts funktionierte. In diesem Stadium war ich jedoch in meinen Forschungen an einem Punkt angelangt, an dem ich wusste, dass es möglich war, gesund zu werden. Ich wusste, dass ich mich befreien konnte, wenn ich die ursprüngliche Wunde, die in mir die Angst verursachte, dass ich »im Leben nicht sicher war«, finden und mit den erlernten Heilmethoden behandeln konnte. Schließlich ging es mir und auch vielen meiner Patienten durch unsere gemeinsame Heilarbeit in vielen Lebensbereichen besser, wenngleich gelegentlich eine hartnäckige Erkrankung tief im Unterbewusstsein verwurzelt blieb.

Eines Tages lud mich eine Freundin nach Ko Samui ein, eine wunderschöne tropische Insel im südlichen Golf von Thailand. Doch wie sollte ich mit meiner Agoraphobie allein nach Asien fliegen können? Aber irgendetwas in mir sagte mir, dass ich dorthin fliegen musste, und so ging ich auf die Reise. Am Flughafen von Ko Samui fiel ich meiner Freundin als ein vollkommen erschöpftes traumatisiertes Häufchen Elend in die Arme. Anschließend brauchte ich einige Tage, bis ich mich wieder erholt hatte, wobei ich stets auf dem Hotelgelände blieb.

Als meine Freundin eines Tages beim Einkaufen war und ich allein in meinem Hotelzimmer saß, schnappte ich mir einen Stift und Papier – mit der erklärten Absicht, die Antwort auf mein Problem zu finden. Ich öffnete mein Herz und meinen Kopf und begann einen Text aufzuschreiben, den nicht ich diktierte, sondern irgendetwas, das durch mich hindurchfloss. Als ich die Heilverfahren niederschrieb, die mir in diesem Moment einfach in den Sinn kamen, wusste ich: *Das ist die Antwort.* In diesen zwei Stunden an jenem Nachmittag fand die allererste Quanta-Freedom-Healing-Sitzung statt – in der ich mich selbst behandelte. Danach spazierte ich schnurstracks durch das vordere Tor des Resorts mitten hinein in die geschäftigen Straßen von Ko Samui. Ich erlebte: keine Angst, keinen Zusammenbruch, sondern ein überwältigendes Gefühl des Wachstums, der Freude und der liebevollen

Verbindung mit allem und jedem. Endlich fühlte ich mich sicher genug, mich wieder auf das Leben einzulassen, und nach einigen weiteren Sitzungen mit mir selbst war die Agoraphobie für immer verschwunden.

Ich wusste, dass ich diese einzigartige Heilmethode mit anderen teilen musste. Wieder zurück in Melbourne, sagte ich deshalb meinen Klienten: »Wir machen jetzt etwas anderes!« Wie ich es selbst an mir erlebt hatte, entsprach die Wirkung von Quanta Freedom Healing im Vergleich zu anderen Heilverfahren dem Unterschied zwischen einer Familienkutsche und einem Ferrari: Die Menschen heilten in unvorstellbarer Geschwindigkeit, und hartnäckige chronische Erkrankungen schmolzen einfach dahin – manchmal auf der Stelle.

Berichte über Erfolge verbreiteten sich wie ein Lauffeuer, und bevor ich wusste, wie mir geschah, behandelte ich an sieben Tagen die Woche Klienten. Viele heilten damit Traumata, die sie durch Missbrauch erlitten hatten, andere, die schon vom Missbrauch genesen waren, kehrten zu mir zurück, um praktisch jedes andere denkbare gesundheitliche, finanzielle oder Beziehungsproblem zu heilen, für das sie sich eine Lösung wünschten. Ich entdeckte bald, wie unglaublich und endlos die Anwendungen dieses neuen Heilsystems waren.

Meine wahre Leidenschaft war jedoch die Heilung von Menschen, die wie ich durch Missbrauch traumatisiert waren. Diese Arbeit war geradezu lebensrettend, denn sie befähigte meine Klienten, sich von den Menschen zu lösen, die sie verletzten. Auf diese Weise konnten sie ihr Trauma heilen und sich von ihren Missbrauchern für immer trennen und jegliches Interesse an ihnen verlieren – und ihnen sogar ruhig und standhaft in Rechts- und Sorgerechtsstreitigkeiten entgegentreten. Sie bekamen ihr Leben zurück, und die Narzissten fielen in sich zusammen. Diese Klienten lernten, wieder Selbstbewusstsein und Selbstwertgefühl zu entwickeln. Viele begannen schnell, gesunde Beziehungen zu knüpfen, und andere lernten sogar, ihrem durch Traumata gekennzeichneten Leben eine neue Richtung zu geben, obwohl sie bislang nichts anderes als Missbrauch gekannt hatten. Kinder wurden gestärkt und heilten, selbst wenn sie mit getrennten Eltern in gemeinsamer Elternschaft aufwuchsen, denn nun hatten sie zumindest einen gesunden Elternteil, der ihnen den Weg weisen konnte.

Als es für mich unmöglich wurde, alle Menschen, die zu mir kamen, einzeln zu behandeln, entwickelte ich das *Narcissistic Abuse Recovery Program* (Programm zur Genesung von narzisstischem Missbrauch). Es enthält die spezifischen Quanta Freedom Healings, die Betroffene befähigen, auf völlig neue Weise von narzisstischem Missbrauch zu genesen. Und ehe ich mich's versah, verbreitete sich dieses revolutionäre Heilsystem weltweit und wird heute von zahlreichen Therapeuten, auch vielen Medizinern, empfohlen.

Es bereitet mir unendliche Freude, dass die *Thriver Mission* mittlerweile das Leben von über zehn Millionen Menschen in mehr als 80 Ländern der Welt beeinflusst hat. Mittlerweile gibt es mehr als 20 000 Menschen, die das Narcissistic Abuse Recovery Program absolviert haben und nun als sogenannte Thriver (Menschen, denen es gut geht und die aufblühen) ein missbrauchsfreies Leben genießen.

Ich möchte, dass Sie Folgendes wissen: Es gibt einen Grund, warum Sie auf dieses Buch gestoßen sind. So wie für mich werden auch für Sie die Informationen in *Endlich frei!* mehr als nur eine Bewältigungshilfe darstellen: Sie werden Sie auf eine lebensverändernde Reise schicken, die Sie so verwandeln wird, dass Sie danach niemals mehr derselbe Mensch sein werden.

Ich führe heute nicht das Leben einer Überlebenden, sondern das eines Thrivers, und ich kann Ihnen aus tiefstem Herzen versichern, dass der Weg vom Opfer zur Überlebenden und weiter zum Thriver unglaublich war. Dieses Buch ist eine Einladung in meine Welt. In dieser Welt müssen Sie nicht mehr darauf warten, dass die Menschen, die Sie verletzt oder fast zerstört haben, sich verändern oder zur Rechenschaft gezogen werden. In dieser Welt brauchen Sie keinen anderen Menschen, der Ihr Leben für Sie in Ordnung bringt. Sie werden im Gegenteil entdecken, dass Sie Ihre Heilung, Ihr Leben und Ihre Zukunft selbst kontrollieren können.

Damit Sie dabei die bestmögliche Unterstützung und die Mittel zur Transformation erhalten, die dies alles ermöglichen, registrieren Sie sich auf jeden Fall im »You Can Thrive Program«, auf das Sie über folgenden Link kostenlos zugreifen können: www.youcanthriveprogram.com.

Im Laufe dieses Buches und des »You Can Thrive Program« führe ich Sie Schritt für Schritt durch einen Prozess, durch den Sie Ihre Beziehungstraumata und Missbrauchsmuster heilen können – auf diese Weise haben ich und Tausende andere meiner Community Heilung gefunden. Und eines weiß ich mit absoluter Sicherheit: Egal, wie viel Sie verloren haben, wie alt Sie sind oder wie sehr Sie gelitten haben, Sie verdienen ein freuderfülltes, erfüllendes Leben, das zu genießen Sie geboren wurden.

Es ist mein innigster Wunsch, Ihnen zu zeigen, wie Sie dies erreichen.

ERSTER TEIL

Was ist narzisstischer Missbrauch?

Wenn wir unsere angeblich so zivilisierte Gesellschaft betrachten und all das Leid, den Betrug und die Zerstörung sehen, die uns umgeben, dann wissen wir, dass mit einem großen Teil der Menschheit etwas entsetzlich schiefgelaufen sein muss. Obwohl uns Spiritualität und staatliche Rechtsordnung moralische und rechtliche Leitlinien bieten, zeigt sich doch deutlich, dass religiöse Schriften und gesetzliche Sanktionen nur allzu häufig zu kurz greifen und wenig positiven Einfluss auf unser Verhalten ausüben. Ich glaube, das wahre Problem unserer heutigen Welt ist eine schreckliche Unbewusstheit, die sich in Form einer psychischen Krankheit zeigt – welche emotional verletzte Menschen dazu bringt, durch ihr Verhalten andere zu zerstören. Diesen Zwang, Dinge und Menschen unter seine Kontrolle zu bringen, um jemand zu »sein«, nennt man Narzissmus, und er existiert in epidemischem Ausmaß. Das Phänomen exzessiver Selbstbezogenheit ist schon seit dem Altertum bekannt; im späten 19. Jahrhundert wurde dafür der Begriff »Narzissmus« vom griechischen Mythos des schönen Jägers Narziss abgeleitet, der sich in sein eigenes Spiegelbild verliebt. Mir kommt es so vor, als lebten wir heute mit einer weltweit grassierenden Narzissmus-Pandemie.

Viele Menschen denken, dass Narzissmus das Resultat einer überanspruchsvollen Selfie-Kultur ist, aber ich glaube, sie ist das Produkt von Menschen, die nicht in der Lage sind, eine gefestigte, vollständige innere Identität auszubilden, die auf gesunder Selbstliebe und Selbstakzeptanz basiert. Die Ursache dafür kann in einem durch emotionale Vernachlässigung oder Missbrauch verursachten Trauma liegen, das die Betroffenen in ihrer Kindheit erlitten, oder der Tatsache geschuldet sein, dass sie nur bedingte Liebe erhalten haben. (Bedingte Liebe basiert auf der Vorstellung, dass man es nur wert ist, geliebt zu werden, wenn man durch sein Verhalten die Erwartungen anderer erfüllt.) Menschen, die an Narzissmus erkrankt sind, scheinen nach außen häufig übertrieben selbstbewusst zu sein, doch hinter der nassforschen Fassade – ihrer Maske – liegt ein mit brodelndem Schmerz erfüllter Abgrund.

Viele Neurowissenschaftler glauben heute, dass ein extremes Trauma – beispielsweise eines, das eine narzisstische Persönlichkeitsstörung auslöst – epigenetisch vererbt werden kann und damit auch die Genexpression der Kinder und Kindeskinder von Narzissten beeinflusst. In einer Studie, die sich nicht mit Narzissmus beschäftigte, wurden 2016 am New Yorker Mount Sinai Hospital die Gene von 32 Holocaust-Überlebenden und deren Kindern analysiert. Dabei wurde sowohl bei den Eltern als auch bei den Kindern in einem mit Stress verbundenen Gen ein Methylierungsmuster (durch Methylierung wird Zellen epigenetisch signalisiert, Gene dauerhaft »abzuschalten«) gefunden, das bei den Betroffenen vermehrte Gefühle der Angst und Hoffnungslosigkeit verursachte. Daraus schloss Rachel Yehuda, die die Studie leitete: »Die Genveränderungen in den Kindern ließen sich nur auf das Holocaust-Erlebnis der Eltern zurückführen.«[1] Dieses Ergebnis zeigt, dass Eltern ihre traumatischen Erfahrungen an ihre Kinder vererben können, und ich bin fest überzeugt, dass dies auch für zu Narzissmus führende Traumata gilt.

Die Wissenschaft, die die Idee eines generationenübergreifenden Traumas unterstützt, ist zwar neu, doch der Ursprung der Theorie reicht weit zurück. Er wird sogar in der Bibel im Buch Exodus (Kap. 34,6–7) erwähnt: »[Der Herr] bewahrt Tausenden Huld, nimmt Schuld, Frevel und Sünde weg, lässt aber (den Sünder) nicht ungestraft; er verfolgt die Schuld der Väter an den Söhnen und Enkeln, an der dritten und vierten Generation.«[2]

Diese ererbten Wunden werden dann mit katastrophalen Folgen unbewusst auf andere projiziert. Dies kann sich auf allen gesellschaftlichen Ebenen bis in die höchsten Führungsränge hinein abspielen und sowohl romantische Beziehungen und Familien als auch ganze Gemeinschaften oder sogar Länder zerstören.

Doch wie weiß man, dass man in einer narzisstischen Beziehung lebt? Im ersten Teil des Buches werden wir gemeinsam entdecken, wie man Narzissten erkennt und wie wir in allen Lebensbereichen mit ihnen in Berührung kommen können.

2
Lebe ich in einer Beziehung mit einem Narzissten?

Praktisch niemand weiß von Anfang an, dass er in einer narzisstischen Beziehung steckt. Die meisten von uns denken zudem, dass Narzissten lediglich egozentrische, in sich selbst verliebte Menschen mit einem aufgebauschten Ego sind. Doch nichts könnte der Wahrheit weniger entsprechen. Häufig realisieren wir erst, nachdem wir schwer missbraucht wurden und Hilfe und Lösungen finden mussten, um uns selbst, unser Leben und unsere Seele zu retten, dass es Menschen gibt, die völlig anders als wir gepolt sind. Viele unter uns haben sich wohl niemals vorstellen können, Menschen zu begegnen, die weder Reue noch Schuldgefühle kennen und die alles daransetzen, um die Ansprüche ihres Egos zu erfüllen, indem sie sich Geld, Aufmerksamkeit, Kontakte, Sex und Besitz sichern – ohne jemals einen Gedanken daran zu verschwenden, welche Folgen ihr Handeln für andere hat. Wir können uns einfach nicht vorstellen, wie diese Menschen denken, weil wir anders denken.

In Liebesbeziehungen ist leider noch ein anderer Faktor mitverantwortlich, dass sich ein narzisstischer Mensch an einen anderen hängen und ihn so missbrauchen, schwächen und ausbeuten kann, bis dessen Leben praktisch zerstört ist. Er gründet auf einer Überzeugung, die den meisten von uns von Kindheit an eingebläut wurde: dass wir für unser Leben auf jeden Fall einen Partner brauchen. Tatsächlich sind religiöse Ehegelübde wie das christliche »bis dass der Tod uns scheidet« vielen in Fleisch und Blut übergegangen. Frauen wurde früher beigebracht, dass sie »einen Mann brauchen«, der der »Herr im Haus« ist. Auch wenn Narzissmus nicht geschlechtsspezifisch ist, so haben doch althergebrachte tief sitzende Werte, wie selbstlose Hingabe ohne gesunde Grenzen – teils sogar

Märtyrertum –, Menschen dazu gebracht, ihre Kraft und Eigenmacht an andere abzugeben und ihnen so zu ermöglichen, diese Macht zu missbrauchen.

Für viele Menschen beginnt der Missbrauch schon zu Hause ab dem Tag ihrer Geburt. Wenn Sie in einer Familie mit Narzissten aufwuchsen, dann ist Ihnen Missbrauch vertraut. Und vielleicht kannten Sie es nie anders, als dass Ihre Rechte und Ihre Stimme unterdrückt wurden. Mit narzisstisch oder emotional zerstörten Elternteilen oder Familienmitgliedern konnten Sie nie lernen, dass man sich ganz und im Inneren gefestigt fühlen kann, schon bevor man eine Beziehung eingeht. Wer so aufgewachsen ist, für den besteht ein extrem hohes Risiko, im späteren Leben an dem Mythos festzuhalten, dass einen erst ein anderer Mensch auf irgendeine Art »vervollständigt«. In Liebesbeziehungen picken wir dann dankbar alle Krümel der Zuneigung auf, die uns zugeworfen werden. Und wir halten an der Illusion der »Traumperson« fest, zu der der narzisstische Mensch, so hoffen wir, werden wird. Indem wir ständig die Wahrheit leugnen, lassen wir zu, dass unser Leben, unsere Gesundheit und unsere Seele zerstört werden. Im Beruf oder in Freundschaften sind wir überzeugt, dass Narzissten etwas in unser Leben bringen, das wir uns nicht selbst verschaffen können – wie Visionen, Fähigkeiten, Erfolg oder Spaß –, obwohl uns unser Bauchgefühl instinktiv vor ihnen warnt und in ihrem Umfeld alle möglichen Dramen und Probleme auftauchen.

Unsere Kindheit kann uns anfällig machen

Nicht alle Menschen, die als Erwachsene narzisstischen Missbrauch erlebt haben, wuchsen in narzisstischen Familien auf. Meine Eltern führten wie auch ihre eigenen Eltern eine symbiotische, co-abhängige Ehe, in der beide Partner den jeweils anderen brauchten, um im Leben zu bestehen und versorgt zu sein. Meine Mutter und mein Vater liebten sich, und ihre Beziehung funktionierte auf viele Arten sehr gut. Ihre Rollen definierten sich über das

Geschlecht, und alles war ziemlich eindeutig bestimmt: Mein Vater war die wichtigste Person im Haushalt, und es war die Aufgabe meiner Mutter, ihn zu versorgen. Ich kann mich nicht daran erinnern, dass meine Mutter irgendwelche eigenen Interessen pflegte, wie Freunde oder Hobbys. Ihr gesellschaftliches Leben absolvierte sie vorwiegend zusammen mit meinem Vater. Im Gegenzug kümmerte sich mein Vater um das Geld und die Rechnungen, und die ganze Familie zog wegen seiner Karriere in ganz Australien von Bundesstaat zu Bundesstaat.

Für mich als junges Mädchen, das in den späten 1960er- und in den 1970er-Jahren aufwuchs, war das ganz normal. Bei den anderen Familien, die ich kannte, lief es genauso. In meinem Leben gab es keine weiblichen Vorbilder, die durch eine eigene Identität oder Macht auffielen. Seitdem sie ein Teenager gewesen war, war meine Mutter niemals ohne einen Mann gewesen, und ich wuchs mit dem Gefühl auf, dass ich wertlos sei, wenn ich nicht auch eines Tages einen Freund hätte. Ich erinnere mich daran, wie ich mich mit 19 Jahren von meinem damaligen Freund trennte und mich wie eine totale Versagerin fühlte, weil ich wieder Single war.

Natürlich wusste ich damals nicht, dass meine Gefühle des Gespalten- und Unvollkommenseins, wenn ich keine Beziehung hatte, zu meiner Anfälligkeit für Narzissten beitrugen – die sich paradoxerweise innerlich ebenfalls leer fühlen (dazu später mehr).

Kinder lernen durch Vorbilder. Meine Eltern waren zwar beide nicht narzisstisch, doch ihre altmodische Partnerschaftsdynamik, die in vielerlei Hinsicht für sie und ihre Vorfahren gut funktionierte, nützte mir nicht als Vorbild in meinen eigenen Beziehungen. Als junge Frau lebte ich in einer sich rasant verändernden Welt, in der sich zunehmend Gleichberechtigung und gemeinsame Macht der Geschlechter entwickelten. Und obwohl ich fähig und ehrgeizig genug war, erfolgreich selbst für meine Existenz und meine Sicherheit zu sorgen, stellte ich doch mein Licht unter den Scheffel und verhielt mich nicht wie ein Mensch, der mit anderen auf Augenhöhe ist. Ich war darauf getrimmt, mich auf einen Mann zu verlassen, der für mich sorgte, und alles zu tun, was er sagte, um diese Versorgung sicherzustellen. Genau wie meine Mutter klammerte ich mich an Männer, um eine Identität und ein Selbstwertgefühl zu entwickeln. Wenn ein Mann mich nicht wertschätzte oder meine Existenz bestätigte, dann erfüllte ich eben meine Aufgabe nicht gut genug – weil sich mein ganzes Leben darum drehte, den Schutz und die Bestätigung von Mr. Right sicherzustellen.

Ein Aspekt meiner Erziehung war auch der große Erfolgsdruck, den mein Vater auf mich ausübte, weil seine Liebe zu mir von meinen Leistungen abhing. Deshalb versuchte ich, immer besser zu werden und so von ihm Liebe und Bestätigung zu erhalten. Durch das Vorbild meiner Mutter war mir jedoch völlig unklar, wie ich Erfolg und persönliche Beziehungen, die sich ja, wie ich glaubte, ganz um den Mann drehen, unter einen Hut bringen sollte. Folglich fühlte ich mich immer wieder zu offensichtlich leistungsstarken Männern hingezogen, die mich anfänglich wegen meiner Fähigkeiten attraktiv fanden, im Verlauf der Beziehung dann jedoch meine Erfolge missbilligten, mit mir konkurrierten und schließlich sogar versuchten, mich zu sabotieren. Immer und immer wieder kämpfte ich darum, dass mich diese Männer wegen meines Erfolgs anerkannten (der Einfluss meines Vaters), und gleichzeitig mit dem Gefühl, nicht wirklich geliebt zu werden, mich aber auch nicht zu trauen, die Beziehung aufzugeben (das Vorbild meiner Mutter).

Ich entdeckte, dass viele Menschen, die äußerst schmerzvolle Beziehungsmuster einschließlich narzisstischem Missbrauch erlebt haben, wie ich den Ursprung ihres Traumas und ihrer tief sitzenden Überzeugungen auf ihre Erziehung zurückführen können. Vielleicht können ja auch Sie sich bis zu einem gewissen Grad mit dem identifizieren, was ich gerade berichtet habe. Als Beispiel kommt mir eine Klientin in den Sinn, die ich hier »Anne« nennen möchte. Annes Vater war ein kritischer, fordernder Erfolgsmensch. Annes Mutter, die voll damit beschäftigt war, fünf Kinder großzuziehen, und unter der ständigen Angst litt, ihre Aufgaben in den Augen ihres Ehemanns nicht gut genug zu erfüllen, hatte einfach nicht die Möglichkeit und Kraft, Zeit allein mit ihrer Tochter zu verbringen und ihr ihre Liebe zu zeigen. Erschöpft und gestresst, wie sie war, lautete ihre Antwort auf Sorgen oder Probleme ihrer Kinder stets: »Damit musst du selbst klarkommen!«

Anne erlitt tragischerweise drei narzisstische Beziehungen nacheinander, zwei mit Vorgesetzten und eine mit einem Liebespartner. Sie alle waren Männer, die ihren Vater verkörperten – fordernd, emotional nicht verfügbar und überkritisch –, während sie akzeptierte, dass ihre Rolle darin bestand, ihnen zu dienen, aber nicht von ihnen respektiert oder geliebt zu werden. Durch ihr Verhalten lebte Anne die Worte ihrer Mutter: Sie »kam einfach damit klar«, wobei sie sich wie immer unbedeutend, unwichtig und übersehen fühlte, bis das Fehlverhalten ihrer Vorgesetzten oder die Affären ihres Partners so überhandnahmen, dass ihr keine andere Möglichkeit blieb, als zu gehen.

Vielleicht sind auch Sie, so wie mein altes Selbst oder wie Anne, auf tragische Weise dafür anfällig, narzisstische Beziehungen einzugehen und sich darin zu verstricken. Wenn Sie in einer Familie mit narzisstischem Missbrauch aufwuchsen oder mit Werten, die ihre Identität und Kraft und Eigenmacht schwächten, dann kennen Sie nur dieses Muster und führen es vermutlich fast zwingend fort. Wenn wir im Inneren nicht geheilte Anteile haben, dann reagieren wir in unseren Beziehungen mit unserem »inneren Kind« und nicht als ein reifer Erwachsener mit gesunden Grenzen und Rechten.

Unabhängig davon, ob sie narzisstisch waren oder nicht, wussten es unsere Eltern leider häufig nicht besser. Sie dachten, dass die Erfüllung der materiellen und nicht der emotionalen »inneren« Bedürfnisse ihrer Kinder die Basis gesunder Elternschaft darstellte.

So realisieren wir zunächst einmal nicht, dass wir uns in einer Beziehung mit einem narzisstischen Menschen befinden – weil wir entweder mit dieser Person aufwuchsen und es nicht anders kennen oder weil der Missbrauch in neuen beruflichen, Liebes- oder auch sonstigen Beziehungen allmählich und schleichend erfolgt. Ein narzisstischer Mensch zeigt sich einem anfänglich ganz sicher nicht ohne seine Maske – weil man sich ansonsten nie auf ihn einlassen würde.

Die fünf Hauptmerkmale von Narzissmus

Durch meine Arbeit mit Tausenden Menschen auf der ganzen Welt ist mir klar geworden, dass Narzissmus – unabhängig von Alter, Geschlecht, sexueller Neigung, religiöser und ethnischer Zugehörigkeit oder persönlichem Verhältnis (sei es als Ehepartner, Geliebte, Familienmitglied, Freund, Kollegin oder Vorgesetzte) – nun mal Narzissmus ist und dass es für das Verhalten von Menschen mit narzisstischer Persönlichkeitsstörung (NPS) eindeutige Definitionen gibt. Wenn Sie nicht sicher sind, ob Sie es mit einem Menschen mit NPS zu tun haben, könnten Ihnen die folgenden fünf Punkte weiterhelfen:

1. Emotionale Unsicherheit

Trotz der gängigen Überzeugung, dass »Narzissten von ihrer eigenen Bedeutung erfüllt sind«, zeigt das Zusammenleben mit einem narzisstischen Menschen eine vollständig andere Realität, sobald seine Maske die ersten Risse zeigt. Narzissten sind enorm unsicher und reagieren schnell gereizt auf Dinge, über die sich gesunde Erwachsene nicht aufregen. Ihre Überempfindlichkeit ist extrem. Wenn Narzissten in narzisstische Wut verfallen, dann ist ihr Zorn eine Reaktion auf eine wahrgenommene Bedrohung ihrer schwachen Selbstwertschätzung oder ihres brüchigen Selbstwertgefühls. Diese Bedrohung wird als »narzisstische Kränkung« bezeichnet. Vielleicht haben Sie soeben anerkennend über einen Kollegen gesprochen – und urplötzlich reißt Ihnen der Narzisst fast den Kopf ab, weil Sie angeblich nicht loyal sind, oder beschuldigt Sie sogar, eine Affäre mit dem Kollegen zu haben? Wenn eine narzisstische

Person in einer Gruppensituation nicht genügend Aufmerksamkeit erhält, kann es durchaus sein, dass sie Streit sucht oder die Szene verlässt, nur um später Sie und jeden anderen, der ihr ihrer Wahrnehmung nach die Schau gestohlen hat, zu bestrafen und herabzusetzen.

Teils ist diese Unsicherheit so extrem, dass sie unvorstellbare und nicht zu besänftigende Eifersuchts- und Neidgefühle auslöst. Eine meiner Klientinnen, Michelle, musste jeden Abend, wenn sie von der Arbeit nach Hause kam, kaum dass sie durch die Tür war, ihre Unterwäsche ausziehen und vorzeigen, damit ihr narzisstischer Partner überprüfen konnte, ob sie eine Affäre hatte. Er hatte Zugang zu all ihren Passwörtern auf ihren elektronischen Geräten und installierte eine Tracking-App auf ihrem Handy. Egal, was sie ihm auch erlaubte, um zu beweisen, dass sie ihn nicht betrog – die wahnsinnige Eifersucht hielt an. Ein anderer Klient, John, war das »Gesicht« seiner Firma. Er erzählte mir, dass sich sein narzisstischer Geschäftspartner auf repräsentativen Feiern für Auszeichnungen oder bei Preisverleihungen stets betrank und eine Szene machte, um die Veranstaltung zu sabotieren, und ihn dann im Auto auf dem Heimweg in der Luft zerriss. Michelle und John und zahllose andere machten die gleiche Erfahrung wie ich. Egal, wie oft wir versuchten, die narzisstische Person zu integrieren, unser Leben mit ihr zu teilen und sie davon zu überzeugen, dass wir loyal waren: Es war nie genug, und der Missbrauch ging weiter. Es ist verheerend, wenn einem der Mensch, der die Hauptrolle in unserem Leben spielt, das Vertrauen, die Liebe und Unterstützung verweigert.

Wer auch immer der narzisstische Mensch in Ihrem Leben ist – wie es für Narzissten typisch ist, wird er seine Unsicherheiten in Form von schmerzhaften Beschuldigungen an Ihnen auslassen.

2. Extreme Anspruchshaltung

Wer sein Leben mit einem narzisstischen Menschen teilt, entdeckt schnell, dass dieser eine unangemessene Anspruchshaltung besitzt und nur sehr begrenzt die Bedürfnisse anderer wahrnimmt – es dreht sich wirklich alles nur um ihn. Zu dieser typischen Selbstbezogenheit gehört die feste narzisstische Überzeugung, dass man gegenüber allen anderen eine Vorzugsbehandlung verdient. Ohne zu zögern, verletzen narzisstische Menschen die Grenzen anderer. Sie werden für ihren eigenen Vorteil alles tun, womit auch immer sie davonkommen können, wobei sie ihre wirklichen Absichten hinter Charme, Schmeicheleien und vorgetäuschter Sorge verbergen.

Übereinkünfte, die man mit narzisstischen Menschen trifft, mögen zwar gut aussehen, basieren jedoch immer auf ihrem Verlangen, beste Beute zu machen, egal, wer darunter zu leiden hat. Wenn es ans Kassieren geht, werfen sie ohne Gewissensbisse und einen Blick zurück einfach jeden den Wölfen zum Fraß vor, auch Ehepartner, Familie und sogar ihre Kinder.

Die narzisstische Anspruchshaltung reicht von normalen Alltagssituationen wie »Ich habe keine Lust, an eurer Unterhaltung teilzunehmen, sondern erwarte, dass sich all eure Aufmerksamkeit auf mich richtet« bis zu Lebensentscheidungen wie Besitzregelungen und das Aufteilen von Vermögenswerten: »Mir steht alles zu, was ich will, weil …« (hier können Sie nach Belieben die von Ihnen erlebte narzisstische Version der Ereignisse einsetzen).

Wenn Sie in einer narzisstischen Familie aufgewachsen sind, dann ist für Sie dieses Verhalten »Normalität«. In Bezug auf Grenzen sind Sie an die Vorstellung gewöhnt, dass, was immer Ihnen gehört, auch dem narzisstischen Menschen gehört, und in Bezug auf Ihre Rechte – äh, welche Rechte noch mal? Wenn Sie jedoch erst im späteren Leben erstmalig eine Beziehung mit einem narzisstischen Menschen eingehen, dann haben Sie das aller Wahrscheinlichkeit nach nicht kommen sehen. Zu Beginn ließ er Sie sicher glauben, dass er Ihnen den Rücken freihält, sich um Sie kümmert und wirklich liebt und dass er Sie wahrnimmt und wertschätzt. Nachdem man jemandem so weit vertraut und ihn in sein

Leben gelassen hat, kann es verheerend sein zu realisieren, dass dieser Mensch in Wirklichkeit ohne die geringsten Gewissensbisse allen Raum, alle Energie, Aufmerksamkeit und sämtliche Ressourcen verschlingt und einen buchstäblich aussaugt.

3. Sinnlose Streitgespräche, die sich im Kreis drehen

Besonders eindeutig lassen sich Menschen mit NPS über die Art identifizieren, wie sie streiten. Über die Jahre habe ich zahlreiche verschiedene Ablenkungsmanöver kennengelernt, die Narzissten in Konfliktsituationen anwenden. Ihre Verteidigungsmechanismen reichen von unterschwelliger Manipulation bis hin zu offenen Gemeinheiten und verbotenen Grenzüberschreitungen. Diese Taktiken sind so gängig unter Narzissten und die verwendeten Argumente sich so verblüffend ähnlich, dass es schon fast unheimlich ist. Häufige, immer wieder verwendete Phrasen sind zum Beispiel »Du hast mich nicht ausreden lassen!«, »Bloß weil ich nicht gesagt habe, was du hören wolltest!« und »Du bist der einzige Mensch, mit dem ich Probleme habe!« (Glauben Sie mir, es gibt noch viele andere!)

Solange man diese Streitmethoden noch nicht verstanden hat, fühlt man sich fürchterlich verängstigt und traumatisiert und fragt sich, ob man den Verstand verliert. In der Regel ist man zutiefst verwirrt darüber, dass man offenbar immer und immer wieder über Grundlegendes mit jemandem streiten muss, der sich offensichtlich weigert zu verstehen, worum es geht. Und wenn man schließlich, vielleicht nach Tagen oder Wochen, denkt, dass man die Debatte gewonnen und der narzisstische Mensch wirklich den eigenen Standpunkt verstanden hat, entdeckt man schockiert, dass überhaupt nichts geklärt ist und man wieder am Nullpunkt steht.

Folgende Waffen zücken narzisstische Menschen bevorzugt in Streitgesprächen:

- Ausreden für ihr Verhalten
- einen Vorfall vollkommen kleinreden
- eine andere Person für ein Fehlverhalten beschuldigen

- verlogen um Entschuldigung bitten und erwarten, dass man sie annimmt
- was immer man vorbringt, einfach grundsätzlich abstreiten
- einen mit Mätzchen oder Nebensächlichem verwirren und vom Thema abbringen
- einem die Schuld geben
- Argumente durch die Aussagen von echten oder schlicht ausgedachten Verbündeten verstärkten
- einfach mauern und weggehen
- sich für irgendetwas, was man in der Vergangenheit getan hat, nach dem Motto »Wie du mir, so ich dir« revanchieren
- die gegen sie vorgebrachten Anschuldigungen für illoyal erklären
- die Beobachtungen des anderen aufgrund seiner »instabilen« Vergangenheit anzweifeln.

Darüber hinaus beherrschen sie noch viele weitere Taktiken. Dazu gehört auch, ernst gemeinte Drohungen auszusprechen und den anderen tatsächlich zu verlassen, falls er das Gespräch weiterführt. Alle diese Taktiken sind Teil des üblichen narzisstischen Affentheaters, das einem das Gefühl gibt, dass einem gleich der Kopf platzt.

4. Pathologisches Lügen

Hinter seiner grandiosen Selbsttäuschung verbirgt ein narzisstischer Mensch eine brüchige innere Identität, indem er das Skript einer anderen Person, die er gerne sein würde, erschafft und deren Rolle spielt.

In Beziehungen mit Narzissten beginnen die Lügen schon sehr früh, weil zu lügen ein tief verwurzelter Teil ihrer Identität ist. Ein narzisstischer Mensch lügt und prahlt mit großer Wahrscheinlichkeit über Leistungen in seinem Leben, so wie er sich auch lautstark darüber beklagt, wie schlecht er von jenen behandelt wurde, mit denen er im Erwachsenenalter gescheiterte Beziehungen führte – was in der Regel eine fantastische Projektion und Verzerrung dessen ist, was der Narzisst anderen angetan hat. Obendrein glauben Narzissten ihre eigenen Lügen, weswegen sie überzeugende Betrüger sein können und häufig eine Schar von Anhängern haben, die ihnen bedingungslos vertrauen. Integre Menschen können sich in der Regel nicht vorstellen, warum ein Erwachsener solch schlimme Dinge – und so detailliert – über einen anderen erzählen sollte, wenn sie nicht wahr wären. Insbesondere, wenn dieser Erwachsene glaubwürdig erscheint und einem beim Erzählen in die Augen schauen kann.

Viele Narzissten führen ein Doppelleben. Es reizt sie, Regeln zu brechen und Autorität zu untergraben. Gleichermaßen empfinden sie die Heiligkeit und Ausschließlichkeit der Ehe als Drohung, ihr Leben auf »Normalität« zu reduzieren (was für Narzissten einer emotionalen Vernichtung gleichkommt). Deshalb begehen sie häufig kriminelle Handlungen und Seitensprünge, die sie jedoch gut verbergen und durch Lügen kaschieren, um all das in ihrem Leben zu bewahren, das ihnen die Stabilität verleiht, um weiter zu funktionieren. In den mehr als zehn Jahren, seit ich begonnen habe, Menschen zu helfen, von narzisstischem Missbrauch zu genesen, habe ich unzählige Male von Narzissten gehört, die bei Seitensprüngen, krummen Geschäften und sogar kriminellen Handlungen erwischt wurden. Aufgrund der Unaufrichtigkeit, Lügen und Betrügereien, die mit narzisstischem Verhalten verbunden ist – ständig auf der Suche nach mehr Beifall, Berühmtheit und dem Neid der anderen –, spielt es keine Rolle, wie erfolgreich das Leben eines Narzissten von außen aussieht. Sobald man an der Oberfläche kratzt, wartet darunter eine Vielzahl von Katastrophen, die jederzeit ausbrechen können.

Und Narzissten *scheitern:* Sie werden erwischt, Menschen verlassen sie, sie gehen bankrott und werden strafrechtlich verfolgt. Viele jedoch lösen sich von solchen ungewollten Enthüllungen –

und von jedem, der darin involviert ist – so erfolgreich wie Schauspieler, die von einem Filmset zum nächsten ziehen. Sobald Dinge und Menschen für Narzissten keinen Zweck mehr erfüllen, machen sie sich gerne einfach auf und davon.

Für Betroffene ist es schockierend, wenn die narzisstische Fassade erste Risse zeigt und die Lügen langsam ans Licht kommen – und sie sich mit so schmutzigen Wahrheiten konfrontiert sehen, dass sie sich nicht vorstellen können, wie sie dies überleben sollen. Mein Freund Allen fand beispielsweise heraus, dass seine narzisstische Buchhalterin, eine vermeintlich liebenswerte, vertrauenswürdige Freundin der Familie, die auch schon mal auf seine Kinder aufpasste, in den vorangegangenen fünf Jahren in dreien seiner Unternehmen Geld unterschlagen hatte. Und der Ehemann meiner Klientin Jody mietete sich Motelzimmer für seine Seitensprünge. Nachdem sie auf Facebook bekannt gemacht hatte, wer ihr Ehemann ist, meldeten sich innerhalb von zwei Wochen zwei Frauen bei ihr, mit denen er sie betrogen hatte. Ihr gegenüber hatte er immer betont, welch hohen Wert er der Monogamie beimaß.

Ich weiß, dass Sie als Betroffene von narzisstischem Missbrauch ebenfalls schockierende Wahrheiten entdeckt haben, von denen Sie niemals dachten, dass sie Ihnen passieren könnten. Ihr Leben wird zu einem surrealen Albtraum, und die Person, die vor Ihnen steht, gleicht in keiner Weise dem Menschen, von dem Sie dachten, Sie hätten eine Beziehung mit ihm.

5. Andere für Probleme verantwortlich machen

Ein besonders irrsinniges und verheerendes Element narzisstischen Missbrauchs ist die Projektionstaktik der Narzissten. Vereinfacht gesagt, beschuldigen sie andere all der Dinge, die sie selbst tun. Ich weiß nicht, wie oft ich meinen Ex anschrie: »Hast du mal in den Spiegel geschaut?«, wenn er mich beschuldigte, egoistisch, gefühllos, launisch zu sein oder dass ich Menschen nach meiner Pfeife tanzen lassen würde, ihn nur wegen des Geldes wolle (welches Geld?) und mich natürlich des Ehebruchs bezichtigte, den er, wie ich später herausfand, die ganze Zeit selbst beging.

Narzisstischen Menschen kann man es nie recht machen, und egal, was man auf die Beine stellt, es wird nie gut genug sein. Nur allzu oft interpretieren sie die Handlungen des anderen als einen persönlichen Affront oder gar einen direkten Angriff, der sie verletzen oder schwächen soll – und behaupten dann, dass es deshalb in der Beziehung Probleme gibt.

In solchen Situationen kann einen leicht das Gefühl beschleichen, dass man nie gewinnen wird und stattdessen seinen Verstand verliert. Wenn Sie zum Beispiel einen narzisstischen Menschen damit konfrontieren, ein Narzisst zu sein – dann wird er diese Anschuldigung mit allerhöchster Wahrscheinlichkeit verdrehen und schließlich so lange gegen Sie selbst verwenden, bis Sie sich ernsthaft fragen, ob Sie nicht wirklich selbst der Narzisst sind. Zu viele Menschen bleiben letztendlich fatalerweise in einer narzisstischen Beziehung stecken, weil sie Scham und Verwirrung empfinden und der narzisstischen Person beweisen wollen, dass die Schuld nicht bei ihnen liegt, oder weil sie herausfinden wollen, wer tatsächlich der Missbraucher und wer der Missbrauchte ist.

Seien Sie gewiss, dass narzisstische Menschen keine Skrupel haben, Sie den sprichwörtlichen Wölfen zum Fraß vorzuwerfen, wenn sie dies für notwendig halten. Sie werden Sie ohne Gewissensbisse gegenüber anderen verunglimpfen – und bei den wichtigen Menschen in Ihrem Leben als Missbraucher denunzieren. Narzissten sind an Schmerz und Drama gewöhnt und wirken sogar in extremen Situationen, die normale Menschen stressen würden, hochfunktional und deshalb glaubwürdig. Im deutlichen Gegensatz dazu wirken Sie wahrscheinlich wie eine Geisteskranke, während Sie sich bemühen, die Bruchstücke Ihres Lebens zusammenzuhalten. Und verheerenderweise glauben die wichtigen Menschen in Ihrem Leben häufig dem Narzissten. Sie könnten sogar Ihre Arbeit verlieren aufgrund dessen, was ein Narzisst hinter Ihrem Rücken Ihren Vorgesetzten und Kollegen über Sie erzählt.

Dies alles isoliert die Betroffenen noch weiter und wirft sie in einen tiefen, dunklen Abgrund der Hilf- und Machtlosigkeit, während der Narzisst wie ein Tarnkappenbomber weiter ihr Leben plündert und ihre Seele vergewaltigt.

Wenn Sie sich auch nach den Informationen in diesem Kapitel noch nicht sicher sind, ob eine bestimmte Person in Ihrem Leben ein Narzisst ist oder nicht: Ich habe eine Checkliste mit 50 Merkmalen von Narzissten (The 50 Traits of a Narcissist Checklist) zusammengestellt. Diese erhalten Sie, wenn Sie sich kostenlos bei Ihrem »You Can Thrive Program« registrieren unter: www.youcanthriveprogram.com.

Wie entsteht Narzissmus?

Narzisstische Menschen leiden keineswegs unter zu großer Selbstliebe. Klassischerweise kommen sie aus Familien, in denen es entweder grundlegend an Liebe fehlt oder in denen Eltern ihr Kind regelrecht verschlingen und in einer erstickenden Eltern-Kind-Beziehung festhalten. Durch geistigen, emotionalen, körperlichen, spirituellen oder sexuellen Missbrauch verschmelzen die Grenzen des Kindes mit denen der Eltern und werden aufgehoben. Dies kann dazu führen, dass der junge potenziell narzisstische Mensch eine solch intensive innere Desintegration erfährt, dass er sein wahres inneres Selbst begräbt, weil er glaubt, dass es seine Bedürfnisse nicht erfüllen kann, und sich stattdessen ein falsches Selbst erschafft. Manche Narzissten stammen jedoch aus Familien mit liebevollen guten Eltern und nicht narzisstischen Geschwistern. Diese Fälle lassen sich meiner Meinung nach epigenetisch erklären: Das von den Großeltern ererbte und/oder selbst erlebte Kindheitstrauma eines oder beider Elternteile wurde an die nächste Generation weitergegeben

Das falsche Selbst des Narzissten ist eine fiktive Persönlichkeit, die wie ein Puffer gegen das gefühlte Trauma dienen kann: »Wenn es nicht mich betrifft, dann tut es nicht weh.« Das gleiche »Ablösen« vom wahren Selbst kann durch schwere Vernachlässigung und Zurückweisung verursacht werden sowie durch das »Goldene-Kind-Syndrom«. Dabei entwickelt das Kind durch besondere Aufmerksamkeit und Bevorzugung ein vollkommen überzogenes Anspruchsdenken – als Klon von narzisstischen Eltern, die ihren Nachwuchs als Erweiterung ihres eigenen Egos sehen. Die Ursachen mögen verschieden sein, dennoch trifft eines auf alle narzisstischen Menschen zu: Ihr Identitätskern ist zerstört und wird verleugnet, weil sie, sobald sie ihr Inneres Kind lebendig begraben, mit einer Art schwarzem Loch im Inneren zurückbleiben. Dies ist weitaus mehr als ein quälendes, grässliches Gefühl der Leere – dieses Nichts gerät zur Echokammer für einen gnadenlosen inneren Kritiker.

Ein Narzisst schrieb mir dazu vor Kurzem:

Ich lebe mit einem tiefen Selbsthass, dem ich nie entkommen kann. Ich möchte sterben, aber der Tod jagt mir Angst ein. Doch um zu leben, das weiß ich, muss ich ständig vorgeben, jemand zu sein, der ich nicht bin – weil jeder vor mir zurückschrecken würde, wenn er die Wahrheit wüsste. Und egal, was ich vortäusche, ich weiß, dass ich nicht wirklich eine Verbindung zu anderen Menschen aufbauen kann oder auch nur einen Bruchteil der Gefühle empfinden, die sie empfinden können. Ich weiß, dass ich im Inneren bereits tot bin. Ich habe keine Idee, wie ich dieser Hölle entkommen kann, die bedeutet, dass ich Menschen verletzen muss, um mich kurzzeitig besser zu fühlen.

Diese Worte vermitteln einen Eindruck von der Welt der Narzissten. Es kann zwar sein, dass die Schutzmauern ihres Egos zusammenbrechen und sie Demut verspüren, wenn es ihnen während einer narzisstischen Kränkung wirklich schlecht geht. Doch sobald sie wieder genügend Aufmerksamkeit von außen erhalten, machen sie die Schotten erneut dicht, und alles geht seinen gewohnten narzisstischen Gang. Dieser Wechsel passiert schnell – in der Regel dauert der Zustand der Demut nur Stunden, selten länger als ein paar Tage. Viele Narzissten, die eine solche Beichte wie die obige abgelegt haben, würden komplett leugnen, dass sie diese Erklärung verfasst haben, sobald sich ihr Ego wieder behauptet.

Wie überlebt ein Narzisst?

Nur eines kann den furchterregenden inneren Kritiker eines narzisstischen Menschen zum Stillschweigen bringen und ihn sich irgendwie »lebendig« fühlen lassen: narzisstische Zufuhr. Dazu gehören Aufmerksamkeit, Bedeutsamkeit, Beifall, Bekanntheit, Geld, Besitz, Sex – und die Selbstbestätigung, zu wissen, dass man andere Menschen an der narzisstischen Angel hat, dass man sie beeinflusst und dass sie schier von einem besessen sind. Nichts motiviert Narzissten mehr als narzisstische Zufuhr, verleiht sie ihrem falschen Selbst doch vorübergehend genügend Kraft, ihre inneren Dämonen auszublenden. Doch dies ist nicht von Dauer. Sobald der »Nervenkitzel« oder die »Eroberung« erfolgt ist, kehren die rastlosen inneren Dämonen zurück und damit das narzisstische Bedürfnis, neue Quellen narzisstischer Zufuhr anzuzapfen.

Narzisstische Zufuhr ist die Droge der Narzissten und dient der Schmerzlinderung. Sie ist eine Ablenkung von dem selbstzerstörerischen inneren Kritiker, der immer droht, den Narzissten in der Luft zu zerreißen. Ein narzisstischer Mensch ist so süchtig nach narzisstischer Zufuhr wie ein Crack-Abhängiger nach Crack. Beide verwenden ihre Droge der Wahl, um den Horror ihrer inneren Traumata zu verdrängen. Wenn der Puffer des falschen narzisstischen Selbst geschwächt wird und nicht mehr länger unterdrückte Emotionen zurückhalten kann, kann eine narzisstische Kränkung jeden Moment zur Explosion führen. Ihre Verteidigung aufzugeben und von ihrem geschädigten wahren Selbst überwältigt zu werden ist für einen Narzissten schlimmer als der Tod; tatsächlich würden viele Narzissten lieber körperlich sterben, als ihr falsches Selbst niederzureißen.

Wie die untoten Vampire aus den Mythen, die sich von menschlichem Blut ernähren müssen, um zu überleben, oder die schwarzen Löcher im All, die keine wirkliche Struktur haben und dennoch Himmelskörper und sogar ganze Planeten schlucken, um ihre Existenz zu bewahren, saugen Narzissten alles und jeden in ihrem Umfeld aus, fühlen sich aber dennoch dabei nie wirklich »lebendig« oder »vollständig«. Ihr Streben danach, ihren inneren Dämonen zu entkommen, findet niemals ein Ende.

Dieser narzisstische Kampf ist ausweglos, doch für uns – die narzisstisch Missbrauchten – ist dagegen glücklicherweise Ende in Sicht. Nun, da Ihnen klar ist, womit Sie es zu tun haben, wissen Sie auch, dass es dabei um sehr viel mehr geht, als mit einem unvernünftigen Menschen zurechtzukommen. Die Lösung im Umgang mit einem narzisstischen Menschen beginnt damit, seine wahre Natur zu verstehen. Das ist der erste Schritt. Letztendlich erfordert es jedoch auch, ein tiefes Verständnis unserer selbst zu entwickeln.

3
Warum wir Narzissten anziehen

In vielen Online-Foren von Missbrauchten herrscht großes Einverständnis darüber, dass Narzissten gemeine Jäger sind, die jede potenzielle Beute zielsicher aufspüren und sich in sie verbeißen. Ich finde jedoch, dass diese Ansicht und die Popularität, die sie gewonnen hat, uns erheblich schwächt. Tatsächlich ist das einer der Hauptgründe, warum ich dieses Buch geschrieben habe. Meiner Meinung nach zieht diese Überzeugung nach sich, dass man sich immer nur darauf konzentriert, mehr über narzisstische Menschen zu lernen, um ihnen besser aus dem Weg zu gehen, anstatt zu versuchen, die inneren unbewussten Ursachen zu heilen, die einen zuerst einmal so anfällig für Narzissten gemacht haben. Durch Informationen über Narzissten allein können sich Menschen leider nicht schützen, weil die Gründe, warum wir uns auf sie einlassen, nicht rational sind: Sie haben vielmehr mit den nicht geheilten Anteilen unseres inneren Ichs zu tun. Und wenn es außerdem wirklich stimmen würde, dass absolut jeder auf einen narzisstischen Menschen hereinfallen kann, dann gäbe es für uns weder Bedarf an Selbstreflexion noch irgendeine Gelegenheit, uns weiterzuentwickeln und auf einem anderen Liebes- und Beziehungsweg weiterzureisen – Prozesse, in die wir im Lauf dieses Buches tief eintauchen werden.

Es gibt Menschen, die schlicht nicht für Narzissten anfällig sind, so wie ich mit meiner heutigen Persönlichkeit – doch früher war ich für Narzissten so verlockend wie eine verwundete Gazelle für einen Löwen. Indem ich mir klarmachte und verstand, *warum* ich anfällig war, und indem ich meine Anfälligkeit heilte, konnte ich mich befreien. Die persönliche Verantwortung, die wir für unsere eigene Heilung übernehmen, ist jedoch nicht mit Schuldzuweisungen an die Opfer zu verwechseln. Der Thriver-Weg – die Philosophie, sich die eigene Kraft und Eigenmacht zurückzuholen, um unser wahres Heilungspotenzial zu aktivieren – hat nichts mit Scham und Selbstbeschuldigungen zu tun, im Gegenteil: Es geht darum, Wahrheit, Entlastung, Entschlossenheit und Freiheit von den unbewussten Glaubenssystemen und Traumata zu finden, die uns zuvor so große Schmerzen bereitet haben.

Wofür war ich besonders anfällig? Um es gleich vorweg zu sagen, ich hatte unzulängliche, wenn nicht gar fast nicht vorhandene Grenzen. Es fiel mir schwer, Nein zu sagen, weil ich Angst hatte, dass man mich kritisieren, abweisen, verlassen oder bestrafen würde. Ich wollte es jedem recht machen, indem ich versuchte, so zu sein, wie mich die anderen gerne hatten, damit sie mich liebten und mich gut fanden. Ich hatte nur eine geringe Vorstellung von meinen eigenen Bedürfnissen oder Rechten, und noch weniger war ich fähig, dafür einzutreten. Unbewusst versuchte ich immer, auf Nummer sicher zu gehen, keinen Ärger zu verursachen und nett zu Menschen zu sein, damit sie mich schonten. Ich glaubte auch, dass andere Menschen viel mehr Autorität besaßen als ich und bessere Entscheidungen trafen – also war es das Beste, wenn ich ihnen alles überließ.

Und ich war nicht mit meiner Intuition verbunden. Ich vertraute ihr nicht, und ich forschte nicht nach, ich vermied Konfrontationen, stellte nicht die richtigen Fragen, setzte keine Grenzen und ging nicht weg, wenn etwas ungut erschien. Ich unterdrückte im Gegenteil mein Bauchgefühl, fand Entschuldigungen für meine Gefühle (selbst wenn rote Alarmknöpfe vor meinem inneren Auge blinkten, zum Beispiel bei widersprüchlichen Erzählungen) und dachte: »Es wird schon in Ordnung sein, und wenn nicht, kann ich damit umgehen.« Immer und immer wieder ging durch meine Selbstaufgabe mein Leben in die Brüche.

Ich servierte mich jedem Narzissten selbst perfekt auf dem sprichwörtlichen Silbertablett: fleißig, auf der Suche nach

Zustimmung, fähig, einen guten Lebensstil zu bieten, ohne Sinn für meine persönlichen Rechte, Selbstliebe oder Selbstwertgefühl und mehr als bereit, alles zu tun, was ein anderer von mir wollte, nur damit er mich vielleicht liebte. Ich war die perfekte Kandidatin, um selbst in der unvorstellbarsten Missbrauchssituation zu verharren, weil mich die Vorstellung eines Lebens ohne Mann zutiefst erschreckte. In meiner narzisstischen Beziehung fühlte ich mich, als ob mein schieres Überleben davon abhing, meinen Partner davon zu überzeugen, dass ich seiner Liebe wert war – und nicht so, wie er es mir vorwarf. Ich glaubte zutiefst daran, dass meine Hingabe an das »Wir« ihn irgendwie aus seiner Dunkelheit in eine echte liebevolle Harmonie mit mir ziehen könnte. Wie bereits beschrieben, steckten in meiner inneren Programmierung viele tiefe, empfindliche, unverarbeitete Wahrheiten, die ich erst später entdeckte und heilte und mich von ihnen weg entwickelte. Nach außen wirkte ich jedoch jederzeit stark und kompetent – und tatsächlich fühlte ich mich auch so, weil ich in allem, was ich anpackte, erfolgreich war.

Wenn wir aus einer Beziehung mit einem Narzissten herauskommen, realisieren wir nur allmählich, dass unsere Anfälligkeit für Narzissten nicht bedeutet, dass wir schwach sind. Häufig ist sogar erstaunlicherweise das Gegenteil wahr: Die meisten Menschen, die mit einem Narzissten verbunden sind, sind sehr intelligent und integer. Wir sind in der Regel lebenstüchtig und geben nicht so schnell auf, wenn es hart auf hart kommt. Es ist unsere Resilienz und nicht unsere Schwäche, die uns in narzisstischen Beziehungen bleiben lässt: Wir glauben, dass wir sie in Ordnung bringen können, und ganz sicher wollen wir nicht die enormen Investitionen an Liebe, Zeit, Energie und Geld abschreiben, die wir in die Beziehung gesteckt haben.

Viele von uns Betroffenen sind kompetente und zuverlässige Menschen, denen andere vertrauen. Und doch merken wir vielleicht erst, dass wir ein Problem haben, wenn wir uns völlig machtlos fühlen, weil wir wie ein Süchtiger an der Droge an einem Menschen hängen, der uns in Stücke reißt. *»Ich bin ein intelligenter,* fähiger Mensch, *also warum, um Himmels willen, will es mir einfach nicht in den Kopf, dass ich aus dieser Beziehung aussteigen, mich fernhalten und diese Person endgültig loslassen muss?«* – wie besessen kreisen unsere Gedanken nur um das eine Thema. Wir sind entsetzt und verblüfft, dass wir selbst dann nicht fortgehen, wenn wir Dinge erleben, die kein Mensch erleiden sollte.

Ich versichere Ihnen, dass es einen Grund gibt, warum wir so empfänglich für Narzissten sind: Wie in Kapitel 2 beschrieben, haben wir in unserer Kindheit nicht die nötige Liebe und Unterstützung erhalten, um eine vollständige, gesunde innere Identität zu entwickeln. Es wurde für uns »normal«, extrem gut zu funktionieren und hoch kompetent zu sein – uns stets allen Herausforderungen zu stellen und sie zu meistern. Dabei war uns nicht klar, dass wir durch dieses extrem funktionale Verhalten die inneren Ängste und Depression behandeln und heilen wollten, die wir entwickelt hatten aus dem Glauben heraus, so, wie wir waren, einfach nicht »gut genug« zu sein.

Vielleicht wurden Sie wie ich in einer an Bedingungen geknüpften Liebe erzogen und entwickelten deshalb die Überzeugung, dass man sich Zuneigung und Bestätigung verdienen muss. Vielleicht erhielten Sie nur Aufmerksamkeit, wenn Sie Ihren Eltern lieferten, was sie von Ihnen wollten, oder wenn Sie in Schule oder Sport Spitzenergebnisse erzielten. Vielleicht waren Ihre Eltern selbst hochfunktional und stets unruhig im »Handeln«-Modus, sodass Sie niemals ein Vorbild dafür hatten, einfach »zu sein«, die eigenen Bedürfnisse zu erkennen oder sich um das eigene emotionale Wohlbefinden zu kümmern. Dadurch wurde Ihre Fähigkeit zur Selbstberuhigung (die eigenen Emotionen zu erkennen, zu unterstützen und zu verarbeiten und so gesund zu leben) und sich selbst bedingungslos zu lieben und zu akzeptieren zutiefst beeinträchtigt.

Vielleicht wurden Sie wie ein Narzisst missbräuchlich erzogen, begruben jedoch nicht, um zu überleben, ihr wahres Selbst und nahmen ein falsches an, sondern übernahmen stattdessen die Rolle des Gebers und des Menschen, der alles in Ordnung bringt und so gut wie möglich für seine dysfunktionale Familie einen »Normalzustand« aufrechterhält, damit sie genug Ressourcen hat, Sie zu lieben und sich um Sie zu kümmern. Vielleicht hing Ihre Existenz davon ab, dass Sie gegenüber anderen Menschen wachsam waren und sie mit allem, was sie brauchten, versorgten, und Sie entwickelten deshalb niemals ein Gefühl für Ihre eigenen Bedürfnisse, Grenzen und Rechte – und wie man auf diese achtet.

All diese Erfahrungen sind nichts Ungewöhnliches. Viele Menschen erfahren eine nicht bewusste Erziehung im Elternhaus, weil unsere formale Bildung größtenteils auf die kognitive und nicht auf die emotionale Intelligenz abzielt. Schon in den frühen Jahren unserer Entwicklung – und darüber hinaus – lernen wir lesen, schreiben, rechnen und denken, jedoch nicht fühlen und mit uns selbst und unseren Emotionen eine wertfreie, liebevolle Beziehung aufzubauen. In diesen Bereichen sind wir in der Regel auf unsere Eltern als Vorbilder angewiesen, die all dies jedoch häufig selbst nicht gelernt haben. Auf diese Weise kann eine nicht bewusste Erziehung an einer Generation auf die andere weitergegeben werden – und die Narben begleiten uns in unser Erwachsenenleben.

Von narzisstischem Missbrauch Betroffene wissen nur zu gut, dass Narzissten stets zum schlimmstmöglichen Zeitpunkt an unseren schmerzhaftesten Wunden, tiefsten Unsicherheiten, problematischsten Narben rühren – weil sie immer zielsicher die Schwachpunkte bei anderen erkennen. Paradoxerweise nutzen sie am Anfang von Beziehungen, seien es Liebes- oder Geschäftsbeziehungen oder Freundschaften, zuerst die Unsicherheiten der anderen, um sie dazu zu bringen, sich auf sie einzulassen. Wenn man sich unbedeutend und wertlos fühlt, dann wird einen dieser Mensch »sehen« und »wertschätzen« wie kein anderer. Wenn Sie sich zum Beispiel nicht trauen, im eigenen Unternehmen erfolgreich zu sein, dann präsentiert er sich mit dem notwendigen Mut, der Ihnen fehlt. Doch irgendwann wird er den Spieß umdrehen und Ihre inneren Wunden gnadenlos immer wieder aufreißen, sobald sein narzisstisches falsches Selbst das Gefühl hat, nicht genug Bestätigung von Ihnen zu bekommen. Doch anstatt sich von dem narzisstischen Menschen zu trennen, der Sie missbraucht, hängen Sie fest an seinem Haken, weil Sie versuchen, ihn in Ihren ursprünglichen Retter zurückzuverwandeln – was selbstverständlich nicht gelingt. Auf diese Weise gewinnt er für Sie enorme Bedeutung (und damit narzisstische Zufuhr): *Schau, wie weit ich einen anderen Menschen beeinflussen kann.*

Nur wenn Sie diese alten, ursprünglichen Traumata, die der narzisstische Mensch gegen Sie verwendet, aufspüren und heilen, können Sie aus dem wahnsinnigen emotionalen Gefängnis ausbrechen, in das er Sie eingesperrt hat. Paradoxerweise birgt diese Notwendigkeit eine unglaubliche Chance: die Entwicklung zu der Version Ihres Selbst, die Sie schon immer sein wollten. Sie kann Ihnen ermöglichen, sich endlich von den inneren Wunden zu befreien, die Sie bisher davon abgehalten haben, Ihr höchstes und bestes Selbst zu werden. Wie der Sufi-Dichter Rumi im 13. Jahrhundert schrieb:

Was dich schmerzt, segnet dich.
Dunkelheit ist deine Kerze.
Deinen Grenzen gilt dein Streben.[1]

Menschen, die das Glück hatten, dass ihre Eltern die Zeit und das Verständnis besaßen, die innere Identität ihres Kindes wertzuschätzen, und ihm dabei halfen, sie aufzubauen, sind nicht für Narzissten empfänglich. Aus einem ganz einfachen Grund: Sie sind sich bereits selbst eine Quelle der Liebe, Bestätigung, Sicherheit und Existenz. Sie akzeptieren keine gelegentlich hingeworfenen, mit Missbrauch gespickten Zuneigungshäppchen oder verwechseln sie mit echter Liebe. Wenn man nicht von einem anderen Menschen abhängig ist, um Liebe oder Glück zu erfahren, warum sollte man sich dann mit weniger zufriedengeben als mit einem Partner, der einen bedingungslos liebt und der möchte, dass es einem in jeder Hinsicht gut geht?

Neun Eigenschaften, die für narzisstischen Missbrauch empfänglich machen

Ich möchte Ihnen gerne die neun Haupteigenschaften vorstellen, die uns meiner Meinung nach unbewusst in narzisstische Missbrauchsbeziehungen treiben. Wenn wir diese emotionalen Anfälligkeiten verstehen, können wir daran arbeiten, sie zu heilen, und in der Folge unsere Beziehungsmuster weitaus grundlegender ändern, als wir es bisher für möglich hielten. Die tiefe Erforschung meines Inneren Wesens und meine über zehnjährige Arbeit mit Tausenden Menschen haben mich überzeugt, dass praktisch alle von narzisstischem Missbrauch Betroffene bestimmte Eigenschaften besitzen.

1. *Sie haben bereits Missbrauch erlebt, sie fürchten sich vor Missbrauch oder haben einen starken Widerwillen gegen Missbraucher.*

Wenn wir noch den Schmerz eines früheren Missbrauchs in uns tragen, dann suchen wir unbewusst nach Menschen, die das verkörpern, was uns vertraut ist. Der früher erlittene Missbrauch ist dann die Bindung, die in uns die stärksten Gefühle auslöst und deshalb als Beziehungsmuster – als »Liebesschiene« – Teil unseres inneren Programms wird.

2. *Es fällt ihnen schwer, zu ihren Ansichten zu stehen, für sich einzutreten oder gesunde Grenzen zu schaffen.*

Wenn Sie darunter leiden, dass Sie sich nicht behaupten können, weil Sie fürchten, kritisiert, abgelehnt, verlassen oder bestraft zu werden, dann geben Sie Ihre Kraft und Eigenmacht ab. Anstatt, wenn es nötig ist, anderen die Stirn zu bieten, auf ihre innere Stimme zu hören und sich selbst anzuerkennen, stimmen Sie anderen zu, obwohl es sich für Sie falsch anfühlt. Durch diese klassische Selbstaufgabe erlauben Sie narzisstischen Menschen, Ihre Grenzen zu durchbrechen, und Sie werden hart kämpfen müssen, um Missbraucher wieder aus Ihrem Leben und Ihrem Herzen zu entfernen.

3. ***Sie besitzen große Integrität und sind bestürzt, wenn jemand diese anzweifelt.***

Wenn wir glauben, dass unser Wert dadurch bestimmt wird, was andere Menschen und nicht wir selbst von uns denken, dann steht uns eine sehr harte Zeit bevor. Unser Leben fühlt sich dann unsicher an, vor allem in einer Beziehung mit einem narzisstischen Menschen, wenn dieser uns beschuldigt, Dinge getan zu haben, an die wir nicht einmal im Traum denken würden, und wir verzweifelt versuchen, ihn dazu zu bringen, anders über uns zu denken, damit wir uns wieder gut fühlen können. Dieser Mangel an Selbstwert macht uns dafür anfällig, immer und immer wieder missbraucht zu werden.

4. ***Sie arbeiten hart, um sich ein Gefühl der Sicherheit zu geben, und räumen den Mist anderer weg, der ihre Sicherheit gefährden könnte.***

Wenn Sie finanzielle Verantwortung für Menschen übernehmen, die sich weigern, für sich selbst Verantwortung zu übernehmen, dann gießen Sie sprichwörtlich den Garten des Nachbarn, während der eigene vertrocknet – Sie lassen sich Ihre Energie, Gesundheit und Ressourcen von anderen stehlen. Narzissten verbinden sich bevorzugt mit Menschen, die Ressourcen besitzen, in deren Leben sie sich verstricken können und die sich dafür verantwortlich fühlen, hinter ihnen aufzuräumen. Ein narzisstischer Mensch reißt all Ihre Ressourcen an sich, während Sie für ihn den Karren aus dem Dreck ziehen.

9. *Sie empfinden sich selbst als empathisch und stellen die Bedürfnisse anderer Menschen über die eigenen, weil sie das für moralisch richtig halten.*

Wenn wir empathische Menschen sind (also die Energie anderer intensiv wahrnehmen und ihnen beistehen, um mit uns selbst zufriedener zu sein), dann sind wir vielleicht stolz darauf, dass wir uns für die Bedürfnisse und Wünsche anderer interessieren und auf sie eingehen. Wenn wir jedoch nicht fähig sind, unsere eigenen Bedürfnisse und Wünsche gleichermaßen zu erkennen und darum zu bitten, dass sie auf eine gesunde Weise erfüllt werden, dann werden wir nicht die von uns ersehnte Fürsorge und Liebe erhalten. In der Folge können wir verbittern und andere Menschen für unsere Unzufriedenheit verantwortlich machen, ihnen Vorträge halten, wie sie sich unserer Meinung nach zu verhalten hätten, anstatt sie zu akzeptieren, wie sie sind. Mit dieser Einstellung können wir ungewollt von Narzissten abhängig bleiben, weil wir versuchen, sie in »gute« Menschen zu verwandeln – und ihnen damit reichlich narzisstische Zufuhr liefern.

Es kann eine solche Offenbarung sein zu verstehen, wie viele von uns mehrere, wenn nicht gar alle dieser neun Eigenschaften besitzen. Jede dieser Anfälligkeiten entsprach exakt meinem alten Ich, und wenn ich mich nicht von ihnen befreit hätte, würde ich heute nicht mehr leben. Um es auf einen kurzen Nenner zu bringen: Ich versuchte, mich über das Außen zu definieren – darüber, wie andere mich wahrnahmen –, anstatt mich selbst zu lieben und selbst zu bestimmen, wer ich bin.

Ich hoffe aufrichtig, dass Sie mit dieser Liste leichter herausfinden können, wo Ihre persönlichen emotionalen Empfindlichkeiten liegen. Selbstverständlich machen uns diese nicht zu schlechten Menschen. Sie bedeuten nur, dass wir uns so sehr von uns selbst entfernen können, dass wir uns damit selbst schaden und auch anderen ermöglichen, uns zu verletzen.

Die Heilungschancen von narzisstischem Missbrauch

Ich kann mir vorstellen, dass Sie nun geschockt sind und vielleicht sogar denken: *Warum ich? Warum musste ich diesen Albtraum erleben?* Ich möchte, dass Sie wissen, dass ich wirklich verstehe, was Sie durchmachen und wie schrecklich sich dies anfühlt. Aber ich verspreche Ihnen, dass Sie davon genesen können.

Vor einigen Jahren arbeitete ich mit einer Klientin namens Josie. Für ihren Psychologen war das, was ihr passiert war, »einfach schreckliches Pech«. Als Josie sich der Thriver Community anschloss, einer weltweiten Gruppe von Menschen, die meinen *Thriver Way to Heal* (Thriver-Weg zur Heilung) übernommen haben (den ich gleich noch genauer erklären werde), und ihr klar wurde, dass es einen Grund gab, warum sie in einer narzisstischen Beziehung gelandet war, war sie überglücklich. »Warum um Himmels willen sollte ein Mensch dies alles umsonst durchmachen!«, meinte sie. »Das hat für mich noch nie einen Sinn ergeben.«

Es gibt einen Grund, warum wir das durchmachen: Wenn wir als Erwachsene narzisstischen Missbrauch erleben, dann sind wir noch nicht zu unserer eigenen stabilen Quelle der Liebe, Bestätigung, des Überlebens und der Sicherheit geworden. Als Kinder war das für uns vielleicht die einzige Möglichkeit zu überleben, da wir von den Erwachsenen in unserem Umfeld abhängig waren (also vollkommen darauf angewiesen, dass sie uns Liebe, Bestätigung und Sicherheit boten). Doch nun, da wir selbst erwachsen sind, ist es für uns lebenswichtig, selbst aus unserer eigenen Quelle für all dies zu sorgen. Wenn wir uns im Inneren leer fühlen und versuchen, diese Leere durch äußere Quellen zu füllen, dann fühlen wir uns von anderen leeren Komponenten angezogen und verbinden uns mit ihnen – zum Beispiel mit narzisstischen Menschen, die selbst ein Gefühl der inneren Vollständigkeit erhalten wollen, indem sie unsere Quelle anzapfen. Doch wenn wir lernen, diese innere Vollständigkeit zu erzeugen, indem wir mit unserem höheren Selbst und unserer inneren Führung arbeiten, um uns mit den gesunden Elementen des Lebens zu verbinden – beispielsweise authentischen Menschen und Situationen, die zu unserem Wohlbefinden beitragen und es nicht schmälern –, dann beginnt sich unser Leben auf unglaubliche, erfüllende und inspirierende Art zu entwickeln.

Narzisstischer Missbrauch ist eine absolut traumatische, unsere gesamte Existenz infrage stellende Schicksalserfahrung, und er geschieht, wenn wir versuchen, unsere eigenen fehlenden inneren Anteile durch andere zu erschaffen. Wir halten den Narzissten für den Heiler unserer Wunden – tatsächlich ist er jedoch ihr Gesandter. Nach narzisstischem Missbrauch kann das Leben nicht einfach normal weitergehen. Man ist am Tiefpunkt des Lebens angekommen, und nun heißt es, sich entweder endgültig aufzulösen und abzuwickeln oder sich weiterzuentwickeln …

Der Thriver-Weg zur Heilung

Ich möchten Ihnen nun meinen *Thriver Way to Heal* vorstellen. Es ist wichtig, dass Sie den Thriver-Weg zur Heilung verstehen, damit die Methode bei Ihnen wirkt. Möglicherweise erscheint Ihnen dieses Heilverfahren zunächst als kontraintuitiv, weil es in der menschlichen Natur liegt, dem die Schuld zu geben, der uns zu verletzen scheint. Ich möchte jedoch, dass Sie diesen Gedanken erst einmal beiseiteschieben und sich für eine andere Möglichkeit öffnen – die, wenn Sie sie verstanden haben, in Ihrem Körper ein Gefühl der Erleichterung und nicht der Machtlosigkeit erzeugen wird.

Das ist ein Thriver-Mantra: Was geschehen ist, hatte einen Grund. Und wenn man diesen Grund herausfinden und heilen kann, dann wird man nie wieder in eine solche Lage geraten, sich zudem weiterentwickeln und heilen, und das Leben wird besser und erfüllter werden als zuvor – sogar im Vergleich zu dem Leben vor dem Missbrauch. Die entsetzlichen Trauma-Symptome werden verschwinden, und man wird sich stärker, sicherer, stabiler und selbstbewusster fühlen als je zuvor in seinem Leben.

Ich verspreche Ihnen, dass dies keine wilde Behauptung, sondern absolut wahr ist. Der Thriver-Weg hat bereits das emotionale und körperliche Leben von Tausenden Menschen auf der ganzen Welt gerettet, bei denen häufig zuvor nichts anderes gewirkt hat. Mich selbst kostete es fast das Leben, weil ich intensiv auf den Narzissten und das, was mit ihm nicht stimmte, fokussiert war anstatt auf meine eigene Heilung und Entwicklung. Wenn wir nicht irgendwann aufhören, uns darauf zu konzentrieren, wer Narzissten sind und was sie uns angetan haben – auch wenn es anfänglich sehr wichtig ist, dies zu verstehen –, dann können wir uns nicht zur Ganzheit zurück lieben und heilen. Und wenn wir uns nicht selbst heilen, dann müssen wir darauf warten, dass sich die äußeren Umstände ändern, um Erleichterung zu erleben – zum Beispiel, dass Missbraucher für ihr Verhalten büßen, Wiedergutmachung leisten oder zur Rechenschaft gezogen werden. Ich versichere Ihnen jedoch, dass dies in den vielen Tausend Fällen, die ich kennengelernt habe, selten passiert ist. Und auch in diesen höchst seltenen Fällen gilt: Wenn die Betroffenen sich nicht selbst geheilt und ihr Trauma gelöst haben, dann verspüren sie dadurch nur vorübergehend Erleichterung, bevor ihre Symptome wieder auftauchen. Warum das so ist? Weil das Trauma in ihrem Leben noch behandelt und geheilt werden muss.

Wer sind »Thriver«?

Thriver haben Mut, denn sie sind Revolutionäre. Als Thriver akzeptieren wir nicht die Standardvorstellungen und -prognosen, die häufig für Missbrauchsopfer gelten. Wir wollen keine Opfer sein, deren Existenz dauerhaft von Ängsten und quälenden psychischen Symptomen untergraben wird, die unter ihrer begrenzten Fähigkeit leiden, ihr Leben selbst in die Hand zu nehmen, Liebe zu erfahren und Träume zu verwirklichen.

Trotz allem, was uns zugestoßen ist, wollen wir nicht nur einfach überleben. Wir haben uns dazu entschieden, alles zu tun, was wir können, um ein Thriver zu werden, *weil* uns das zugestoßen ist.

Als Thriver erkennen wir das *Quantum Law* (Quantum-Gesetz) an, das Gesetz der Energie, der »Bewusstheit«, dem alle Schöpfung unterliegt und das die Basis des Thriver-Wegs zur Heilung bildet: *Innen wie außen*. Kurz gesagt, bedeutet dies: Wenn wir im Außen etwas verspüren, das uns verletzt, dann muss ein entsprechendes ungelöstes Trauma in unserem Inneren vorhanden sein, sonst hätten wir emotional und energetisch niemals dieses äußere Ereignis unbewusst angezogen und in unserem Leben akzeptiert.

Als Thriver entdecken wir: Wenn wir unsere intensive Konzentration auf den narzisstischen Menschen loslassen und nicht mehr versuchen, das Leben im Außen zu kontrollieren, um Frieden und Sicherheit im Inneren zu finden, sondern uns im Gegenteil nach innen wenden und uns darauf konzentrieren, uns zur Ganzheit ein Selbst-Partner zu sein, uns zu lieben und zu heilen, dann wird es uns sehr schnell besser gehen. Es fühlt sich in unserem Körper »richtig« an.

Anfänglich ist uns vielleicht nicht klar, was dies wirklich bedeutet, nämlich: Indem wir uns nach innen wenden, *sind wir endlich auf unserem Weg zu uns selbst.*

4
Missbrauch hat viele Formen

Als ich mich im Jahr 2007 bewusst darauf konzentrierte, vom narzisstischen Missbrauch zu genesen – von innen nach außen –, erlebte ich einige wirkmächtige Offenbarungen über die Hauptgründe, warum uns narzisstischer Missbrauch passiert, und wie wir unsere Symptome auflösen können. Ich fühlte mich verpflichtet, diese zu veröffentlichen und meine Erfahrungen über das Internet zu teilen.

Zu jener Zeit trat zugleich eine wundervolle Frau namens Janara in mein Leben. Sie half mir beim Aufbau einer Website und bei der Veröffentlichung meiner Artikel, durch die ich Menschen unterstützen wollte, die Ähnliches wie ich erlebt hatten. Als wir uns kennenlernten, stellte sich zu meinem Erstaunen heraus, dass auch sie narzisstisch missbraucht worden war. Und als ich begann, meine Artikel über die Erfahrungen meiner Klienten zu veröffentlichen, war ich verblüfft, wie viele Menschen sich darin wiederfanden und Kontakt mit mir aufnahmen. Sie schrieben zum Beispiel: »Ich habe genau dasselbe erlebt. Waren wir mit demselben Menschen zusammen?«

Nach meiner Rückkehr aus dem Weihnachtsurlaub auf der thailändischen Insel Ko Samui arbeitete ich mit meinem neuen Heilsystem, das jetzt offiziell *Quanta Freedom Healing* hieß. Ich war überglücklich, nun Menschen helfen zu können, Traumata in unvorstellbarem Ausmaß zu verändern und kraftvoll und schnell ihre Freiheit wiederzuerlangen.

Zu meinen damaligen Klienten gehörte auch Janine, erfolgreich, mit eigenem Besitz, großem Freundeskreis, eine Managerin in einem großen Unternehmen – und doch extrem abhängig von ihrem narzisstischen On-und-off-Freund. Er rangierte sie regelmäßig aus, machte keinen Hehl aus seinen Beziehungen mit anderen Frauen und missbrauchte sie verbal, körperlich und sexuell auf grausame, erniedrigende Weise. Erstaunlicherweise besaß Janine durchaus Selbstwertgefühl in anderen Lebensbereichen, jedoch nicht in der Beziehung mit ihrem Freund. Janine nahm Antidepressiva und war in psychotherapeutischer Behandlung. Dennoch konnte sie nicht aufhören, sich mit ihm zu treffen, und gleichzeitig hatte sie regelmäßig Suizidgedanken.

Janine war so süchtig nach ihrem Freund, dass sie keinen anderen Ausweg aus ihrer Qual sah, als sich selbst umzubringen. Ich behandelte sie wie jeden anderen Klienten: Wir beschäftigten uns nicht mit der logischen Abfolge der Ereignisse oder mit dem, »was passierte«. Wir untersuchten hingegen, was sie in ihrem emotionalen Körper schmerzte, wandten Quanta Freedom Healing an und suchten und lösten die in ihrem Unterbewusstsein eingebetteten Traumata.

Im Lauf der Behandlung entdeckte Janine, dass sie nur Männer attraktiv fand, die wie ihr Vater waren – ein Militärangehöriger, ein strenger Mann, der nicht verfügbar war, um sie zu lieben. Unterbewusst versuchte sie, »Daddy« dieses Mal dazu zu bringen, sie zu lieben. Sobald diese Wunde aus ihrem unterbewussten Programm entfernt war, fühlte sich Janine nicht mehr von ihrem Ex-Freund angezogen, geschweige denn besessen. Sie hielt sich fortan von ihm fern, blockierte seinen Kontakt und arbeitete ohne das Trauma ihrer alten Abhängigkeit von ihm weiter an ihrer Heilung. Schon bald war sie auf dem Weg, sich für immer von ihren früheren schrecklichen Beziehungsmustern zu befreien.

Janine war kein Einzelfall. Viele Missbrauchsopfer, die ihren Weg zu mir fanden, kämpften mit allen erdenklichen narzisstischen Menschen, seien es ihre Eltern, Geschwister, ihr Pfarrer oder Therapeut oder sogar Freunde. Manche lebten unter entsetzlichen Bedingungen mit häuslicher Gewalt, andere waren durch emotionalen, geistigen, finanziellen oder spirituellen Missbrauch schwer traumatisiert. Ihnen allen gemein war jedoch ihre Verzweiflung darüber, in toxische Machtkämpfe verwickelt und sich von Menschen, die ihnen wehtaten, wie Süchtige abhängig zu fühlen und an sie gebunden zu sein – und nicht zu wissen, warum sie diese Gefühle hatten.

Durch die Mundpropaganda meiner Klienten sowie durch Psychologen, Ärzte und andere Therapeuten, die begannen, Missbrauchspatienten zu mir zu schicken, stieg die Zahl meiner Klienten dramatisch an. Weil Quanta Freedom Healing eine energetische Heilbehandlung ist, die ohne Berührung ausgeführt wird, habe ich eine ganze Weile lang Klienten erfolgreich per Telefon geheilt, die teilweise sehr weit entfernt lebten. Doch obwohl ich auf diese Weise mehr Menschen helfen konnte, wurde mir doch klar, dass ich es nur mit der Spitze des Eisbergs zu tun hatte. Narzisstischer Missbrauch besteht in einem weitaus größeren Ausmaß, als ich mir je hätte vorstellen können.

Immer mehr Menschen brauchen Heilung

Die Wartezeit für Einzelsitzungen bei mir betrug mittlerweile sechs Monate. Deshalb begann ich, nach Feierabend das *Narcissistic Abuse Recovery Program (NARP)* zu entwickeln. Dieser Online-Kurs besteht aus den aufeinanderfolgenden Quanta-Freedom-Healing-Modulen und folgt den Behandlungsschritten, die ich in meinen Einzelsitzungen anwandte. Damit waren die Menschen in der Lage, zu jeder Zeit bequem zu Hause damit zu arbeiten.

Diesen Kurs aufzubauen war eine unglaubliche Channeling-Erfahrung, vergleichbar mit jener auf Ko Samui, als mir zum ersten Mal die gesamte Quanta-Freedom-Healing-Behandlung »gezeigt« wurde: Auch dieses Mal wurde ich auf dem gesamten Weg geführt. Ich wusste genau, wie ich die Module zusammenstellen und in welcher Reihenfolge ich die einzelnen Heilungsschritte ansetzen sollte. Die Visualisierungen und die erforderlichen Worte, um energetischen

Einfluss zu erzeugen, wurden mir buchstäblich »gegeben«. Und ihre Wirkung übertraf meine kühnsten Erwartungen.

Mein Programm war schon bald weltweit bekannt, und ich erhielt Anfragen für Interviews und Radiosendungen. Immer mehr Menschen fanden ihren Weg zu meiner Website und nahmen am NARP teil. Bereits kurz nach Erscheinen des NARP verzeichnete meine Website täglich Tausende Besuche, und ich fand Hunderte E-Mails im Posteingang.

Durch die unglaublich vielen Kontakte mit Menschen, die von Narzissten missbraucht worden waren, wurde mir, aus meiner verletzten Trance erwacht, klar, wie unglaublich verbreitet Narzissmus ist. Allerdings sind die veröffentlichten Statistiken über Narzissten oft extrem ungenau, weil Narzissmus immer noch zu selten diagnostiziert wird. Schließlich ist es Teil ihrer Krankheit, dass Menschen mit einer narzisstischen Persönlichkeitsstörung kein Bewusstsein für persönliche Rechenschaft haben und deshalb keinerlei Verantwortung für ihr Verhalten übernehmen. Ganz im Gegenteil machen sie meist alle anderen für ihre Probleme verantwortlich, und es ist deshalb sehr unwahrscheinlich, dass sie professionelle Hilfe suchen.

Sie sind nicht allein

Egal, wer Sie narzisstisch missbraucht hat: Ihnen ist Schlimmes geschehen, und ich hoffe, dass Sie langsam ein Verständnis dafür entwickeln, dass Sie nicht verrückt sind oder es werden – und dass Sie auf keinen Fall allein sind.

Ich wünsche mir von ganzem Herzen, Ihnen zeigen zu können, dass wir genau durch solche auslösenden Ereignisse, wie sie auch narzisstischer Missbrauch darstellt, unser tief sitzendes inneres Trauma aufspüren und lösen können – um danach ein traumabefreites Leben zu führen. Wir müssen also nicht in unserem Leiden verharren und mit den schrecklichen Missbrauchssymptomen weiterleben, die so viel von unserer Energie, Freude und Lebenskraft auffressen. Sich selbst zu heilen erfordert Hingabe und Mut, bietet jedoch einen Ausweg – ein Licht am Ende des schrecklichen Tunnels, das wir zuvor einfach nicht sehen konnten. Ich und so viele andere Menschen sind die lebenden, atmenden Beispiele, wie das Leben geheilt und verändert werden kann, wenn man sein inneres Trauma kennenlernt und heilt.

Viele traditionelle Behandlungsmethoden, die nur auf Gesprächen und Informationsaustausch basieren, können uns das Gefühl vermitteln, auf der Stelle zu treten, weil wir jahre-, jahrzehnte- oder sogar ein Leben lang versuchen, mit den Symptomen unseres Traumas fertigzuwerden, ohne je zum Ende zu kommen. Der Thriver-Weg ermöglicht uns hingegen, uns tief in unserem Innersten zu heilen, indem wir alle Ursachen für unsere Symptome bewältigen, sodass wir schließlich symptomfrei leben können.

5
Was mit uns geschieht, wenn wir missbraucht werden

Durch narzisstischen Missbrauch verursachte Zusammenbrüche und Trennungen erlebt man nicht als normale Beziehungsschmerzen und -enttäuschungen. Diese Wunden heilen mit der Zeit, doch bei narzisstischem Missbrauch ist Zeit völlig irrelevant. Wer es nicht selbst erlebt hat, kann nicht einmal erahnen, wie es sich anfühlt, nicht mehr »man selbst« zu sein, während man versucht, die alles verzehrenden Ängste und tiefen Depressionen zu überleben, die den Alltag bestimmen. Betroffene erzählen in der Regel, dass sie niemals etwas so Furchtbares wie den narzisstischen Missbrauch erlebt hätten, selbst wenn ihnen auch schon zuvor Schlimmes passiert war.

Manche sagen, dass in der Kindheit erlittener narzisstischer Missbrauch am schwersten zu bewältigen sei, weil man nichts anderes kennengelernt hat. Andere wiederum erklären, das schlimmste Trauma sei, den Traum von dem Leben mit einem Seelenverwandten aufzugeben, das man vermeintlich mit seinem Missbraucher teilte. Und für wieder andere ist es die schrecklichste Erfahrung, wenn das eigene Kind narzisstisch ist – denn wie soll man sich von ihm abwenden?

Dazu kann ich nur sagen, dass meiner Erfahrung nach alle Formen von narzisstischem Missbrauch Menschen in die Knie zwingen und die Betroffenen sich fragen, wie sie das, was ihnen widerfahren ist, jemals überleben sollen. Zudem bleibt das Trauma, ob sie nun den narzisstischen Menschen aus ihrem Leben verbannen konnten oder nicht. Selbst wenn der Narzisst aus dem Leben der Betroffenen verschwunden ist, heißt das nicht notwendigerweise, dass sie Erleichterung verspüren und abschließen können –

tatsächlich erleben sie das Trauma wie ein lebendes, atmendes Wesen, das in ihrem Inneren ein eigenes Leben führt. Ich habe mit vielen Menschen gearbeitet, die noch immer unter den Auswirkungen narzisstischen Missbrauchs litten, obwohl er ihnen bereits vor langer Zeit widerfahren war.

Grace zum Beispiel war vor 35 Jahren drei Jahre lang mit einem Narzissten verheiratet gewesen. Als ich sie kennenlernte, war ich schockiert: Mit gerade mal Mitte 50 sah sie wie eine 80-Jährige aus, wirkte gebrechlich und schwach und zitterte unablässig. Sie erzählte mir, dass sie seit ihrer Ehe ständig Medikamente brauchte, unter Angstzuständen, Depressionen und Panikattacken litt. Sie war nie mehr in der Lage gewesen, so zu arbeiten oder sich am Leben zu beteiligen wie vor dem Missbrauch. Ärzte hatten Grace erklärt, dass ihre psychische Erkrankung eine Depression war, die jedoch nicht notwendigerweise mit ihrer Ehe in Verbindung stand, wovon sie jedoch felsenfest überzeugt war. Bis sie im Internet auf meine Website stieß, hatte sie nicht die geringste Idee gehabt, dass sie narzisstisch missbraucht worden war. Als sie jedoch die dort aufgelisteten narzisstischen Charakteristika mit dem Verhalten ihres Ex-Mannes verglich, war ihr sofort klar, dass sie missbraucht worden war. Plötzlich ergab alles einen Sinn, und sie konnte beginnen, sich ihrer Genesung zu widmen.

Doch nicht nur der narzisstische Missbrauch in Liebesbeziehungen zerstört die Fähigkeit von Menschen, ein gesundes Leben zu führen. Wie in Kapitel 2 dargestellt, macht es ein in der Kindheit erlittenes Trauma – besonders wenn es durch einen narzisstischen Elternteil verursacht wurde – Menschen unglaublich schwer, vollständig, gesund und fähig zu sein, für sich selbst Liebe, Erfolg und Freude zu schaffen. Doch auch narzisstischer Missbrauch durch Vorgesetzte, Kollegen, Nachbarn oder sogar Freunde (es ist im Grunde egal, durch wen) kann bei den Betroffenen schreckliche Zerstörungen verursachen und sie vollkommen verwirrt und in einem zutiefst besorgniserregenden Zustand hinterlassen.

Man muss nur im Internet nach Foren von Opfern narzisstischen Missbrauchs suchen, um zu entdecken, wie viele Menschen in einem andauernden Trauma feststecken und glauben, sich niemals daraus befreien zu können. Leider erhält man zwar im Internet und von Gesundheitsexperten viele Informationen über den »Zusammenbruch«, erfährt jedoch nur sehr wenig zu Forschung, Wissen und dessen Anwendung in Bezug auf den »Durchbruch«, um den sich die Thriver Recovery – die Thriver-Genesung – dreht.

Ebenso wenig hilfreich ist, dass viele Nichtbetroffene verständlicherweise nicht wissen, was sie von einem Menschen, der narzisstischen Missbrauch erlebt, halten oder wie sie ihn unterstützen sollen. Logischerweise denken Angehörige, dass ein Mensch, besonders wenn dieser schon seit einer gewissen Zeit von der Person, die ihn missbraucht hat, getrennt ist, einfach von der Erfahrung genesen sollte – wie es Robin formulierte: »Meine Familie und Freunde haben mich satt. Sie haben mir ziemlich oft unmissverständlich klargemacht, dass ich endlich aufhören soll, Trübsal zu blasen und mit mir selbst Mitleid zu haben – und einfach darüber hinwegkommen soll. Ich wünschte, ich könnte es, das Ganze ist ja schon zweieinhalb Jahre her, aber es geht einfach nicht.«

Ich habe dafür vollstes Verständnis. Bevor ich selbst narzisstisch missbraucht wurde, dachte ich, dass solche Menschen schlicht andere für ihre Probleme verantwortlich machen und nach Ausreden suchen, warum sie nicht für sich selbst Verantwortung übernehmen. Nachdem ich jedoch selbst so weit gebracht worden war, dass ich nicht mehr wusste, wie ich noch irgendwie weiterleben sollte, verstehe ich das absolut: Das Trauma übersteigt alle Vorstellungen und ist schlicht unbeschreiblich.

Es gibt verschiedene Gründe, warum Menschen »einfach nicht darüber hinwegkommen«. Tiefe, starke seelische Gründe, die alle bisherigen Vorstellungen davon widerlegen, wie man mit positivem Denken Schmerzen und Kummer überwinden kann. In seinem Buch *Verkörperter Schrecken* schreibt der PTBS-Experte Bessel van der Kolk: »Die neurowissenschaftliche Forschung zeigt, dass wir das, was wir fühlen, nur verändern können, indem wir uns unseres *inneren* Erlebens bewusst werden und lernen, uns mit dem, was in uns vorgeht, vertraut zu machen.«[1] In einem Online-Interview bemerkte der international renommierte Neurologe und Bestsellerautor von *Intelligente Zellen – Wie Erfahrungen unsere Gene steuern,* Dr. Bruce Lipton: »Manche Menschen denken, dass das Bewusstsein und das Unterbewusstsein direkt miteinander verbunden sind, sodass ich durch eine Veränderung des Bewusstseins das unterbewusste Programm verändern werde. Das ist völlig falsch und verursacht wirklich viele Probleme.«[2]

Es braucht neue Heilmethoden

Wenn wir schweren narzisstischen Missbrauch erlebt haben und sich ein hochgradiges Trauma in unserem Körper manifestiert hat, dann kann es für uns schwierig sein, durch eine konventionelle Gesprächstherapie eine Veränderung zu erreichen – weil die Heilungsanregungen einer solchen Behandlung möglicherweise nicht von unserem hochaktiven Gehirn in unseren Körper vordringen. In der Folge könnten wir versuchen, mit dem schrecklichen Trauma, das in uns gefangen ist, zurechtzukommen, anstatt die Fähigkeit zu erlangen, das Trauma aufzulösen und uns davon vollständig zu befreien.

Nach meinem Nebennierenversagen und Nervenzusammenbruch (wie ihn viele Betroffene von narzisstischem Missbrauch erleben) wurde mir gesagt, dass ich niemals mehr normal funktionieren würde und Antipsychotika meine einzige Hoffnung seien, wieder eine gewisse Lebensqualität zu erreichen. Auch habe ich zahllose Menschen getroffen, die zwar konventionell psychologisch und medikamentös behandelt werden, aber dennoch ihren ständigen Kampf gegen Angstzustände, Depression, Nebennierenschwäche und posttraumatische Belastungsstörung nur mit Mühe überleben – und ganz sicher keine Thriver sind.

Ich möchte an dieser Stelle jedoch betonen, dass ich Therapien keinesfalls ablehne und dass ich viele großartige Therapeuten kenne, die die Körper-Geist-Verbindung verstehen und damit arbeiten. Ich freue mich zudem sehr, dass immer mehr medizinische Profis diese Wahrheit begreifen (die zur Genesung von narzisstischem Missbrauch passt): Nur Menschen, die tief in ihrem Inneren eine Veränderung erleben, verändern sich nachhaltig. Denn wenn sie das Trauma auf Zellebene aus ihrem Inneren entfernt haben, erleben sie, wie ihre Psyche dem Beispiel folgt. Vom toxischen Trauma befreit, haben sie nun in ihren Zellen Platz für neue Ideen, es tun sich ihnen neue Wege des Daseins, Inspirationen und Lösungen für eine echte Heilung auf. Doch ohne diese innere Arbeit und innere Veränderung gleicht die Situation dem Versuch, den Motor eines Autos zu reparieren, ohne die Kühlerhaube zu öffnen! Man kommt nicht wirklich an die Problemzone heran und kann sie auch nicht reparieren, sondern nur raten, was wirklich vor sich geht. Für viele Traumaopfer bieten Konzepte, Informationen, Strategien, Psychoanalyse und sogar intensives kognitives Coaching nicht die notwendigen Voraussetzungen für eine Veränderung tief im Inneren, weil der logische Verstand nicht auf derselben Wellenlänge oder demselben Kommunikationssender arbeitet wie das Unterbewusstsein.

Leider scheint es, dass mehr »Denken« und »Sprechen« für Missbrauchsopfer häufig nicht die geeignete Lösung ist. Tatsächlich kann dies im Gegenteil manchmal sogar eine Verschlechterung bewirken, da auf diese Weise unsere innere Identität als »Missbrauchsopfer« zementiert wird. So wie es Rachel wortgewandt erklärt: »Die Gesprächstherapie kann nicht besonders viel bewirken, wenn das Trauma, das wir erlitten und aufgrund dessen wir toxische Beziehungen anziehen, bereits vor dem Spracherwerb begann.« Und wie Dee Dee schrieb: »Ich bin seit Langem in Gesprächstherapie, doch aus den Sitzungen gehe ich frustriert und weinend heraus. Meine Therapeutin meint es gut und versteht die Kennzeichen emotionalen Missbrauchs, aber sie kann mir keine Mittel an die

Hand geben, damit ich die tiefen inneren Veränderungen vollziehen kann, die notwendig sind, um zu heilen und loszulassen.«

Dem kann ich nur zustimmen, denn ich erlebte genau das Gleiche. Nichts, was ich hörte, worüber ich sprach oder was ich lernte, befähigte mich, das zu tun, was wir alle tun müssen, um gesund zu werden: das Trauma loslassen und lernen, ohne seine entsetzlichen Wirkungen in unserem Inneren zu leben.

Warum viele Menschen nicht genesen konnten

Im Jahr 2008 recherchierte ich fieberhaft über die Verbindung von Geist und Körper, weil ich verblüfft war, dass so viele intelligente Menschen, die alles unternommen hatten, um gesund zu werden, sich erst von den Missbrauchssymptomen befreien konnten, wenn sie die unterbewussten Heilmethoden von Quanta Freedom Healing anwandten. Zudem war ich fasziniert von der grundlegenden, alles verzehrenden Sucht nach Narzissten, unter der wir alle litten, und dass diese so ganz und gar nicht mit Logik behandelt werden konnte.

Standardwissenschaft und -psychologie gaben mir darauf keine Antwort, dafür Quantenphysik, Neurowissenschaften und globale Vordenker wie Dr. Joe Dispenza, Dr. Bruce Lipton und Dr. Candace Pert. Ich wunderte mich, dass offensichtlich bislang noch niemand für die Traumatherapie auf diese Erkenntnisse zurückgegriffen oder sie dafür in Erwägung gezogen hatte – obwohl sie für mich vollkommen Sinn ergaben. (Später stieß ich außerdem auf die bahnbrechende Arbeit des zuvor erwähnten Dr. Bessel van der Kolk.) Aus den Forschungen dieser Neurowissenschaftler lernte ich viel über emotionale Abhängigkeit, warum Menschen im Missbrauch verharren und nach Narzissten süchtig werden – und dann nicht loslassen können. Und warum sie auch nach einer erfolgten physischen Trennung häufig noch immer in dem fürchterlichen Teufelskreis der Obsession stecken bleiben und sich weiterhin süchtig, machtlos, überwältigt und traumatisiert fühlen.

Ich begann den Unterschied zwischen Unterbewusstsein und Bewusstsein zu verstehen und wie beide funktionieren. Dazu sagt Dr. Bruce Lipton: »Das Hauptproblem ist, dass sich die Menschen ihrer bewussten Überzeugungen und Verhaltensweisen gewahr sind, aber nicht ihrer unterbewussten Überzeugungen und Verhaltensweisen ... Tatsache ist, dass das Unterbewusstsein eine Million Mal stärker als das Bewusstsein ist und wir zu 95 bis 99 Prozent in unserem Leben nach unterbewussten Programmen funktionieren.«[3]

Immer mehr wurde mir klar, warum reines Denken nicht die machtvollen Gefühle überwinden kann, die durch das Unterbewusstsein ausgelöst werden – doch das war nicht alles. In einem Interview zu dem Film *What the Bleep do we (k)now!? – Ich weiß, dass ich nichts weiß!?* bemerkte Dr. Joe Dispenza: »Wir wissen physiologisch, dass Nervenzellen, die zusammen feuern, miteinander verschaltet sind. Wenn man etwas immer und immer wiederholt, haben diese Nervenzellen eine langfristige Verbindung. Wenn man täglich wütend ist, wenn man täglich frustriert ist, wenn man täglich leidet, wenn man einen Grund für die Viktimisierung im eigenen Leben liefert, dann verschaltet und vernetzt man dieses neuronale Netz täglich neu. Dieses Neuronennetz jetzt hat eine langfristige Beziehung zu all den anderen Nervenzellen, die Identität genannt wird.«[4]

Von nun an begann ich zu verstehen, dass unser emotionales Trauma durch unsere Gedanken »wiedererlebt« wird. Und die Arbeit der verstorbenen Neurowissenschaftlerin und Pharmakologin Dr. Candace Pert lieferte mir gleichsam frei Haus eine bahnbrechende Erkenntnis, indem sie die Körper-Geist-Verbindung so beschrieb: »Ihre Psyche befindet sich in jeder Zelle Ihres Körpers.«[5]

Der Schlüssel zur Heilung

»Das Gehirn folgt dem Körper – immer«,[6] erklärt Dr. Joe Dispenza in seinem Audio-Workshop *Breaking the Habit of Being Yourself – How to Lose Your Mind and Create a New One (Mit der Gewohnheit brechen, man selbst zu sein – wie man seinen Verstand verliert und einen neuen schafft).* Wenn wir ein schweres Trauma haben, bedeutet das, dass wir nur innerhalb des Bereichs des Traumas denken können. Ich hatte bereits verstanden – und auch erfahren –, dass, erst wenn im innersten Kern unseres Wesens, in unseren unterbewussten Programmen, eine Veränderung erfolgt, die »verkorksten Gedanken« (also Gedanken, die zur schmerzhaften Natur des inneren Traumas passen) leichter werden, man sich weniger ohnmächtig, erschüttert und schockiert, betrogen, belogen und viktimisiert fühlt. Tatsächlich ging es manchen Menschen, wie zum Beispiel Grace, im Lauf der Jahre schlechter und nicht besser, weil die neuronalen Netze in ihrem Gehirn immer mehr darin geübt waren, eine bestimmte, in schmerzhaften Emotionen und Gedankenmustern eingebettete Selbstidentität zu bestätigen.

Ich entdeckte, dass Quanta Freedom Healing in meinem und dem Leben anderer Menschen so wirksam war, weil es mithilfe von Theta-Hirnwellen (die ich später erklären werde) in direktem Kontakt mit den unterbewussten Programmen arbeitet, die das Trauma steuern.

Dazu schreibt das von Vianna Stibel gegründete Theta Healing Institute: »Theta-Hirnwellen können als das Unterbewusste angesehen werden; sie regieren den Teil unseres Geistes, der zwischen dem Bewussten und dem Unbewussten liegt und die Erinnerungen und Gefühle bewahrt. Sie bestimmen auch unsere Überzeugungen und unser Verhalten. Man glaubt, dass dieser mentale [Theta-Wellen-] Zustand einem ermöglicht, unterhalb der Ebene des Bewusstseins zu agieren.«[7]

Für die Genesung von Traumata ist es wichtig, dass wir das Unterbewusste erreichen, wie Dr. Bruce Lipton erklärt: »Ich möchte klarmachen, dass ein Buch zu lesen und die Konzepte zu verstehen nicht ausreicht, damit das Unterbewusstsein eines Menschen neu verdrahtet wird und dem Leser seine eigene Heilung gelingt. Das Konzept zu verstehen ist etwas völlig anderes, als es in das tägliche Leben zu integrieren. Nur durch das ständige Unterbrechen des

Programms oder durch eine außergewöhnliche Erfahrung wie einen tiefen, emotional transformativen Moment oder eine starke Hypnose kann man Selbstheilung erzielen.« Und er fährt fort: »Oder durch verschiedene Arten der Neuprogrammierung, die insgesamt als energetische Psychologie bezeichnet werden.«[8] Genau dazu – zur »energetischen Psychologie« – gehört Quanta Freedom Healing.

Ich behandelte mich weiterhin selbst mit Quanta Freedom Healing, und als sich das Trauma immer mehr aus meinem Inneren Wesen löste, spürte ich ein angeborenes natürliches Wissen in mir aufsteigen. Von meinem inneren Trauma befreit, erlebte ich völlig neue natürliche Zustände und stiegen wunderbare Gefühle spontan in mir auf. Viele andere Menschen erlebten das Gleiche. Mir wurde klar, was »Unbewusstheit« wirklich bedeutet: Wenn wir in schmerzhaften unterbewussten Programmen gefangen sind, die zum Wesenskern unserer Identität geworden sind, dann wissen wir nicht, dass wir in ihnen gefangen sind. Genau diese unterbewussten Programme der erlernten Hilflosigkeit und Ohnmacht, die wir als Kinder erworben haben, haben uns dazu gebracht, unsere Kraft und Eigenmacht an Missbraucher abzugeben und traumatisiert zu bleiben. Doch erst wenn wir diese Art des Seins verändern, können wir unser altes Ich auflösen und in unser wahres Selbst entlassen werden.

An dieser Stelle begann ich auf einer sehr tiefen Ebene zu verstehen, worum es sich bei der Sucht nach dem Narzissten und nach narzisstischem Missbrauch wirklich handelt: um Trauma-Bonding.

Wie wir durch Trauma an Narzissten gebunden werden

Die Sucht nach Narzissten hat nichts mit dem Verstand oder Logik zu tun, sondern ist ein physiologischer Prozess auf unterer Zellebene. Die Anziehungskraft kann so extrem sein, dass man das Gefühl hat, man würde sterben, wenn man sich nicht auf irgendeine Weise wieder mit dem Narzissten verbindet – und sei es nur durch die eigenen Gedanken.

In ihrem Buch *Moleküle der Gefühle* beschreibt Dr. Candace Pert, wie unser Gehirn sogenannte Neuropeptide (das sind Aminosäurenketten) bildet, die in unserem Körper verteilt werden. Zu jeder Emotion gehört ein eigenes Peptid, und die Zellen unseres Körpers werden buchstäblich süchtig nach den Peptiden, mit denen sie regelmäßig überflutet werden. Wenn man immer wieder Ohnmacht, Viktimisierung und all die anderen schrecklichen Gefühle erlebt, die mit narzisstischem Missbrauch einhergehen – Gefühle, die dann auch in Form von chemischen Substanzen durch unseren Körper fließen –, dann lernt unser Gehirn, die Quelle dieses Neuropeptids immer wieder aufzusuchen (oder auch nur daran zu denken), um daraufhin mehr von den chemischen Stoffen zu produzieren, nach denen unser Körper süchtig ist. Pert gibt an, dass Ratten, die mit Neuropeptiden gefüttert werden, so süchtig nach ihnen werden können, dass sie, um diese zu bekommen, sogar auf Nahrung, Wasser und sämtliche Selbstfürsorge verzichten. Ihr zufolge haben Neuropeptide ein stärkeres Suchtpotenzial als jede synthetische Droge.

Perts Arbeit war so bahnbrechend, dass viele, auch ihr Ehemann und Mitarbeiter Dr. Michael Riff, davon ausgingen, dass sie die »entscheidende Verbindung zwischen Geist und Körper« nachgewiesen hatte. Eine der wichtigsten Erkenntnisse, die ich aus Candace' Arbeit gezogen habe, ist die, dass der Körper das Unterbewusstsein repräsentiert, das man nicht allein durch Reden heilen kann.[9] Als ich dies zum ersten Mal las, wusste etwas in mir, dass dies die Wahrheit ist. Ich war mir gewiss, dass wahre Heilung über den Körper erfolgen muss und dass unsere Traumaprogramme nicht auf der logischen Ebene verursacht werden, sondern auf der emotionalen.

Damit eine wirkliche Genesung erfolgen kann, muss der Peptidzyklus unterbrochen und geheilt werden, und das kann nicht auf der Ebene der Logik erfolgen. Die Wurzeln liegen im ursprünglichen Trauma, das bereits vor dieser jüngeren Verletzung bestand;

das ist der Grund, warum das alte Selbst nach immer mehr vom selben sucht. Und genau dieser Ablauf muss unterbrochen werden.

Das Ganze wird verständlicher, wenn man sich klarmacht, dass Sucht – der Drang, sich mit etwas wieder zu verbinden, das einem schadet (in diesem Fall mit dem narzisstischen Menschen) – nicht das wahre Problem, sondern nur ein Symptom ist. Die Sucht wird durch das bestehende und niemals aufgelöste Trauma im Körper verursacht. Lassen Sie es mich so erklären: Stellen Sie sich vor, Sie sind schwach geworden und haben ein großes Stück Schokoladenkuchen verputzt, das Sie sich den ganzen Tag lang verkniffen hatten. Nun fühlen Sie Selbstekel. Sie wissen, dass Sie Ihr Kalorienkonto gesprengt haben, und sagen zu sich selbst: »Warum habe ich das nur getan? Ich habe einfach keine Selbstkontrolle!« Eine Stunde später plagt Sie das Verlangen nach einem weiteren Stück Kuchen. Sie ringen mit Ihrer Gier, beschwichtigen sich dann selbst mit der Ausrede »Morgen gehe ich aber ins Fitnessstudio«, essen den Kuchen – und schämen sich noch mehr.

Logischerweise könnte man denken, dass Ihre ersten Selbstvorwürfe Sie davon abgehalten haben sollten, ein weiteres Stück Kuchen zu verspeisen. Haben sie aber nicht. Warum? Dies lässt sich folgendermaßen erklären: Weil Sie sich wahrscheinlich häufig gehörig selbst runtermachen (o Gott, wie oft ich mich selbst beschimpft habe!), war der Peptidrausch des Selbstekels so intensiv, dass Ihre Körperzellen als Reaktion auf noch einen weiteren Schuss von ihrer Lieblingsdroge drängten. Dies erzeugte Ihren Zwang, das zweite Stück zu essen, als Sie versuchten, den Schmerz des Selbstekels (der das süchtig machende Verlangen ist) selbst zu behandeln. Und Ihr Gehirn erfand all die notwendigen Ausreden, damit Sie genau das taten, was dieses Verlangen befriedigen würde.

Der Verstand ist eine stumpfe Waffe gegen das allmächtige Verlangen des ganzen Körpers. Wie Dispenza sagt, folgt das Gehirn dem Körper: Ihre Sucht nach der chemischen Substanz lässt Ihren Verstand all die notwendigen Ausreden erfinden, damit sie »nur noch ein einziges Mal« befriedigt wird. Ich weiß noch, wie oft mich meine Sucht dazu zwang, zu »meinem« Narzissten zurückzugehen oder ihn in den sozialen Medien zu stalken oder einen seiner Bekannten anzurufen oder »nur noch einmal« an ihn zu denken – obwohl ich vom Verstand her wusste, dass ein Kontakt mit seiner Energie mich erneut in traumatische Besessenheit werfen und ich möglicherweise tagelang völlig aus der Bahn geworfen sein würde. Selbstverständlich fiel mir jede erdenkliche Ausrede ein, um mein Verhalten zu rechtfertigen. In Wirklichkeit war es mein Gehirn, das mehr dieses schrecklichen emotionalen Cocktails herstellen wollte, nach denen mein Körper süchtig war.

Wenn Sie nun an den narzisstischen Menschen in Ihrem Leben und an jedes Verlangen oder alle intensiven Gefühle denken, die Ihre Verbindung mit ihm erzeugt, werden Sie allmählich verstehen, was wirklich passiert. Welche Emotionen überfluten Sie am stärksten – vielleicht, wenn Sie der Narzisst abwertet, verbal missbraucht, verlässt, betrügt, misstraut, Sie beschuldigt oder auf eine unvorstellbare, vernichtende Weise verletzt? Was auch immer auf Sie zutrifft: Nach genau diesen Emotionen ist Ihr gesamtes zelluläres Wesen am stärksten süchtig. Auf einer tieferen Ebene repräsentieren diese enormen Schmerzwellen nicht geheilte, unerledigte Probleme aus Ihrer Vergangenheit. Hier liegen die traumatischen Wunden, die die grundlegende Ursache für die schmerzhaften chemischen Räusche sind, an die Ihr Körper schon gewöhnt war, bevor der aktuelle Narzisst in Ihr Leben trat. Zu diesen Wunden gehören die Brüche, die wir durch unsere Vorfahren erfahren haben und die zu unserer Entwicklung in der Kindheit gehörten. Wenn die narzisstische Person in Ihrem Leben ein Elternteil oder Familienmitglied ist, waren die entsprechenden chemischen Cocktails schon von Geburt an in Ihrem Nervensystem vorhanden – vielleicht sogar schon vor Ihrer Zeugung, wenn Sie sie als Teil der schmerzhaften traumatischen Erfahrungen Ihrer Vorfahren, die von Generation zu Generation weitergegeben wurden, geerbt haben.

Okay, jetzt wieder zurück in die Gegenwart … Logischerweise würden Sie *nicht* bewusst dabei mitspielen, mehr von diesen gleichen traumatischen Erfahrungen zu produzieren. Logischerweise würden Sie niemals danach streben, noch mehr Gefühle wie Ohnmacht, Viktimisierung, Verlassenheit, Ungeliebtsein, Abweisung, Abwertung, Unwichtigkeit, Wertlosigkeit, des Betrogen- und Getäuschtwerdens zu erleben und an ihnen anzuhaften – aber was passiert wirklich im Unterbewusstsein? Was treibt Sie wirklich dazu an, sich nicht endgültig von dem Narzissten zu trennen und in Zukunft von ihm fernzuhalten?

Ich weiß nicht, wie es Ihnen geht. Aber als ich zum ersten Mal auf diese Information stieß, war ich erstaunt, warum dies nicht Allgemeinwissen ist – bis mir klar wurde, dass dann viele Unternehmen nicht existieren würden. Wenn Menschen wüssten, wie sie sich von ihrer Peptidsucht nach schrecklichen Gefühlen, die ihr Leben zerstören, lösen könnten, dann wäre der Bedarf an Big Pharma weitaus geringer. Schon allein mein Fall führte dazu, dass für einen Menschen keine Antipsychotika mehr verschrieben wurden.

Ich persönlich glaube, dass wir die größte Selbstkompetenz und Wirkmächtigkeit erreichen können, wenn wir unser Leben selbst unter die Lupe nehmen. Wenn Sie die hier vorgestellten Informationen über Peptidabhängigkeit auf die Bereiche Ihres Lebens übertragen, in denen es Ihnen schwerfiel oder -fällt, gesunde Entscheidungen zu treffen, dann werden sie Ihnen eine gute Erklärung liefern – und auch dafür, warum Sie bislang möglicherweise so fürchterlich gekämpft haben, um Ihre Missbrauchssymptome und -muster zu heilen.

Für viele Menschen in dieser Community war das genaue Verständnis der Peptidabhängigkeit und das Wissen, wie man sich davon befreit, der fehlende Schlüssel für ihre Genesung als Thriver. Aus diesem Grund behandele ich die Peptidabhängigkeit detaillierter in meinem »You Can Thrive Program«.

Das Neue am Thriver-Weg zur Heilung

Im Vergleich zu den Methoden, mit denen viele üblicherweise versuchen, vom Trauma zu genesen, kann einem der Thriver-Weg zunächst ein wenig abwegig erscheinen: Wir erzählen nicht mehr unsere Geschichte und was uns passierte. Wir entfernen uns aus dem Reich der Logik und hören auf, außerhalb von uns nach den Gründen zu suchen, warum uns dies »zustieß«. Stattdessen richten wir unsere Aufmerksamkeit nach innen, auf unser emotionales Zentrum, und beginnen mit der zentralen Arbeit auf dieser Ebene. Tatsächlich bewirken wir dort eine Veränderung in unserem Inneren Wesen – unserem Unterbewusstsein –, um in der Folge anders über dieses Thema in unserem Leben zu fühlen und zu denken.

Wenn wir das Quantum-Gesetz *Innen wie außen* zu verstehen beginnen, wird uns klar, dass wir von falschen Voraussetzungen ausgehen, wenn wir äußere Dinge und andere Menschen zu verändern versuchen, um uns besser zu fühlen. Denn dadurch geben wir mehr Kraft und Eigenmacht auf mit dem Ergebnis, dass wir uns nicht nur nicht besser, sondern noch schlechter – ohnmächtiger – fühlen. Wenn wir jedoch stattdessen die ganze, radikale Verantwortung übernehmen und uns die Vorstellung: »Egal, wodurch dies verursacht wurde, nur ich habe die Macht, mich selbst zu verändern, und erst dann werde ich mich besser fühlen« zu eigen machen – dann haben wir endlich die richtige Richtung eingeschlagen.

Heute können wir mit Quantum-Methoden wie Quanta Freedom Healing Traumata erreichen und loslassen, unsere Peptidabhängigkeit stoppen und unser emotionales Wesen heilen, um besser entwickelte und gesündere Gedanken zu erzeugen. Wie Bessel van der Kolk in *Verkörperter Schrecken* im Abschnitt »Erschließung des Zugangs zum emotionalen Gehirn« feststellt: »Der rationale, analysierende Teil des Gehirns, der im dorsolateralen Präfrontalkortex lokalisiert ist, steht nicht in direkter Verbindung zum emotionalen Gehirn, wo die meisten Traumanachwirkungen registriert werden, wohingegen der mediale Präfrontalkortex, das Zentrum des Selbstgewahrseins, eine solche Verbindung hat.«[10]

Zuerst mag die Idee abstrus erscheinen, dass wir unser Trauma heilen können, indem wir nach innen gehen und auf spezielle Weise mit unserem inneren Wesen arbeiten. Bevor ich mit körperenergetischem Heilen begann, glaubte auch ich fest daran, dass wir nur über unseren Geist heilen könnten und das Problem nicht in unserem emotionalen Körper lag. Ich dachte, dass der Körper nach dem Verstand kommt, doch heute weiß ich, dass es genau andersherum ist.

Damals war ich auch der Überzeugung, dass Visualisierungen nicht real genug seien, um etwas zu bewirken; dass sie viel zu ätherisch seien, um bestimmte Punkte in unserer DNA und unserer unterbewussten Programmierung zu erreichen. Heute weiß ich, wenn man den Code hat, um mit dem eigenen Unterbewusstsein in Kontakt zu treten und zu kommunizieren und es zu instruieren, dann kann man sich selbst auf ziemlich spektakuläre und starke Weise von »wer du warst« in »wer du gerne sein möchtest« verändern.

Viele Menschen, die sich meiner Methode zuwenden, haben schon Erfahrung mit unterbewussten Heilbehandlungen wie Reiki, Kinesiologie, Theta Healing oder EFT (Emotional Freedom Technique). Oder sie haben die Wirkung von Quanta Freedom Healing bei anderen Menschen erlebt, die sich urplötzlich – scheinbar über Nacht – eindrucksvoll veränderten. Wegen solcher Ergebnisse haben mich viele Psychologen, Therapeuten, medizinische Fachleute und Beziehungsberater aus der ganzen Welt kontaktiert, QFH für gut befunden und es seither Patienten empfohlen. Andere wiederum haben genug von ihrem Missbrauchstrauma und bislang vergebens »alles« versucht, es zu heilen – und würden nach jedem Strohhalm greifen. Diese Menschen schreiben sich oft in mein kostenloses Webinar ein, erleben mit mir Quanta Freedom Healing und werden sich bewusst, dass etwas mit ihnen geschehen ist.

So wie Jayne ihre erste Webinar-Erfahrung beschreibt: »Ich kann nicht glauben, wie mein Schock und meine Erschütterung über seinen Betrug – weswegen ich seit über einem Jahr einen Therapeuten aufsuche – im Nu wegschmolzen. In der folgenden Nacht konnte ich schlafen, am nächsten Tag aß ich etwas und ging spazieren – alles Dinge, mit denen ich bis dahin Probleme hatte. Und jetzt, nach einer Woche, kann ich nicht einmal mehr die Gedanken über das, was er mir angetan hat, abrufen, die ich vorher ständig gewälzt hatte.«

Ich persönlich nutze Quanta Freedom Healing nach wie vor regelmäßig, weil ich nicht genug davon bekommen kann, wie gut es mir tut. Natürlich habe ich zu Beginn meiner Reise zur Heilung von narzisstischem Missbrauch tonnenweise Trauma und Schmerz aus mir herausgefegt. Heute verwende ich die Methoden, um jede Verwirrung, alle negativen Trigger, gesundheitlichen Probleme oder Erschöpfung zu bewältigen – praktisch alles, sobald ich merke, dass ich nicht in Höchstform bin. Ich weiß, dass ich durch Traumabereinigung automatisch Wohlbefinden erreiche und Bewusstheit, Gesundheit, Weisheit, Liebe, Einsicht und sogar Jugend dazugewinne! Sobald ich die Blockaden in mir löse, die mich von meinen höchsten Zielen, Bestrebungen und der größten Selbstwirksamkeit für mein Leben trennen, beginnen diese wieder zu fließen.

Der Veränderungsprozess bei Quanta Freedom Healing beginnt folgendermaßen: Über bestimmte Visualisierungsprozesse wird das Trauma erreicht und erfasst. Dieser Teil fühlt sich schwer und toxisch an, da wir das Trauma aus unserem unterbewussten Gedächtnis und aus jenen miteinander verbundenen Teilen des Körpers herausholen, die es in sich bewahren. Anschließend lösen wir das Trauma aus drei bestimmten Bereichen heraus:

- aus dem emotionalen Schmerzkörper, jenem Teil unseres Unterbewusstseins, dessen wir uns am meisten bewusst sind und in dem wir am leichtesten benennen können, was wir fühlen, wenn er getriggert wird;

- aus der Vorlebensebene des Traumas, die alle früheren Traumata enthält, die wir auf unserer Reise angesammelt haben (wenn Sie nicht an Vorleben glauben, dann kann sich diese Ebene auf jedes Trauma in Ihrer Vergangenheit beziehen);
- aus der epigenetischen DNA-Ebene, in der das Trauma gespeichert ist, das mit unseren Vorfahren und Kindheitswunden verbunden ist, die sowohl durch Erziehung (unsere Programmierung) als auch Vererbung verursacht werden.

Wenn das Trauma aus diesen drei Ebenen des Unterbewusstseins gelöst wird, fühlen wir uns erleichtert und befreit von einer früheren emotionalen Last. Für die meisten Menschen sind diese Gefühle sehr real. Dann lassen wir »Licht« herein – unser Überbewusstes/Gott/unsere Quelle der Energie/das Universum (oder welche Form auch immer eine höhere Macht in Ihrer Vorstellung besitzt) –, das die Kraft besitzt zu heilen, was unser logischer Verstand einfach nicht heilen kann. Und genau dann erfahren wir in Bezug auf das Trauma eine plötzliche Veränderung vom Unterbewussten (Angst, Schmerz, Machtlosigkeit und Trauma) zum Bewussten (Liebe, Friede, Ganzheit, Weisheit und Stärke).

Es fühlt sich an wie eine Lösung, es fühlt sich vollständig an. Und für mich persönlich fühlt es sich an wie Glück, eine Öffnung im Inneren und emotionale Freiheit. Das frühere Trauma fühlt sich vergangen an. Wir haben nichts weniger geleistet, als durch den Zusammenbruch der alten Ordnung einen Durchbruch zu einer neuen Ordnung zu erzielen. Wir haben uns verwandelt: von einem falschen Selbst (des Traumas und der falschen Vorstellungen) zu einem wahren Selbst (in Übereinstimmung mit dem Leben/der Quelle/der Schöpfung). Marija, ein Mitglied der NARP Community, beschreibt es so: »Die Heilung geht unglaublich tief und ist grundlegend, und die Veränderungen sind sofort spürbar.«

Ja, diese Heilmethode ist unglaublich spirituell. Sie ist Quantum: die Schnittstelle von Wissenschaft, Bewusstsein und Geist.

Sie verleiht uns die Kraft, uns selbst auf eine für uns bislang unvorstellbare Weise zu heilen. Obwohl sie eine Lösung für alle möglichen Krankheiten bietet, ist sie besonders wirksam bei der Traumaheilung. Warum? Weil unser Geist viel zu erschüttert und erschöpft ist, um die Kraft der immer wieder hochkommenden Traumata und Peptidsucht, die unser Leben vollkommen in Beschlag genommen haben, zu überwinden. Wir brauchen deshalb eine Heilmethode, die unseren logischen Verstand aus der Gleichung heraushält, denn sobald der Verstand beteiligt ist, lässt er die schwierigen Gedanken und Obsession aufkommen, die alles nur verschlimmern.

Bereit für den ersten Schritt

Jetzt, da wir den Weg zur echten Heilung erreicht haben, ist es wichtig, sich auf den ersten Schritt vorzubereiten. Das nächste Kapitel behandelt deshalb ein für Ihre Heilungschancen ausgesprochen wichtiges Stadium des Genesungsprozesses.

6
Der grundlegende erste Schritt zum Thriver

Es ist eine der wichtigsten und zugleich schwierigsten Aufgaben, die wir erledigen müssen, um Platz für echte Heilung zu schaffen: uns von unserem Missbraucher zu lösen *und das wirklich ernst zu meinen.* Wir fokussieren uns also nicht mehr auf das Außen und all das, was die narzisstische Person (nicht) unternimmt, sondern richten unsere Aufmerksamkeit ganz nach innen, um uns selbst zu heilen.

Dieser Teil der Genesung ist nicht nur wichtig, sondern entscheidend. Ich habe wieder und wieder Menschen gesehen, die die Regeln »Kein Kontakt« oder strikten »Modifizierten Kontakt« (siehe S. 104) nicht ernst genug nahmen und damit ständig ihre Chancen auf echte Heilung sabotierten. Es ist also unbedingt notwendig, dass Sie sich Folgendes klarmachen: Wenn Sie sich Heilung wünschen und gleichzeitig doch wieder mit dem narzisstischen Menschen verbinden, dann ist das so verheerend wie für einen Alkoholiker oder Drogenabhängigen, wenn er wieder mit dem Trinken oder den Drogen anfängt.

Während der Genesung von narzisstischem Missbrauch ist das Wichtigste, die Sucht nach dem Missbraucher zu überwinden und uns selbst genug Liebe und Selbstwertschätzung zu geben, um es nie mehr zuzulassen, ständig verletzt zu werden. Wenn wir uns an die Regel »Kein Kontakt« halten, unterbinden wir alle Formen der Kommunikation mit dem narzisstischen Menschen in unserem Leben. Im Grunde genommen hören wir auf diese Weise auf, uns selbst wehzutun.

Das folgende Selbstheilungsmotto ist in diesem Stadium überlebenswichtig:

Ich erkläre gegenüber mir selbst und meinem ganzen Leben, dass ich mich, egal, was der Narzisst/die Narzisstin unternimmt oder nicht unternimmt, jetzt von ihm/ihr löse, um mich um mich selbst zu kümmern und zu heilen.

Viele von uns kennen das Gelassenheitsgebet, dessen Botschaft genau ausdrückt, was es bedeutet, von narzisstischem Missbrauch zu heilen:

Gott, gib mir die Gelassenheit, Dinge hinzunehmen,
die ich nicht ändern kann,
den Mut, Dinge zu ändern, die ich ändern kann,
und die Weisheit, das eine vom anderen zu unterscheiden.

Es ist nun einmal eine Tatsache, dass wir Narzissten nicht ändern können, und je mehr wir versuchen, sie zu kontrollieren, desto mehr werden wir von ihnen verändert und kontrolliert. In diesem Stadium fühlt man sich meilenweit von jeglicher Gelassenheit entfernt – eher wie auf der Flucht aus einem inneren und äußeren Kriegsgebiet! Die Heilung, der Friede und die geistige Gesundheit stellen sich erst ein, wenn wir das Einzige, was wir kontrollieren können – uns selbst –, zu kontrollieren beginnen, indem wir uns von den fürchterlichen getriggerten Traumata befreien, die aus unserem Inneren zur Oberfläche aufschießen.

Kein Kontakt ist oft schwierig

Rational ist leicht zu verstehen, dass Kein Kontakt der einzige Weg zur Heilung ist. Allerdings sind die meisten Menschen vollkommen überrascht, wie schwer es ihnen fällt, sich von ihren Missbrauchern zu lösen und ihnen fernzubleiben – so wie Margaret, als sie ganz bewusst jeden Kontakt abbrach: »Ich war schockiert, wie traumatisiert ich war und wie groß meine Angst. Ich fürchtete mich nicht so sehr vor dem, was er mir antun könnte, sondern weil ich das Gefühl hatte, verrückt zu werden. Ich dachte, ich verliere meinen Verstand, und mir war sterbenselend zumute. Tag für Tag, Minute für Minute fühlte ich mich wie auf der Achterbahn. In der Hölle zu sein und meinen Selbstwert von ihm zerstören zu lassen fühlte sich besser an als das, was ich jetzt durchmachte. Ich wollte ständig zu ihm zurück.«

Margaret erlebte, was alle Betroffenen von narzisstischem Missbrauch durchmachen, wenn sie auf kaltem Entzug sind: Die Peptidabhängigkeit, die nicht mehr ihre Droge (den Narzissten) bekommt, schlägt mit aller Gewalt zurück. Gleiches gilt für die komplexe posttraumatische Belastungsstörung. Wenn Sie im täglichen Überlebenskampf mit einem Narzissten gefangen sind, haben Sie keine Zeit, das gestrige Trauma in seiner ganzen Intensität zu spüren, geschweige denn das der letzten Woche oder des letzten Monats. Doch wenn Sie die Situation beendet haben und sich nicht mehr im Kriegsgebiet befinden, dann überrollt es Sie mit voller Wucht wie ein rasender Güterzug. Durch die Peptidsucht Ihres Körpers angetrieben, will Sie nun Ihr Verstand mit allen verfügbaren Argumenten überzeugen, wieder Kontakt aufzunehmen.

In üblichen Heilbehandlungen brechen die Betroffenen regelmäßig die Kein-Kontakt-Regel, weil in Ihnen schreckliche Traumata aufbrechen, wenn sie die narzisstische Person verlassen. Rückfälle sind an der Tagesordnung, wenn das durch die Sucht verursachte Verlangen zu stark wird – wenn einen die Sehnsucht nach einer Lösung, nach Rechenschaft, einer Entschuldigung und Wiedergutmachung (Gefühle, die ausdrücken, dass man nicht mit der Situation abgeschlossen hat) überrollt. Oder wir knicken ein, wenn der Narzisst »hoovert« (engl. für »staubsaugen«). »Hoovering« ist in Communitys von Menschen, die vom Missbrauch genesen, ein gängiger Ausdruck für den Versuch des Narzissten, einen wieder in eine Beziehung zu »saugen«, um neue narzisstische Zufuhr zu bekommen.

Narzissten wissen, wie sie Menschen leicht wieder an sich binden: Sie treffen sie ganz einfach an der von ihnen erkannten Schwachstelle. Mark zum Beispiel war immer ein Frauenretter, weil seine Mutter schon früh an einer psychischen Erkrankung gestorben war. Wann immer er versuchte, sich von seiner narzisstischen Missbraucherin Lucy zu lösen, ließ sie ihm eine Nachricht zukommen, dass sie in Schwierigkeiten stecke und ihn brauche. Weil Mark nie sein ursprüngliches Trauma geheilt hatte, wurde er jedes Mal wieder rückfällig.

Janelle wiederum hatte Rob viele Male wegen seines narzisstischen Missbrauchs verlassen. Da die beiden viele gemeinsame Freunde hatten, musste Rob nur mit einer anderen Frau ausgehen und dies eine von Janelles Freundinnen wissen lassen, damit ihn Janelle doch wieder verzweifelt um eine weitere Chance anbettelte. Janelles Vater hatte sie und ihre Mutter wegen einer anderen Frau verlassen, und weil Janelle niemals zur ursprünglichen Ursache der fürchterlichen Panik vorstieß, die in ihr aufstieg, wann immer sie glaubte, dass Rob sie wegen einer anderen verlassen würde, fiel sie jedes Mal wieder auf seine Masche herein.

Was ist Ihr persönlicher Auslöser? Wenn der narzisstische Mensch zusammenbricht und weint – und Ihr Herz für ihn schmerzt? Oder vielleicht gelingt es Ihnen nicht, die Schuldgefühle zu überwinden, dass Sie ihn nicht so lassen können, wie er ist, und nicht fähig sind, ihn zu beschützen und zu umsorgen. Oder die Person hinterlässt Ihnen missbräuchliche, wahnwitzige und unfaire Botschaften – und Sie können einfach nicht anders, als es ihr heimzuzahlen.

Im Endeffekt läuft es darauf hinaus: Selbst wenn Sie stark genug sind, um sich von dem narzisstischen Menschen fernzuhalten, steht Ihnen wahrscheinlich trotzdem eine schwierige Zeit bevor. Der Narzisst erscheint in Ihrem Leben, um Ihnen Ihre Wunden zu zeigen, und diese müssen ans Licht gebracht und geheilt werden – so wie bei Marianne, die mich fragte: »Dieser Mann ist wie der

Terminator. Ich kann weder ihn noch seine Schikanen loswerden. Wie lange soll das noch so weitergehen?« Ich antwortete: »Wenn du das heilst, was du heilen musst, und sein Verhalten so uninteressant für dich wird wie eine Nacktschnecke auf dem Gehsteig, dann wird dies alles für dich zu Ende sein.« Sie verstand, und ab da konzentrierte sie sich nicht mehr auf seine Versuche, sie stellvertretend durch die Behörden, bei denen er sie denunzierte, zu missbrauchen, und befreite sich von ihrer inneren Angst vor Verfolgung. Daraufhin scheiterte er auf allen Ebenen. Und erwartungsgemäß ließ er sie in Ruhe. Narzissten brauchen nun mal auf jeden Fall ihre Belohnung: narzisstische Zufuhr.

Die Situation stellt sich an diesem Punkt wie folgt dar: Wir müssen gegen unsere Peptidsucht ankämpfen, wenn sie am schlimmsten zuschlägt, uns gegen den Narzissten stemmen, der möglicherweise »hoovert«, damit wir ihm wieder (mehr) Aufmerksamkeit schenken, und darüber hinaus mit unserer gesellschaftlichen Prägung kämpfen, die von uns erwartet, dass wir uns auf das Problem konzentrieren und versuchen, es zu verändern.

Und an Problemen mangelt es nicht, wenn man einen narzisstisch missbräuchlichen Menschen verlässt oder von ihm fallen gelassen wird. Von einem Narzissten trennt man sich nicht mit einer respektvollen Umarmung, während man sich gegenseitig das Beste wünscht. In den meisten Fällen hat einen der Narzisst zu diesem Zeitpunkt bereits in einem unvorstellbaren Ausmaß zerstört – und sicherlich emotional und psychisch vergewaltigt und ausgeplündert, möglicherweise auch körperlich, sexuell, spirituell und höchstwahrscheinlich finanziell.

In unserer Gesellschaft hat man uns beigebracht, nach Vergeltung zu streben, auf Recht und Gesetz zu bestehen, doch in diesem Fall verhandelt man nicht mit einem gefühlstiefen Menschen, sondern mit einem falschen Selbst ohne jeglichen Sinn für Fairplay. Egal, was er Ihnen bereits genommen, in Ihrem Leben zerstört und wie sehr er Sie bereits hintergangen hat – nach all diesen

Verletzungen wird ein Narzisst Sie auch noch damit kränken, dass er Sie nicht einfordern lässt, was Ihnen rechtmäßig zusteht. Nur um Sie zu verletzen, kann er so weit gehen, dass er Menschen, die Ihnen etwas bedeuten, Unsägliches antut oder verbliebene Besitztümer zerstört oder behauptet, dass sie ihm gehören.

Natürlich fressen Sie die Ungerechtigkeit und Verletzungen regelrecht auf, und Sie haben das Bedürfnis, sie in Ordnung zu bringen. Der narzisstische Mensch weiß jedoch, dass er damit Aufmerksamkeit erhält – gute oder schlechte, das macht für ihn keinen Unterschied. Es ist wie mit den Peptiden: Was zählt, ist die Intensität, und für den Narzissten heiligt der Zweck die Mittel, wenn das Ergebnis bedeutet, dass Sie wieder von ihm abhängig sind. Sie liefern ihm narzisstische Zufuhr, wenn Sie Vergeltung üben. Sie liefern ihm narzisstische Zufuhr, wenn Sie zusammenbrechen und ihn anflehen, sich anständig zu verhalten. Und wenn Sie versuchen, eine Vereinbarung zu treffen, weiß er, dass er Sie in die Ecke gedrängt hat und Sie ihm, solange er möchte, für narzisstische Zufuhr zur Verfügung stehen.

Es gibt nur eine Lösung: sich zurückziehen, Kein Kontakt, Schadensbegrenzung betreiben – und heilen. Und ja, auf jeden Fall: Wenn Sie rechtliche Ansprüche haben, sich von den Triggern geheilt haben und in der Lage sind, ohne Wenn und Aber Ihre Linie zu verfolgen, dann können und werden Sie sich auch vor Gericht gut schlagen. Ich habe schon viele Thriver gesehen, die auf diese Weise gegen Narzissten vor Gericht gewonnen haben. Sie befinden sich dann nämlich in einer völlig anderen Lage als jene Betroffenen, die mit dem narzisstischen Menschen in Verbindung bleiben und alles versuchen, ihn zu besänftigen oder zu täuschen, die sich selbst in der Illusion verlieren, dass er zur Vernunft kommen und »sich anständig verhalten« wird, oder die sich einfach weiter von ihm terrorisieren und das Herz brechen lassen. In einer solchen Situation ist man wie in einem Spinnennetz gefangen, in das man sich immer stärker verheddert, bis man von dem Narzissten zum Dessert verspeist wird.

Ich kann diese überlebenswichtigen Wahrheiten nicht oft genug betonen: Wenn Sie dem Narzissten Aufmerksamkeit schenken, egal welcher Art, geben Sie ihm damit die sprichwörtlichen Waffen in die Hand, mit denen er Sie schlägt. Sie werden einfach nur noch tiefer verletzt, kränker, ausgelaugter und sogar machtloser. Der Kontakt mit dem Narzissten schenkt Ihnen genauso wenig Erleichterung, Problemlösung, Gesundheit und Wohlbefinden wie ein Heroinschuss. Man kann nicht beides haben: weiter die Droge nehmen und gleichzeitig erwarten, von ihren Folgen zu genesen.

Als ich mich intensiv meiner Heilung widmete, visualisierte ich meinen Missbraucher als tödliches Gift mit dem entsprechenden Totenkopf-Symbol als Kennzeichnung – das wirkte hervorragend. Denn er war tödlich, und wäre ich weiter bei ihm geblieben, würde ich heute ganz sicher nicht mehr leben.

Sich an die Hoffnung klammern

Ich wende mich hier noch einmal ganz bewusst an die, die sich noch immer an die Hoffnung klammern. Ich verstehe das total: Es gab auch für mich eine Zeit, in der ich alles getan hätte, um meine Beziehung zu retten – selbst wenn die Erfolgschance bei 1:1 Million gelegen hätte.

Es ist unglaublich schwierig, unsere Vorstellungen und Wünsche, die wir auf unseren Missbraucher projiziert haben, aufzugeben. Er sollte unser Seelenverwandter sein, unser Partner für den Rest unseres Lebens. Oder eine Mutter, ein Vater oder Geschwister, die uns ehrlich lieben und unterstützen. Oder vielleicht der erhoffte Geschäftspartner oder der Heiler, der uns wirklich helfen will, oder der Freund, den wir uns immer gewünscht hatten. Aber er ist nichts von alledem. Und es ist Zeit für uns, unsere Träume und Sentimentalitäten aufzugeben und der Realität ins Gesicht zu blicken. Viele von uns denken gerne, dass unsere Gutmütigkeit und unsere Liebe alles überwinden können – aber das stimmt nicht.

Gesunde Beziehungen brauchen Komponenten wie Ehrlichkeit, Vertrauen und gemeinsame Werte. Aber die Wahrheit ist: Der narzisstische Mensch hat nie nach Liebe und Harmonie gesucht, weder Teamwork noch eine friedliche, glückliche Existenz mit Ihnen angestrebt. In welcher Beziehung auch immer er zu Ihnen steht: Er kann nicht lieben und authentisch sein, auch wenn wir es noch so fest glauben.

Er sucht nur nach narzisstischer Zufuhr, und Sie haben ihm eine Zeit lang als Spender dieser Droge gedient. Es ist nichts Persönliches. Von einem Narzissten zu verlangen oder zu erwarten, dass er sich ändert, ist wie von einem Krokodil zu erwarten, dass es sich auf den Rücken rollt und den Bauch kraulen lässt. Ein Narzisst möchte nicht von Ihnen gesundgeliebt werden. Ein Narzisst möchte nicht erfolgreiches und solides Teamwork mit Ihnen leisten. Ein Narzisst möchte nicht besser werden. Ein Narzisst möchte einfach nur Ihre Energie anzapfen, und je länger Sie miteinander verbunden bleiben, desto länger bieten Sie sich als Beute an.

Darüber sollten Sie sich klar werden, und sobald Sie diese Klarheit gewonnen haben, werden Sie wissen, dass es keinen möglichen Weg nach vorne gibt, außer sich loszulösen und selbst zu heilen.

Kein Kontakt (wenn möglich)

Kein Kontakt bedeutet Kein Kontakt. Es bedeutet, dass Sie Telefonnummern und E-Mail-Accounts ändern und jede erforderliche App anwenden, damit Sie der Narzisst nicht mehr kontaktieren kann. Es bedeutet, dass Sie ihn auf alle möglichen Arten davon abhalten, mit Ihnen in Kontakt zu treten. Es bedeutet, dass Sie niemals eine Nachricht annehmen, die er Ihnen auf irgendeine Weise zukommen lässt. Sie lesen sie nicht, Sie hören sie nicht an, sondern Sie löschen sie ohne Wenn und Aber, und Sie gehen auch nicht an die Tür, wenn er klingelt.

Ich empfehle Ihnen zudem dringend, dass Sie sich dabei kein Hintertürchen offen halten, durch das Sie den narzisstischen

Menschen doch auf irgendeine Weise kontaktieren könnten – Sie werden nämlich nur ständig nachschauen, ob er sich vielleicht gerührt hat. Entfernen Sie alle Kontaktmöglichkeiten. Auch wenn es nervt, sämtliche Kontaktdetails zu verändern, so empfehle ich es Ihnen doch von ganzem Herzen. Oder richten Sie zumindest Blockaden und Umwege ein, sodass Sie nicht wissen können, ob Sie der Narzisst kontaktieren wollte. Es geht nicht nur darum, alle physischen Kontaktmöglichkeiten zu unterbinden, sondern auch darum, alles, was Sie an diesen Menschen erinnert, aus Ihrem Leben zu verbannen.

Achtung: Kein Kontakt beinhaltet noch mehr. Das folgende Beispiel zeigt, dass wir nicht nur Grenzen gegenüber dem narzisstischen Menschen, sondern auch für uns setzen müssen: Mandy war zur Trennung fest entschlossen und hatte Chris verlassen. Sie wusste, dass Chris toxisch war, und sie hatte seine ständigen Affären und seine Pornosucht satt. Sie war fertig mit ihm und blockierte all seine Kontaktmöglichkeiten. Doch dann legte sie auf Facebook ein Fake-Profil an und freundete sich mit Chris an! In der Folge überprüfte sie mehrmals täglich seine Facebook-Seite und die Seiten der Frauen, die über Facebook mit ihm befreundet waren. Auf diese Weise stalkte sie ihn viele Monate lang, sie stand sogar nachts auf, um seine Seite zu checken. Auf diese Weise pflegte sie ihre Sucht und nutzte sie zur Selbstmedikation, anstatt sich ihren Traumata zu stellen, sie zu heilen und auf diese Weise über Beziehungen mit Männern hinauszuwachsen, die sie so betrogen wie früher ihr Vater ihre Mutter.

Also: Löschen Sie alle Verbindungen mit dem Narzissten in den sozialen Medien und blockieren Sie seinen Account, sodass Sie nicht in Versuchung geraten, darauf zu schauen. Suchen Sie keinen Kontakt zu Menschen, die ihn kennen, um durch sie etwas über ihn zu erfahren. Das Leben des Narzissten kümmert Sie nicht mehr. Sie müssen sich um Ihre Angelegenheiten kümmern – und um Ihre Heilung.

In der Thriver-Genesung geht Kein Kontakt noch eine Stufe weiter und schließt auch unsere Gedanken ein. Wir hängen nicht mehr unseren üblichen »verkorksten Gedanken« und unserer Obsession nach, die aufgrund unserer Peptidsucht auftritt, sondern halten uns an die folgende Regel: »Weniger denken, mehr verändern.« Anstatt dem quälenden Verlangen nachzugeben und uns zwanghaft damit zu beschäftigen, gehen wir ihm mithilfe von Quanta Freedom Healing auf den Grund und lösen es, indem wir seinen Ursprung erkennen. Wir versuchen es nicht mehr rational zu verarbeiten, sondern wir lösen es in und entfernen es aus unserem Körper. In der Folge stellt sich unsere Psyche automatisch darauf ein, sich von solchen Anziehungskräften zu befreien. Dann wird es für uns immer leichter, die Trennung von dem narzisstischen Menschen zu ertragen und ihm fernzubleiben. Und ehe wir es uns versehen, lösen sich die Anziehung, Obsession und ungelösten Gefühle auf.

Wir wenden uns endlich dem Ort zu, an dem wir unsere Probleme wirklich behandeln sollen – unserem Inneren Wesen –, und die Gefühle der Erleichterung, Stabilität und der Selbstermächtigung, die uns dabei begleiten, zeigen uns deutlich, wie wichtig diese Orientierung nach innen ist. Und dann erlangen wir die Weisheit, ein tiefes, organisches Wissen über unsere Reise mit dem narzisstischen Menschen: Wir verstehen, dass er in Wahrheit nur der Auslöser war, der uns helfen sollte, unsere innere Heilung in Angriff zu nehmen.

Modifizierter Kontakt (wenn Kein Kontakt unmöglich ist)

Nun gibt es Umstände, unter denen man nicht einfach davongehen und Kein Kontakt durchziehen kann. Vielleicht, weil man zusammen ein Geschäft hat oder weil man noch unter einem Dach wohnt und zuerst einige Dinge regeln muss. Oder weil man parallele Elternschaft mit einem Narzissten (gemeinsame Elternschaft ist mit

Narzissten nicht möglich, weil sie nicht kooperieren) ausübt und/oder man sich gerade vor Gericht streitet. Und vielleicht ist man emotional auch einfach noch nicht bereit zu Keinem Kontakt, weil man sich noch nicht klar oder stark genug dafür fühlt.

In jedem Fall ist es wichtig zu wissen, dass Sie sich auch von dem narzisstischen Menschen trennen und Ihre äußerst wirksame Heilbehandlung beginnen können, wenn Sie noch im Kontakt mit ihm stehen oder gar mit ihm unter einem Dach wohnen. In einer solchen Situation können Sie den Modifizierten Kontakt anwenden: Sie lösen sich so weit wie möglich emotional von dem Narzissten und versorgen ihn nur wenn absolut notwendig mit Energie, Gesprächen, Emotionen oder Aufmerksamkeit. In Selbsthilfegruppen wird der »Graue Fels« als eine wirksame Methode im Umgang mit Narzissten genannt: nämlich so langweilig, fade und uninteressant wie möglich zu sein, sodass er von einem weder das erwünschte Drama noch die begehrte Energie bekommt. Wenn man einem Narzissten keine narzisstische Zufuhr bietet, dann sucht er sie sich an anderer Stelle. Das ist eine wirksame Methode, denn so können Sie die Energie, die Sie dem Narzissten verweigern, dafür nutzen, sich zu lieben, wieder zu einem gesunden Menschen zu heilen und an den Triggern zu arbeiten, die auftauchen, während Sie sich von dem narzisstischen Menschen lösen und ein neues Leben aufbauen.

Viele Menschen haben Modifizierten Kontakt erfolgreich in gemeinsamen Unternehmen, Wohnungen oder paralleler Elternschaft angewandt oder sich auf diese Weise vor der endgültigen Trennung Zeit verschafft – wie zum Beispiel Joanne. Als sie verkündete, dass sie in ein eigenes Schlafzimmer ziehen würde, begann ihr Partner Tony sie abzublocken, abfällige Bemerkungen über sie zu machen und die Pläne für ihre Gartengestaltung zu ändern – er wusste, dass er sie mit alldem verletzen würde. Bislang hatte er sie durch solche Verhaltensweisen abhängig gehalten und zum Reagieren provoziert. Aber Joanne war nun entschlossen, ihr Leben mit Tony hinter sich zu lassen, ihre inneren Wunden zu heilen, sich selbst zu organisieren und die Beziehung gestärkt zu verlassen. Sollte er ruhig seine Spielchen spielen! Als Tony klar wurde, dass sie auf seine Taktik nicht einging, bat er sie, zu ihm zurückzukehren, und versprach ihr, sich zu ändern. Mithilfe von Quanta Freedom Healing löste Joanne jedoch ihre Traumata, die sie ansonsten dazu getrieben hätten, wieder zu ihm zurückzukehren und ihn zu bemitleiden. Sie blieb stark. Tony unternahm noch ein paar Versuche, sie zurückzugewinnen. Er überhäufte sie mit Geschenken, wurde aber auch richtig böse und schreckte nicht einmal davor zurück, ihr Gewalt anzudrohen. Joanne blickte ihm jedoch direkt in die Augen und warnte ihn: Wenn er nur einen Finger gegen sie erheben würde, würde sie ihn anzeigen. Sie hatte so viel an ihrem Inneren Wesen gearbeitet, dass sie keine Angst mehr vor ihm hatte.

Tony zog sich zurück, ließ sie in Ruhe und begann sich vor ihr mit anderen Frauen zu zeigen, um sie zu provozieren. Joanne absolvierte die NARP-Module und löste auch das jetzt auftauchende Trauma – die getriggerten verletzten Gefühle. Als sie Tony schließlich verließ, hatte sie Geld gespart, in der Arbeit eine Beförderung erhalten und sich ein starkes Unterstützernetz aus Freunden und Familie aufgebaut. Sie organisierte ihre Flucht, als er sich nicht in der Stadt aufhielt. Sie hatte ihm nicht erzählt, dass sie ihren Auszug plante, und konnte deshalb alles, was ihr gehörte, mitnehmen. Mit dem Verkauf des Hauses hatte sie bereits zuvor einen Anwalt beauftragt. Tony kapitulierte und unterzeichnete eine faire Vereinbarung. Er war energetisch geschlagen, sein Ego war verletzt, weil sie sich nicht mehr vor ihm fürchtete – und all dies wollte er so schnell wie möglich hinter sich lassen. So läuft es, wenn die narzisstische Zufuhr vollständig ausbleibt und das Spiel aus ist.

Modifizierter Kontakt kann sehr viel anstrengender sein als kein Kontakt, da man ständig mit den Triggern um einen herum konfrontiert ist. Wenn Sie jedoch fest entschlossen sind, unglaublich diszipliniert zu sein und Ihrer Sucht nach der zwanghaften Beschäftigung mit dem Narzissten ein »Nie mehr« entgegenzusetzen, wenn Sie fest entschlossen sind, sich nicht mehr an den Narzissten zu hängen, sondern nach innen zu schauen, um sich selbst zu heilen – dann kann die Methode, wie Joanne beweist, sehr erfolgreich sein.

Gesunde Grenzen aufzubauen ist ein sehr wichtiger Teil eines erfolgreichen Modifizierten Kontakts, der gegebenenfalls auch eine rechtliche Intervention, eine Mediation durch Dritte und einzelne Kontaktpunkte umfassen kann, um Wohnungs-, Eigentums- und Sorgerechtsstreitigkeiten zu klären.

So kann man zum Beispiel neutrale Übergabeorte für die Kinder vereinbaren und bei paralleler Elternschaft Apps wie Famanice (http://www.famanice.de/) zur Terminverwaltung und Kommunikation nutzen. Sie sollten dem narzisstischen Elternteil nicht erlauben, die Kinder bei Ihnen zu Hause zu besuchen. Es ist sehr wichtig, dass Sie eine gerichtlich festgelegte Umgangsregelung für die Kinder erwirken. Und lassen Sie sich nicht dazu verleiten, zusammen Familienzeit zu verbringen, weil Sie in Bezug auf Ihre Kinder verletzlich sind und Narzissten im Allgemeinen nicht zögern, dies gegen Sie zu nutzen. Ihre Kinder sind viel sicherer bei dem narzisstischen Elternteil aufgehoben, wenn Sie nicht gleichzeitig anwesend sind. Ansonsten sind sie nur Schachfiguren im Spiel des Narzissten, der ihnen zeigen möchte, wie Sie die Selbstkontrolle verlieren.

Den narzisstischen Partner sicher verlassen

Die meisten Narzissten sind Tyrannen. Sie genießen Ihre Furcht und benutzen sie als Angriffspunkt. Wenn Sie jedoch keine Angst haben, hat der Narzisst nicht die Macht, Sie zu beeinflussen. Mir und vielen anderen Betroffenen hat es geholfen, neben der Arbeit an unseren inneren Wunden einstweilige Verfügungen gegen die Menschen zu erwirken, die uns schikanierten oder gar bedrohten: Sie zogen sich daraufhin zurück.

Wenn man jedoch seine Furcht nicht überwinden kann und/ oder die Person, mit der man es zu tun hat, gefährlich ist, dann könnte es an der Zeit sein, professionelle Hilfe zu suchen. Mir ist absolut bewusst, dass sich in diesem Moment Menschen in höchst gefahrvollen Situation befinden, ernsthafte körperliche Bedrohungen und Missbrauch erleiden, vielleicht sogar mit Psychopathen zusammenleben. Wenn dies auf Sie zutrifft, setzen Sie sich bitte unbedingt mit der Polizei in Verbindung! Sie kann Ihnen helfen, Ihren Partner sicher zu verlassen, und Sie nach der Trennung beschützen. Das öffentliche Bewusstsein sowie die Möglichkeiten und Strategien zur Unterstützung in solchen Situationen werden ständig besser – es gibt Hilfe für Sie. Und denken Sie daran, dass eine Person Sie nicht erst körperlich bedrohen oder verletzen muss, damit Sie eine einstweilige Verfügung erwirken können. Wenn Sie jemandem mitgeteilt haben, er solle Sie nicht kontaktieren, und er tut dies dennoch weiterhin, und Sie fühlen sich dadurch extrem belästigt und verängstigt, dann ist das Grund genug. Es ist Missbrauch, und Sie haben das Recht, ohne Missbrauch zu leben.

ZWEITER TEIL

Die Schritte zur Heilung

In diesem Teil meines Buches führe ich Sie durch die zehn entscheidenden Schritte, um sich selbst von narzisstischem Missbrauch zu heilen.

Mit jedem Schritt lösen wir Traumata auf unterschiedlichen Ebenen, die in jedem Stadium Ihrer Reise zur Genesung wichtig sind. Bevor wir beginnen, möchte ich zur Vorsicht mahnen: Die Übungen mögen zwar sehr einfach erscheinen, sie sind jedoch extrem wirkungsvoll und könnten einige für Sie höchst unbequeme und schwierige Emotionen ans Tageslicht bringen. Ich werde Sie durch diese Übungen führen; da ich jedoch nicht persönlich dabei sein kann, suchen Sie sich bitte jede andere Hilfe, die Sie brauchen. Bitte beachten Sie, dass dieses Buch nicht als Ersatz für professionelle medizinische Beratung gedacht ist.

Vielleicht haben Sie ja schon mit Meditationen und Visualisierungen gearbeitet, oder auch nicht, oder vielleicht haben Sie das Gefühl, Ihr Verstand ist einfach zu beschäftigt, um erfolgreich meditieren zu können. (Dies gilt insbesondere, wenn wir an den täglichen Traumata durch narzisstischen Missbrauch leiden.) Um Ihr Inneres Wesen gesunden zu lassen, ist es jedoch auf jeden Fall wichtig, dass Sie den Unterschied zwischen »informationellem« und »transformativem« Heilen kennen.

Informationelles Heilen bedeutet, dass wir Informationen auf kognitiver Ebene aufnehmen, indem wir zum Beispiel etwas lesen. Doch auch, wenn die so gewonnenen Informationen für uns Sinn ergeben, erreichen Sie nicht notwendigerweise unsere unterbewusste Programmierung oder werden in sie integriert. Wie Bessel van der Kolk in *Verkörperter Schrecken* schreibt: »Trotz aller Einsicht und allen Verständnisses, das wir entwickeln, ist der rationale Teil unseres Gehirns im Grunde nicht in der Lage, dem emotionalen Teil seine Sicht der Realität ›auszureden‹.«[1] Das heißt, dass wir nicht durch Informationen allein unser altes, traumatisiertes Selbst in ein neues geheiltes Selbst verwandeln werden.

Im Gegensatz dazu bedeutet transformatives Heilen, bewusst

mit unserem Inneren Wesen – in unserem Unterbewusstsein – zu arbeiten und dadurch eine entscheidende innere Veränderung zu erzielen. Auf diese Weise bewirken wir einen Wandel in unserer inneren Identität und damit auch, dass wir uns wirklich verändern. Dieses Grundverständnis ist das Fundament des Thriver-Wegs, auf dem wir unsere Aufmerksamkeit auf transformatives Heilen richten, um uns zu befreien und ein Thriver zu werden. Wegen dieser Vorgehensweise stellt dieser Teil des Buches für Sie die größte Herausforderung dar, aber er bringt Ihnen auch die größte Befreiung.

Visualisierung und das Unterbewusstsein

Visualisierung ist eine grundlegende Methode, um unser Leben zu ändern, weil wir auf diese Weise mit uns selbst in der Sprache des Unterbewusstseins kommunizieren können. Dafür müssen wir unser Gehirn in einen Theta-Wellen-Zustand versetzen, da die Theta-Wellen die Gehirnfrequenz der Selbstwahrnehmung sind (wenn wir unsere Aufmerksamkeit darauf richten, was in unserem Inneren passiert). Wenn wir beim Visualisieren in diesen Zustand gelangen, entschleunigt sich unser Gehirn, die Hirnwellen werden langsamer und stärker. Diese Hirnwellen wiederum sind mit der Art und Weise verbunden, wie wir unsere inneren Identitäten formen, indem wir Glaubenssätze schaffen sowie Gedankenmuster und damit verbundene Verhaltensweisen etablieren. Es ist kein Zufall, dass diese Hirnwellen bei Kindern bis zum Alter von acht Jahren dominieren, denn in diesem Zeitraum lernen sie wie Schwämme und saugen Informationen über alles und jedes um sie herum in unglaublicher Geschwindigkeit auf, um sich eine innere Identität zu erschaffen, die in der komplexen menschlichen Welt funktionieren kann. In diesen frühen prägenden Jahren entwickeln sich die meisten instinktiven, tief sitzenden Strukturen eines Kindes für sein weiteres Leben.

Im Zustand tiefer Selbstwahrnehmung, der Theta-Wellen, erreichen wir diese inneren Programme, verändern sie und transformieren unsere innere Identität und die zukünftige Richtung unseres Lebens. Wir können uns tatsächlich von einem Missbrauchsopfer in einen Menschen mit neuer Kraft verwandeln, der nicht mehr unter Missbrauch oder seinen Missbrauchssymptomen leidet.

Das ist der Thriver-Weg!

Jeder kann visualisieren!

Auch wenn Sie noch nie zuvor visualisiert haben oder wenn Sie nicht glauben, dass Sie dazu in der Lage sind – ich versichere Ihnen, dass Sie es können! Sie müssen dabei nicht tatsächlich etwas Konkretes »sehen«. Ganz sicher geht es beim Visualisieren nicht darum, herumzusitzen und ungeduldig auf eine Vision zu warten und sich dann zu beschweren, dass sie nicht kommt. Es geht darum, die Gedanken zu lenken, indem man seine Intention bestimmt und seinem Geist erlaubt, sich etwas mithilfe der Imagination vorzustellen. Selbst wenn Sie nichts »sehen«, wird Ihr Körper mit Emotionen reagieren. Und jetzt kommt's: Für uns ist nicht das *Sehen* wichtig, sondern das *Fühlen*. Auf diese Weise lernen wir, die Sprache des Unterbewussten zu sprechen: Indem wir unsere Gefühle erreichen und anpassen und indem wir unsere Aufmerksamkeit darauf richten, wie sich unser Körper anfühlt, während wir die Visualisierung lenken.

Das Verrückte daran ist: Sobald wir anfangen, mit Visualisierungen zu arbeiten, wird diese Methode für uns so effektiv und selbstverständlich, dass wir uns wundern, wie wir überhaupt jemals von der Partnerschaft mit unseren Gefühlen getrennt werden konnten. Und weil uns unsere Selbstwahrnehmung von Menschen abtrainiert wurde, denen – wie den Generationen vor ihnen (insbesondere im Westen) – dasselbe geschah, kann es natürlich sein, dass Sie das Visualisieren zuerst einmal üben müssen!

In den Übungen in diesem Teil des Buches werden Sie erfühlen, wo dichte, schmerzhafte Energien in Ihrem Körper gefangen sind (Ihre emotionalen Traumata), und mit Ihrem Inneren Wesen darüber sprechen. Sie werden auch lernen, wie Sie nach und nach diese Traumata aus Ihrem Körper entfernen können. Zu diesen Übungen gehört unter anderem, dass Sie visualisieren, wie dichte Materie (Ihr Trauma) Ihren Körper verlässt und in der Folge weißes Licht (die Verkörperung der Lebenskraft, der Quelle oder Schöpfung, die die Kraft besitzt zu heilen, was wir nicht heilen können) die Stelle erfüllen kann, an der sich zuvor das Trauma befand. Korrekt ausgeführt, ermöglichen diese Übungen eine Veränderung tief in Ihrer inneren Identität. Dabei sollten Sie nie vergessen: Es gibt kein Richtig oder Falsch für das, was Sie dabei »sehen«. Die Wirksamkeit dieser Übungen beruht darauf, dass Sie bei der Arbeit mit Intentionen und bevorzugten Visualisierungen wählen, was bei Ihnen persönlich Widerhall findet – und dass Sie sich in diese Veränderung hineinfühlen. Ich verspreche Ihnen, dass Sie Ihren Weg und Ihren Rhythmus finden werden!

7
Die unmittelbaren Schmerzen und Verlustgefühle loslassen

Ich möchte Sie an dieser Stelle all meiner Liebe und Unterstützung versichern, weil Sie den ersten Teil des Buches gemeistert haben. Sie sollten wirklich stolz auf sich sein, weil diese Reise für Sie weder leicht noch bequem ist und es großen Mut, Hingabe und Engagement erfordert, so weit zu kommen!

Lassen Sie uns kurz wiederholen. In Teil 1 haben wir die wesentlichen grundlegenden Schritte behandelt, die für eine Thriver-Genesung von narzisstischem Missbrauch notwendig sind, das sind:

- sich über die Situation klar werden, mit der man es zu tun hat;
- verstehen, dass in einer narzisstischen Beziehung Ende und Trennung anders verlaufen als in einer normalen Beziehung;
- begreifen, dass Kein Kontakt oder die geringstmögliche Form von Modifiziertem Kontakt erforderlich ist, um ein Thriver zu werden.

Nun sind Sie bereit für den wirklich aufregenden Teil, in dem Sie nach und nach die innere Transformation erleben können, die für die Genesung von Missbrauch nötig ist. Mithilfe der folgenden Übungen können Sie zur Wurzel des Schmerzes vordringen, der Sie unbewusst in missbräuchlichen Situationen mit toxischen Menschen gefangen hielt.

Am Ende jedes Kapitels werde ich Ihnen Übungen vorstellen, mit deren Hilfe Sie Ihr Trauma finden und auflösen können, um so innere Freiheit und Erleichterung zu gewinnen. Denken Sie jedoch daran, dass jede Veränderung an etwas, das uns an uns selbst und in unserem Leben nicht dienlich ist, eine Herausforderung sein kann.

Dazu gehört, sich seinen unbequemen und sogar schmerzhaften Anteilen zu stellen, sie zu erforschen und loszulassen. Wenn Sie jedoch genug haben von Schmerzen und bereit sind, mutig zu sein, dann werden Sie entdecken, dass Ihnen die Partnerschaft mit sich selbst und die Veränderung Ihrer Wunden mit der Zeit immer leichter fallen werden und dass Ihre Heilung infolgedessen dramatisch an Tempo zulegt.

Lassen Sie uns nun mit den vier Thriver-Säulen beginnen:

- Wir holen uns unsere Kraft und Eigenmacht zurück, indem wir den Fokus von der narzisstischen Person und deren Tun abwenden und uns stattdessen darauf konzentrieren, unsere wesentliche innere Arbeit mit dem einzigen Menschen auszuführen, mit dem das möglich ist: mit uns selbst.
- Wir verlagern uns von unserem Geist auf unseren Körper, um die Traumata und Glaubenssätze, die uns unbewusst im Missbrauch gefangen halten, zu erreichen, zu lösen und zu verändern.
- Wir arbeiten weiter daran, unser Leben von innen nach außen auf ein höheres Niveau zu bringen, indem wir jedes Trauma behandeln, wenn es auftritt, um so in den Emotionen, Gedanken, Gewohnheiten, Möglichkeiten und höheren Ebenen zu leben, zu denen wir zuvor nie Zugang hatten.
- Wir werden unser strahlendes, erweitertes, wahres Selbst, das sich liebevoll, stark und authentisch zeigt. Dann sind wir fähig, unser Leben aus unserer inneren Weisheit heraus zu entfalten und auf diese Weise Menschen und Ereignisse anzuziehen, die echt, wahrhaftig und gesund sind – und auf selbstverständliche Weise, ruhig und kraftvoll allem und jedem gegenübertreten, das nicht echt, wahrhaftig und gesund ist, und es zurückweisen. Packen wir's an!

Das gefährliche Trauma des narzisstischen Missbrauchs

Wenn Sie narzisstisch missbraucht wurden, egal, ob Sie Keinen Kontakt (oder Modifizierten Kontakt) einhalten konnten, dann quält Sie das, was Ihnen der Narzisst angetan hat, höchstwahrscheinlich. Weil Sie dieses Buch lesen, gehe ich davon aus, dass diese Beziehung toxisch ist oder war und dass die Missbrauchszyklen mit der Zeit häufiger und intensiver geworden sind. Es ist wichtig, dass Sie diese Zyklen verstehen: die Vorbereitungsphase bis zum Missbrauch, der tatsächliche Missbrauch, die negativen Folgen oder die Trennung, das erneute Zusammenkommen, die Phase, in der alles besser zu sein scheint, die Vorbereitung, der Missbrauch … und so weiter und so fort.

Es ist charakteristisch für narzisstische Beziehungen, dass man sich von ihnen nicht dauerhaft befreien, sie aber auch nicht wirklich wieder aufbauen kann. Immer wieder tauchen die gleichen Probleme auf, und sie werden schlimmer. Sicher ist, dass Ihr emotionaler und geistiger Zustand darunter leidet. Wenn Sie bei einem Arzt waren, wurden bei Ihnen möglicherweise verschiedene Krankheiten diagnostiziert, wie komplexe posttraumatische Belastungsstörung und/oder adrenale Erschöpfung. Wahrscheinlich fällt es Ihnen ungemein schwer, im Alltag zu funktionieren, sei es in Bezug auf Essen, Schlafen, Arbeiten, Ihr Sozialleben und allgemein Ihre Selbstfürsorge.

Im Rahmen meiner eigenen Genesung und meiner Hilfe für andere, ihre Seele, Gesundheit und ihr Leben zurückzugewinnen, wurde mir klar, dass Aspekte des narzisstischen Missbrauchs schwere emotionale Trigger und Traumata auslösen. Diese sind so heftig, dass man am Ende kaum noch weiß, wie man einen Topf Wasser aufsetzt, geschweige denn, wie man ein komplexes menschliches Leben führt – und dieser Zustand verschlimmert sich häufig noch, nachdem man den Narzissten verlassen hat und einen das Nachbeben des Missbrauchs einholt.

Als Betroffene haben wir Dinge erlebt, die wir unmöglich verdauen, entschlüsseln, unter einen Hut bringen und zu den Akten legen können. Als Trauma rumoren sie ständig in uns. Darüber hinaus hört der Schrecken des Unbekannten nicht auf, weil alles, was wir über uns selbst und unser Leben dachten, und alles, woran wir geglaubt haben, in Scherben liegt. Narzisstischer Missbrauch bedroht nicht nur unser Gefühl der Stabilität, er schlägt unsere Identität in Stücke. Wir haben keine Vorstellung mehr, wer wir sind.

Die folgende Liste beschreibt einige gängige Traumata, die Betroffene von narzisstischem Missbrauch in die Knie zwingen:

- Man wird ersetzt, als ob man nie existiert hätte, selbst nach jahrzehntelanger Ehe oder nachdem einem die totale Hingabe versprochen wurde.
- Man wird Gott und der Welt gegenüber verleumdet und beschuldigt, Unsägliches getan zu haben, Dinge, die man sich nicht einmal vorstellen, geschweige denn ausführen könnte – die aber der narzisstische Mensch alle getan hat.
- Niemand glaubt einem seine Version der Dinge, und man wird von jenen, die früher hinter einem standen, entfremdet und verfolgt, nachdem sie der narzisstische Mensch gegen einen aufgebracht hat – was einen noch mehr isoliert.
- Man entdeckt, dass der Mensch, mit dem man tatsächlich eine Beziehung hatte, sehr wenig demjenigen gleicht, von dem man glaubte, dass man mit ihm zusammen gewesen sei. Und auf einmal kommen Geschichten und Taten ans Licht, die einen bis ins Mark erschüttern.
- Man findet heraus, dass Menschen, die einem nahestehen, vielleicht sogar die eigenen Freunde, eine intime Beziehung mit der narzisstischen Person haben.
- Man entdeckt, dass der narzisstische Mensch einen ausgebeutet und Geld und Ressourcen, die einem gehören, für sich selbst verwendet hat.

- Man realisiert, dass sich der narzisstische Mensch schon seit einiger Zeit gegen einen verschworen und Intrigen gesponnen hat.

Für narzisstische Menschen spielen Rechenschaft, Verantwortung, Reue oder Wiedergutmachung für das, was sie einem angetan haben und antun, absolut keine Rolle. Wie meine Mutter einmal zu mir sagte: »Was dir passiert ist, klingt wie ein schlechter Film. Niemand würde das glauben!« Sie hatte recht. So viele von uns, die narzisstisch missbraucht werden, hoffen, eines Morgens aufzuwachen und zu entdecken, dass das Ganze nur ein Albtraum war. Doch es ist absolut real, zumal wir oft unser ganzes Leben in diese Menschen investiert haben. Darüber hinaus erleben wir jetzt auch noch das Trauma, dass wir versuchen müssen, aus der Beziehung zu retten, was uns gehört – und auf das der Narzisst jetzt seinen Anspruch erhebt.

Dies alles ist ernst – todernst. Man ist total desorientiert und in Gefahr, krank zu werden oder einen Unfall zu erleiden. Viele Menschen treffen im Zustand getriggerter Panik sehr schlechte Entscheidungen, die sie emotional, geistig, körperlich und sexuell in Gefahr bringen, weil sie versuchen, das Trauma zu betäuben, das sie vollständig auffrisst. Um am fürchterlichsten ist, dass sich der narzisstische Mensch nicht einfach zurückzieht. Es lässt einem das Blut in den Adern gefrieren, wenn man erlebt, wie Narzissten durch die Furcht eines anderen so erregt werden wie ein Hai, der Blut riecht und sich zum Töten bereitmacht.

Wie Ihr Trauma gegen Sie benutzt wird

Ein narzisstischer Mensch hat keine eigene Identität oder Energie, er ist ein Kein-Selbst, das Ihnen exakt Ihre tiefsten Ängste und Unsicherheiten widerspiegelt – Ihre nicht geheilten inneren Anteile. Er braucht die Angst, den Schmerz und das Drama der anderen, um den eigenen inneren Dämonen zu entgehen und zu überleben.

Was auch immer Ihnen gegen den Strich geht, Sie am meisten verletzt, liefert genau die Munition, die den Angriff des Narzissten auf Sie befeuert.

Das folgende Beispiel macht deutlich, wovon ich spreche: Marcys narzisstischer Sohn beschuldigte sie ständig, dass sie sich nicht genug um ihm kümmere und keine liebevolle Mutter sei. Damit blockte er ihre Bitten ab, sein Verhalten zu ändern. Er machte einfach weiter wie zuvor und erwartete von ihr, dass sie seine durch Glücksspiel verursachten Katastrophen in Ordnung brachte. Ständig ging sie auf seine Anschuldigungen ein, stritt sich mit ihm und wollte ihn dazu bringen, dass er sie nicht mehr als Sündenbock benutzte. Doch je mehr sie sich darum bemühte, dass er zur Vernunft kam und die Verantwortung für sein Spielen übernahm, desto mehr benutzte er sie als Entschuldigung, warum er genau dies nicht tat und sich weiterhin auf eine Art und Weise benahm, die sie und letztendlich auch ihn verletzte.

Marcy erzählte mir, dass sie sich ständig zwanghaft mit »den unfairen Anschuldigungen, die er zu seiner Entschuldigung anführte« beschäftigte, und meinte: »Ich bin ständig damit beschäftigt, alle auf Spur zu halten, während er uns zerstört. Natürlich bin ich total verletzt und sauer. Es macht mich verrückt.« Marcy kannte damals noch nicht die wirkliche Lösung – die ich gleich erklären werde –, nämlich zu heilen und das emotionale Trauma in uns selbst aufzulösen. An diesem Punkt gab sie, wie so viele von uns, ständig ihre Kraft und Eigenmacht an den Narzissten ab, indem sie versuchte, Probleme in ihrer Außenwelt zu bewältigen – wo jedoch niemand von uns Macht hat –, anstatt sich auf ihre innere Welt zu konzentrieren.

Aus der Hölle zur Befreiung

Zu Beginn unserer Heilreise werden wir das Trauma sehr intensiv spüren. Vielleicht können wir nicht essen oder schlafen oder »funktionieren« sonst wie nicht. Aber »verkorkste Gedanken«

funktionieren nicht – das wissen wir. Wenn wir ein starkes Trauma erleben, werden im Gehirn Beta-Wellen aktiviert. Diese unterscheiden sich von den langsameren Theta-Hirnwellen, die notwendig sind, um mit dem Unterbewusstsein zu kommunizieren. Beta-Gehirnwellen sind Wellen des bewussten Geistes: Je schwerer das Trauma, in einen umso höheren Gang schaltet unser wacher Geist, um es zu bewältigen. Wenn dies passiert, übernehmen die Überlebenszentren unseres Gehirns die Kontrolle. Sie veranlassen eine Cortisol- und Adrenalinausschüttung, um uns für Kampf oder Flucht bereitzumachen.

Dazu schreibt Amy F. T. Arnsten vom Fachbereich für Neurobiologie an der Yale University School of Medicine: »Der präfrontale Kortex (PFC) – die am meisten entwickelte Hirnregion – dient unseren höchsten kognitiven Fähigkeiten. Er ist auch die Hirnregion, die am sensibelsten für die schädlichen Wirkungen von Stress ist. Selbst sehr leichter akuter unkontrollierbarer Stress kann einen schnellen und dramatischen Verlust der kognitiven Fähigkeiten bewirken, und längerer Stress verursacht langfristige architektonische Veränderungen in den präfrontalen Dendriten.«[1]

Ich litt während meines narzisstischen Missbrauchs unter massivem Stress – und traf dumme Entscheidungen. Statt mich für meine Gesundheit zu entscheiden, versuchte ich zum Beispiel, den Narzissten dazu zu zwingen, Verantwortung zu übernehmen, und wurde in der Folge nur noch süchtiger nach ihm. Auf diese Weise bot ich mich geradezu an, noch mehr missbraucht zu werden. Obwohl ich manchmal *wusste,* dass etwas schlecht für mich war, zwang mich der chemische Tsunami in meinem System geradezu, es trotzdem zu tun.

Eine solche durch Stress verursachte Störung der Erkenntnisfähigkeiten bestätigt Due Quach, die Begründerin von Calm Clarity: »Leider reduziert die Kampf-oder-Flucht-Kaskade auch den Blutfluss in die Frontallappen, was die Verarbeitungskapazität unseres Gehirns und die Impulsregulierung beeinträchtigt. Wenn wir nicht logisch denken können, dann tendieren wir dazu, auf Stressoren auf eine Art und Weise zu reagieren, die sogar noch mehr Stress in unserem Leben verursacht, indem wir impulsiv Dinge tun und sagen, die wir später bereuen.«[2] Deshalb können wir in Stresszeiten einfach nicht ruhig, vernünftig und rational denken und Lösungen finden, zumal unser schreckerfülltes Denken die Woge furchterregender Peptide in unserem System verstärkt – was uns nicht hilft, sondern dem Narzissten ermöglicht, uns an allen Fronten zu schlagen.

Die wahre Lösung besteht darin, unsere Aufmerksamkeit nach innen zu richten und unseren Weg in unseren Körper zu finden, ihn zu öffnen und wie beim Meditieren und Visualisieren tief in ihn hineinzuatmen, so in einen Theta-Wellen-Zustand zu kommen, das innere Trauma zu fühlen und »hochzuladen«, um es dann an die Oberfläche zu bringen und freizulassen. Anschließend leiten wir das Licht, die Höhere Macht, an die Stelle, an der zuvor das Trauma saß, damit es sich dort heilend ausbreiten kann. Dadurch verändern sich die neuronalen Pfade in unserem Gehirn und spiegeln so die körperliche Veränderung wider: Tatsächlich brechen unsere bisherigen Hirnsynapsen buchstäblich ihre Verbindungen ab und bilden sofort weiterentwickelte, stärkere und weisere Verbindungen. Zu welchem Thema auch immer wir die Glaubenssätze unserer inneren Identität verändern, wir kommen damit buchstäblich vom »Überlebens«- in den »Schöpfungs«-Modus.

Paradoxerweise erfordert die Reise in unser tiefes Unterbewusstsein, zu der uns der narzisstische Mensch zwingt – zu unseren dunkelsten und schmerzvollsten inneren Orten (jenen Anteilen unseres Selbst, die wir begraben und uns davor verstecken wollen) –, dass wir uns diese unterbewussten Teile bewusst machen und sie loslassen. Dieser innere alchemistische Vorgang gewährt uns dann das Geschenk, den höchsten Bewusstseinsstand zu erreichen, den wir uns erträumen können: die Veränderung von einem Leben mit schweren emotionalen Wunden, die man irgendwie zu überleben versucht, zu einem Leben ohne diese Wunden, voller Freude, Energie, Sinn, Inspiration und Liebe (der Zustand des Thriving). Dies ist die metaphorische Reise aus der Unterwelt – der Aufstieg aus den Tiefen der Hölle zu unserem eigenen persönlichen Himmel auf Erden.

Aus dem dunkelsten Schmerz ziehen wir unser hellstes Licht – für uns selbst, aber auch für unsere nachfolgenden Generationen und das kollektive Bewusstsein der ganzen Menschheit. Doch dies kann nur durch jeden Einzelnen erfolgen, der die Furcht und die Schmerzen aus seinem individuellen inneren Universum entfernt.

Von Angst und Machtlosigkeit zu Heilung und Kraft gelangen

Vielleicht ist Ihr wahres Selbst durch den narzisstischen Missbrauch unter so viel Müll und Giftigkeit verschüttet, dass sich allein die Idee einer Heilung noch überwältigend anfühlt. Vielleicht versuchen Sie trotz der Schmerzen und des Traumas einfach zu überleben und zu funktionieren, was unsagbar schwer ist. Nun gilt es zu verstehen, dass diese intensiven Gedanken und Gefühle Sie davon abhalten, mit dem Genesungsprozess zu beginnen. Schritt 1 Ihrer Genesung ist also, diese Emotionen loszulassen: Dies verschafft Ihnen nicht nur emotionale und geistige Erleichterung, damit beginnen Sie auch viele der machtvollen Knoten zu lösen, die Sie mit dem Narzissten verbinden. Wie schon im vorangegangenen Kapitel beschrieben, ist es entscheidend, sich von dem narzisstischen Menschen durch Keinen oder Modifizierten Kontakt zu lösen, um die eigene Heilarbeit in die Wege zu leiten.

Vielleicht fürchten Sie sich davor, sich nach innen zu wenden und sich Ihrem Trauma zu stellen. Doch wie die verstorbene Louise Hay in *Das Leben lieben* schrieb: »Oft scheuen wir davor zurück, in unser Inneres zu blicken, aus Angst, dort könnte etwas Schreckliches verborgen sein. Doch, was immer ›sie‹ uns auch beigebracht haben, in uns finden wir nur ein unschuldiges, schönes Kind, das sich nach Liebe sehnt.«[3] Wir haben alle gelernt, uns selbst aus dem Weg zu gehen und unsere inneren Emotionen und Traumata zu unterdrücken. Wir werden ermutigt, in die sozialen Medien zu schauen, mehr zu essen, zu trinken, zu rauchen, uns mit Sex, Schlaf, Arbeit abzulenken etc. – doch nach narzisstischem Missbrauch funktionieren diese »Betäubungsmittel« nicht mehr. Denn jetzt ist das Trauma so riesig, dass es durch nichts abgeschaltet werden kann. Wenn wir diesem Albtraum entfliehen wollen, bleibt uns nichts anderes übrig, als aufzuhören, ihm aus dem Weg zu gehen.

Wenn Sie Schritt 1 bzw. die dortigen geführten Visualisierungen anwenden, können Sie dorthin gehen, »wo es gerade am meisten wehtut«, sich mit diesem Gefühl in Ihrem Körper verbinden, entspannen und Ihren Körper öffnen. Als Nächstes können Sie diese dichte Energie buchstäblich aus Ihren Zellen in das in Ihrem Inneren geschaffene »Zwischenlager« ziehen – und sie dann freilassen. Sie lassen sie los, kraftvoll, somatisch (das heißt aus dem Körper, ohne Verbindung zum Verstand) und auf Quantum-Art, indem Sie sie Ihrer Höheren Macht (Gott, der Schöpfung, dem Höherem Selbst, dem Universum oder wie auch immer Sie es nennen möchten) zurückgeben, um sie in Liebe zurückzuverwandeln. Dabei sehen Sie, wie Sie die dichte Energie verlässt und sich auflöst. Dies bewirkt eine Veränderung in der Tiefe Ihrer unterbewussten Programme, die es Ihnen ermöglicht, loszulassen und in sich selbst »Raum« zu schaffen.

Emotional verspüren Sie dies als eine Verringerung Ihrer Last, Furcht, Schmerzen oder Verwirrung, stattdessen macht sich Erleichterung breit. Anschließend leiten Sie ebenfalls mithilfe der Visualisierung Energie der Quelle in sich hinein. Sie ist das Licht des Höheren Bewusstseins und verkörpert unser geheiltes und ganzes Selbst. Ich möchte dabei noch einmal betonen, dass es Ihnen überlassen ist, was Sie unter Höherer Macht verstehen. Sie können diese Kraft in jeglicher Form sehr einfach in sich hineinleiten, indem

Sie sie einfach nur als Licht anerkennen. Mehr braucht es nicht, wenn man die richtige Intention hat und einem die richtigen Methoden zur Verfügung stehen, um damit zu arbeiten.

Wenn uns dieses Höhere Bewusstsein erfüllt, bringt uns das auch die Kraft der Lösung – eine Kraft, die jenseits unseres bewussten Zustands existiert und die wir auf logischer Ebene weder aufbauen noch verstehen können. Diese Kraft *ist* einfach, und wir sind alle so kodiert, dass wir direkt auf sie zugreifen können, wenn wir wissen, wie wir in unserem Inneren den Raum schaffen, um sie aufzunehmen.

Vorbereitung auf die Übungen

Bitte lesen Sie die folgenden Informationen unbedingt, sie sind **entscheidend** für den Erfolg der Übungen. Legen Sie sich ein Notizheft (ihr zukünftiges Heilungs-Journal) und einen Stift bereit, bevor Sie weiterlesen.

Sehr bald werden Sie beginnen, Ihr inneres Trauma zu transformieren, und damit fängt die echte Heilarbeit an!

In diesem Teil des Buches finden Sie zehn Übungen – jeweils eine am Ende eines Kapitels –, die den grundlegenden Stufen des Narcissistic Abuse Recovery Program (NARP) entsprechen. Diese Journaling-Übungen sind eine effektive Technik, um ein Trauma aufzuspüren und loszulassen. Sie werden sehen, dass Sie neben den Übungen auch noch die Option haben, für jeden Schritt eine bestimmte Quanta-Freedom-Healing-Methode anzuwenden, die Sie im kostenlosen »You Can Thrive Program« finden.

Die Journaling-Übungen stellen einen wirkungsvollen Startpunkt dar, arbeiten aber nicht in derselben Weise mit energetischen Prägungen wie das Quanta Freedom Healing. Ich rate Ihnen deshalb, auf jeden Fall auch meine Quanta-

Freedom-Healing-Angebote und all die anderen zusätzlichen wirksamen Heilmethoden zu prüfen, die ich Ihnen im You Can Thrive Program zur Verfügung stelle. Zugriff auf Ihr kostenfreies Programm erhalten Sie über: www.youcanthrive-program.com. Diese praktischen Elemente geben Ihnen die Mittel an die Hand, um Ihr Unterbewusstsein zu verändern. Mir sind sie insofern wichtig, als ich mit *Endlich frei!* einen praktischen Selbsthilfeleitfaden zur Heilung schaffen wollte und nicht ein weiteres informationsüberladenes Fachbuch.

Der Wiederholungscharakter der Übungen

Im Lauf der Jahre, in denen ich mit Menschen gearbeitet habe, die unter den Folgen von narzisstischem Missbrauch litten, habe ich gelernt, dass es eines ganz bestimmten Aufzeichnungsprozesses bedarf, um sich gefahrlos einem Trauma zu nähern und sich stark genug mit ihm zu verbinden, um eine Veränderung zu bewirken. Deshalb ist es möglich, dass Sie die Journaling-Übungen bisweilen als Wiederholungen empfinden. Seien Sie jedoch sicher (und Sie werden es beim Durchführen merken), dass jede Übung sorgfältig erarbeitet wurde, um eine heilende Veränderung in Bezug auf das Thema des jeweiligen Kapitels zu erzielen.

Die Emotionen sicher fühlen

Wir haben anfänglich alle Angst, unsere schmerzhaften Emotionen kennenzulernen. Jedoch handelt es sich bei dem »Drachen in der Höhle« (dem emotionalen Schmerz, der einen mit Haut und Haaren auffrisst) tatsächlich um Ihr verletztes Inneres Wesen, das möchte, dass Sie sich nach innen und ihm zuwenden. Tatsächlich werden Sie, sobald Sie sich mit Liebe und Hingabe *nach innen wenden,* um sich Ihrem inneren Trauma zu stellen, ein verletztes, furchterfülltes Selbst entdecken, das Sie und Ihre Zuneigung braucht.

Ich verstehe total, wie beängstigend es sein kann, sich nach innen zu wenden, um sich bewusst mit seinen Traumata zu verbinden. Manche Menschen fühlen sich dadurch sofort erleichtert, aber andere glauben, dass den Schmerz zu fühlen irgendwie »falsch« ist und nur alles verschlimmert. Ich verspreche Ihnen aus ganzem Herzen, dass der Schmerz nur deshalb so schrecklich ist, weil er uns ständig verfolgt – wie ein traumatisiertes Kind, das ignoriert wird und nicht aufhört zu schreien.

Wenn Sie den Schmerz intensiv spüren, wenden Sie sich nicht ab, sondern behandeln Sie ihn, so wie Sie auch zum Beispiel eine Schnittwunde an Ihrer Hand behandeln würden. Emotionaler Schmerz ohne begleitende Geschichte im Kopf ist somatisch, wir erfahren ihn physisch als eine dichte, tief sitzende Sensation in unserem Körper. Wäre dies eine körperliche Verletzung und keine emotionale Wunde, würde es sich schon schrecklich genug anfühlen – aber auf keinen Fall würde das begleitende Selbstgespräch nach dem Motto verlaufen: »Ich bin hoffnungslos, ich werde nie gesund werden« oder »Ich bin nicht liebenswert, voller Fehler und werde nie gut genug sein«. Wenn dies passiert, halten Sie sich aus der Geschichte heraus, öffnen Sie Ihren Körper, so weit Sie können – und atmen Sie. Ignorieren Sie alle schrecklichen Gedanken, die in Ihnen auftauchen und Sie überwältigen wollen. Stellen Sie sich vor, dass Sie sie zu Ihrer Höheren Macht schicken, um sie in Liebe aufzulösen. Sie werden sehen, dass Sie sich allein schon durch diese Vorstellung besser fühlen.

Falls Sie sich aus irgendeinem Grund nicht in der Lage fühlen, sich durch die Journaling-Übungen mit Ihrem Inneren Wesen zu verbinden, empfehle ich Ihnen, unbedingt auf das »You Can Thrive Program« zuzugreifen. Dort biete ich einen kompletten Workshop an, in dem ich Sie Schritt für Schritt durch den Selbstpartnerschaftsprozess führe.

Aus dem Kopf in den Körper gelangen
Um sich ganz auf Ihr Inneres Wesen einzustellen, rate ich, während der Übungen die Augen zu schließen, weil das Ausblenden der Umgebung den Prozess der Selbstwahrnehmung unterstützt. Es ist viel besser, wenn man nicht zu analysieren versucht, was man tut oder fühlt. Folgen Sie einfach den Anweisungen in der Übung und halten Sie Ihre Intention der Faszination, Liebe und Hingabe aufrecht. Ja, möglicherweise haben Sie Angst, Ihre Wunden kennenzulernen, aber ich verspreche Ihnen: Die Schmerzen sind nur deshalb da, weil Sie sie vermieden haben.
Am besten kann man meine Heilbehandlungen verstehen, indem man sie *erlebt*. Je weniger Sie während dieser inneren Arbeit versuchen, das Geschehen rational aufzudröseln, und je mehr Sie sich auf das Erleben einlassen, desto besser, weil Sie ja gerade nicht Ihren Verstand beschäftigen wollen: Es ist Ihr Unterbewusstsein, das Kontakt, Kommunikation und eine Veränderung erfordert.

Die Bedeutung der Selbstpartnerschaft
Selbstpartnerschaft bedeutet, beim eigenen inneren Erleben bedingungslos und liebend präsent zu sein. Dazu gehen wir wie folgt vor: Wir hören auf, Antworten in der Außenwelt zu suchen. Stattdessen richten wir unsere Aufmerksamkeit nach innen, um die ursprünglichen Traumata zu finden und zu heilen, die zu den missbräuchlichen Menschen und Mustern passen, mit denen wir gelebt haben. Selbstpartnerschaft bedeutet, dass wir als Erwachsene auf den Ruf unseres Inneren Wesens antworten, das sich nur wünscht, dass wir uns ihm zuwenden und es heilen. Es hat die ganze Zeit auf uns gewartet.

Inneres Wesen und Inneres Kind

In den folgenden Übungen werden Ihnen immer wieder die Begriffe »Inneres Wesen« und »Inneres Kind« begegnen, über die ich schon zuvor gesprochen habe. Unser Inneres Wesen steht in Beziehung zu unserem inneren Erleben, der Ebene, auf der unser Unterbewusstsein durch unser zelluläres Wesen agiert. Unser Inneres Wesen spricht durch Emotionen mit uns. Wenn Sie sich in einer Übung mit Ihrem Inneren Wesen verbinden sollen, dann heißt das: »Gehen Sie zu dem, was Sie im Inneren fühlen.« Die Art der Frage, die Sie sich stellen könnten, um sich mit Ihrem Inneren Wesen zu verbinden, könnte so oder so ähnlich lauten: »Wie fühlt sich das in meinem Körper an?« Es bedeutet im Grunde: »Was spüre ich emotional und somatisch (also einschließlich meiner körperlichen Sensationen), wenn ich meine Aufmerksamkeit nach innen und darauf richte, wie ich mich fühle?«

Mit unserem Inneren Wesen in Berührung zu kommen erfordert ein wenig Übung, weil wir so daran gewöhnt sind, über unsere Gefühle nachzudenken, anstatt sie zu fühlen. Wenn Sie jedoch beginnen, sich liebevoll mit Ihrem Inneren Wesen zu verbinden, dann werden Sie merken, dass sich das ganz natürlich und sogar beruhigend anfühlt.

Wenn ich in den folgenden Übungen den Begriff »Inneres Kind« verwende, dann bezieht sich dies auf die jungen, nicht geheilten und unterentwickelten Anteile in uns, die in unserem Inneren Wesen liegen. Unser Inneres Kind ist oft mit einem Trauma belegt und ist noch nicht gefestigt oder gereift. Diese Wunden repräsentieren jene Anteile unseres kindlichen Selbst, an die wir herankommen und die wir wieder zu einer Ganzheit heilen möchten. Es ist wichtig, dass Sie Folgendes verstehen: Wenn wir unsere Kraft und Eigenmacht abgeben und uns hilflos und nicht in der Lage sehen, unser Fühlen oder andere Dinge in unserem Leben zu verändern, dann agieren wir aus dem Zentrum unseres verletzten Inneren Kindes heraus. Wollen wir wirklich heil werden, dann geht dies meiner Meinung nach nur, indem wir uns den jüngeren, epigenetisch veränderten oder aus vergangenen Leben stammenden Versionen unseres Selbst zuwenden, die ein Trauma halten, das transformiert werden muss.

Mit dem Inneren Wesen kommunizieren

Wenn Sie in den Übungen Ihrem Inneren Wesen/Inneren Kind Fragen stellen oder sonst wie mit ihm kommunizieren, dann tun Sie das bitte so liebevoll wie möglich. Wenn Sie eine Frau sind, können Sie zum Beispiel Ihr Inneres Wesen/Inneres Kind als »Schatz« oder »Liebling« oder mit einem anderen Namen ansprechen, den Sie als liebevoll empfinden. Auch Bezeichnungen wie Freundin/Freund oder – wenn Sie ein Mann sind – Kumpel sind in Ordnung. Wichtig ist, dass Sie diesen Teil Ihres Ichs mit all der Liebe ansprechen, die Sie aufbringen können.

Sprechen Sie aus der Tiefe Ihres Herzens, so als ob Ihr Leben davon abhängt – was auch tatsächlich stimmt: Ihr ganzes zukünftiges Leben wird die Qualität der Beziehung widerspiegeln, die Sie zu Ihrem Inneren Wesen aufbauen. Niemand hat sich je zur Gesundheit zurückgeschämt, -geschimpft oder -attackiert; nur die Kraft Ihrer liebevollen Hingabe an Ihr Inneres Wesen und einige wirkungsvolle Quantum-Veränderungen werden Sie dorthin bringen.

Machen Sie jetzt den ersten Eintrag in Ihrem Heilungs-Journal: Unter die Überschrift »Meine ehrlichen Selbstankündigungen« schreiben Sie: »Ich befinde mich jetzt in dem Prozess, in dem ich *jederzeit* liebevoll zu meinem Inneren Wesen spreche.« Setzen Sie Datum und Unterschrift unter diese Intention.

System und Reihenfolge der Übungen

In vielen der folgenden Übungen werden Sie gebeten, sich mit der Intensität der emotionalen Belastungen, die Sie in Ihrem Körper verspüren, zu verbinden und diese von der stärksten bis zur leichtesten aufzulisten. Beginnen Sie mit dem Trauma, das Sie am höchsten eingestuft haben, und führen Sie alle Teile der Übung, die sich auf dieses spezielle Trauma beziehen, vollständig aus. Gehen Sie erst dann zu dem Trauma mit der zweithöchsten Intensität über usw. (Das wird später in den Übungen noch jeweils erklärt.) Lösen Sie eine schmerzhafte emotionale Belastung jeweils so weit auf, dass es sich in Ihrem Körper gut anfühlt, bevor Sie sich der nächsten zuwenden.

Nur in einem Fall sollten Sie mit der Arbeit an einer Belastung in Ihrem Körper aufhören, bevor Sie sie nicht mehr fühlen können: wenn ein anderes Trauma so stark wird, dass es ins Zentrum Ihres emotionalen Körpers rückt. Sollte dies geschehen, stellen Sie das Trauma, an dem Sie gearbeitet haben, zeitweise zurück (Sie werden sich später wieder damit beschäftigen) und richten Sie Ihre Aufmerksamkeit auf die Belastung, die Sie in Ihrem Inneren am intensivsten verspüren.

Wie viele Traumata können in einer Sitzung gelöst werden?

Das richtet sich nach Ihren Vorlieben, Ihrer Zeit und Energie. Vertrauen Sie auf sich selbst bei Ihrer Entscheidung, wie viel Sie an sich selbst arbeiten möchten. Außerdem können Sie auf nicht geheilte Traumata auch jederzeit wieder zurückkommen. Sie sind treu und werden wie Hausarbeit immer auf Sie warten! Es besteht keine Eile, alles in Ihrem Inneren sofort heilen zu müssen.

Die Reihenfolge der Heilungen und wann man zur nächsten übergeht
Mein 10-Schritte-Programm ist eine spezifische wirkungsvolle Heilmethode, wenn die Heilungen anfänglich nacheinander erfolgen. Selbst wenn ein bestimmter Heilungsschritt auf Sie nicht zuzutreffen scheint, kann ich Ihnen doch versichern, dass Sie im Kontakt mit Ihrem Inneren Wesen entdecken werden, dass er *absolut* relevant ist. Ich empfehle Ihnen deshalb, dass Sie sich auf jeden Fall durch alle Schritte einen nach dem anderen so lange durcharbeiten, bis Sie jeweils das Gefühl haben, dass er abgeschlossen ist. Fahren Sie erst dann mit dem nächsten Schritt fort.
Lediglich mit Schritt 1 verhält es sich ein wenig anders. Dieser erste Schritt bezieht sich auf das unglaublich schmerzhafte Trauma, das Sie zu Beginn Ihrer Heilungsreise lähmt. Arbeiten Sie so lange mit Schritt 1, bis Sie das Gefühl haben, dass Sie wieder essen, schlafen und im Alltag funktionieren können. Erst dann ist es an der Zeit, mit Schritt 2 anzufangen. Und merken Sie sich, dass Sie Schritt 1 jederzeit als eine Art Mehrzweck-Heilung anwenden können, um ein Trauma zu verändern, das Sie nicht spezifisch mit den anderen Schritten in Verbindung bringen können.

Die Übungen wiederholen
Nicht zuletzt sollten Sie sich darüber im Klaren sein, dass diese Übungen in der Regel nicht ein für alle Mal »abgehakt« werden. Während Ihrer Genesung werden Sie sehen, dass der Heilungsprozess im Allgemeinen in Spiralen und nicht in einer geraden Linie verläuft. Ich empfehle immer, dass man stets die entsprechenden Schritte erneut bearbeitet, sobald man von einem bestimmten Trauma getriggert wird.
Wenn Sie zu einem früheren Heilungsthema zurückkehren, fühlen Sie sich bitte nicht als Versager und lassen Sie sich

nicht von Gefühlen und Gedanken wie »Warum kommt das jetzt wieder hoch? Ich hatte das doch schon geheilt« niederwerfen. Je höher wir uns entwickeln, aus desto tieferen Schichten steigen die Traumata auf, um gelöst zu werden – was vollkommen in Ordnung ist. Unser Körper weiß bei jedem Schritt unserer Reise, was bereit ist, gelöst zu werden, und genau das wird als Nächstes an die Oberfläche kommen. Das Ganze verläuft in einer bestimmten Abfolge. Und unsere Aufgabe ist es nur, unseren damit verbundenen Gefühlen zu vertrauen, uns dem Trauma zu stellen und, ohne zu urteilen, daran zu arbeiten.

Okay … Jetzt ist es so weit. Beginnen wir mit Schritt 1!

Übung

Schritt 1
Loslassen, was jetzt gerade am meisten schmerzt

1. Nehmen Sie Ihr Journal zur Hand und ziehen Sie sich an einen ruhigen und sicheren Ort zurück, an dem Sie nicht gestört werden. Atmen Sie erst einmal ein paar Minuten lang tief ein und aus. Schließen Sie dann Ihre Augen, damit es Ihnen leichter fällt, sich mit Ihrem Inneren Wesen zu verbinden. Konzentrieren Sie sich darauf, zu entspannen und Ihren Körper zu öffnen. Sie wollen das Gefühl eines Raums in Ihrem Inneren erzeugen – und dies bedeutet, Spannungen zu lösen.
Wenn irgendwelche Gedanken auftauchen, kämpfen Sie nicht gegen sie an: Behandeln Sie sie einfach wie eine Person an der Seite des Raums, an der Sie gerade nicht interessiert

sind. Atmen Sie einfach weiter tief und öffnen Sie Ihren Körper.

2. Jetzt richten Sie Ihre Aufmerksamkeit nach innen und fragen sich selbst liebevoll: »Was verletzt mich gerade jetzt emotional?« Erlauben Sie Ihrem Inneren Wesen, Ihnen die Antwort zu liefern. Diese zeigt sich in Form von Gefühlen, Gedanken, allen möglichen Wörtern, die Ihnen einfallen, und/oder Bildern, die an die Oberfläche kommen. Vertrauen Sie einfach dem, was auftaucht. Geht es dabei um die neue Geliebte Ihres Narzissten? Die schreckliche Art und Weise, wie Sie die narzisstische Person fallen ließ, als ob Sie einfach nicht mehr existieren würden? Den Schock, Ihr vermeintliches Traumleben zu verlieren? Den Betrug und die Verleumdungen gegenüber anderen Menschen? Die Angst, Ihre Arbeit oder einen Freund zu verlieren? Oder geht es um den Schock, dass ein Familienmitglied Ihnen so etwas antun konnte? Die Angst, wie Sie nun Ihr Leben weiterleben sollen? Den Besitz und das Geld, das Sie verloren haben oder verlieren werden? Egal, wie viele Dinge an die Oberfläche drängen, öffnen Sie Ihre Augen und notieren Sie sie alle unter der Überschrift »Dinge, die mich jetzt gerade emotional verletzen«.

3. Gehen Sie nun die Liste »Dinge, die mich jetzt gerade emotional verletzen« durch und fühlen Sie jeden Eintrag, einen nach dem anderen, in Ihrem Körper. Bewerten Sie die emotionale Intensität jedes Eintrags auf einer Skala von 0 bis 10. 0/10 bedeutet »Es ist nur eine Information, die ich jedoch in meinem Körper nicht spüren kann«. 10/10 bedeutet »Der Schmerz ist so intensiv, dass er mich total vereinnahmt«. Anschließend nummerieren Sie Ihre Einträge von »am intensivsten« bis »am wenigsten intensiv« durch.

4. Beginnen Sie mit dem am höchsten bewerteten Eintrag auf Ihrer Liste. Fragen Sie sich, wo Sie dichte Energie in

Ihrem Körper verspüren, wenn Sie sich mit dem Gedanken daran verbinden. Dies könnte die Empfindung einer tief sitzenden Schwere sein oder ein Gefühl der Trauer, Angst oder Wut oder eine andere Form unangenehmer Energie. Es könnte auch echter körperlicher Schmerz sein, der irgendwo in Ihrem Körper »aufflammt«. (Bitte denken Sie daran, dass die Kommunikation mit Ihrem Inneren Wesen anfänglich schwach sein kann. Haben Sie Vertrauen! Je mehr Sie dem vertrauen, was auftaucht – egal, wie schwach die Sensation ist –, desto stärker wird die Verbindung werden.) Wo fühlen Sie die Sensation? Sie könnte in Ihrem Herzen, Ihrem Solarplexus, aber auch an jeder anderen Stelle Ihres Körpers sein. Sie könnte so groß sein, dass Sie sie am ganzen Körper unter der Haut verspüren. Wenn Sie den Ort lokalisiert haben, schreiben Sie ihn in Ihr Journal.

5. Nachdem sich nun Ihr Bewusstsein auf dieses Trauma konzentriert, *fühlen* Sie seine Qualität: Ist dieses Trauma dunkel und schwer? Hat es eine Form? Ist es massiv oder durchlässig? Notieren Sie Ihre Wahrnehmungen. Sie müssen nicht verstehen, »worum es geht« bei Ihrem Trauma, um es aus Ihrem Inneren Wesen, Ihren unterbewussten Programmen und Ihrem Leben zu entfernen. Unser Unterbewusstsein ist nicht an logischen Informationen interessiert; es antwortet auf tief sitzende Gefühle. *Vertrauen Sie sich selbst,* auch wenn Sie das Gefühl haben, dass Sie sich nur ausdenken, wie das Trauma »aussieht und sich anfühlt«. (Intuition und Vorstellungsvermögen sind tief miteinander verbunden – und manchmal kann sich das anfühlen wie »Warum denke ich mir das aus?!«.)

6. Jetzt beginnen wir zu visualisieren, dass wir das Trauma aus dem Körper freilassen. Stellen Sie sich vor, dass die dichte Energie, die Sie beschrieben haben, Ihren Körper durch den Kopf nach oben verlässt. An dieser Stelle ist es wichtig,

die Erscheinung des Traumas zu sehen/zu fühlen und sich nicht auf irgendeine bestimmte Information darüber zu konzentrieren. Wenn Sie sich auf Informationen konzentrieren, kehren Sie aus Ihrem Körper wieder in Ihren Kopf zurück – und dort wird die Heilung nicht erfolgen. Bleiben Sie bei der Sprache, die Ihr Unterbewusstsein versteht, nämlich die visuelle Erscheinungsform des Traumas (und vertrauen Sie darauf, dass es alles über die damit verbundenen schmerzhaften inneren Programme weiß). Schauen Sie zu, wie das Trauma Ihren Körper verlässt und sich in seine ursprüngliche Nichtexistenz auflöst. *Fühlen Sie das so intensiv wie möglich.* Versuchen Sie nicht, dies logisch zu verarbeiten; tun Sie es auf eine Weise, die sich für Sie richtig anfühlt – selbst wenn das heißt, dass Sie einfach die Intention formulieren, dass es so sein soll, oder das Gefühl haben, dass Sie sich das Ganze ausdenken. (Ich zum Beispiel »sehe« beim Visualisieren gar nichts; ich formuliere einfach eine Intention und fühle, wie sich diese Intention entwickelt.) Der Schlüssel ist der Wille, *loszulassen!*

7. Jetzt stellen Sie sich den Raum vor – und fühlen ihn –, der sich dort geöffnet hat, wo sich zuvor das Trauma befunden hat. Bringen Sie das Licht (das im Zusammenhang mit Ihrem Verständnis einer Höheren Macht steht) über eine Leitung, die vom höchsten Punkt Ihres Kopfes zu einer Lichtkugel darüber führt, an diese Stelle hinunter. Stellen Sie sich einfach ein weißes Licht vor. Denken Sie nicht darüber nach, woraus es besteht oder was es enthält, das lenkt Sie nur ab. »Sehen« Sie, wie das weiße Licht Sie erfüllt – jede Zelle Ihres Körpers. Lassen Sie zu, dass Gefühle der Erleichterung, Wärme und Heilung Sie durchfließen. Machen Sie sich bewusst, dass das, was Ihr Körper wahrnimmt, auch tatsächlich geschieht.

8. Schreiben Sie in Ihr Journal, wie die Übung verlief und wie sich das alte Trauma nun in Ihrem Körper anfühlt. Wenn

Sie sich noch in das Trauma einfühlen und eine emotionale Belastung verzeichnen können, dann muss noch mehr Trauma entfernt werden. Wiederholen Sie den Prozess so lange, bis Sie alles bereinigt haben.

9. Wiederholen Sie den Vorgang mit dem Trauma mit der nächsthöheren Bewertung auf Ihrer Liste.

Bitte denken Sie daran, dass diese Übung als Einführung dient, wie Sie mit Quantum Tools Ihr Trauma erreichen und lösen können. Um Ihnen beim Anfang zu helfen, habe ich eine kostenlose Heilungs-Trainingssession erstellt, auf die Sie über das »You Can Thrive Program« zugreifen können.

Das Innere Wesen treffen

Wenn Sie noch nie zuvor eine solche Selbstpartnerschafts-Übung gemacht haben, dann haben Sie sich jetzt vielleicht zum ersten Mal mit Ihrem Inneren Wesen verbunden. Das kann natürlich emotional aufwühlend sein. Es kann eine enorme Entlastung bedeuten, wenn man das Gefühl hat, endlich zu sich selbst heimzukommen und dass Hoffnung auf Heilung besteht.

Unabhängig davon, was Sie während dieser Übung erlebt haben: Sie haben einen unglaublich wichtigen und mutigen ersten Schritt getan, und es ist mir klar, wie viel Angst damit verbunden ist. Seien Sie sich aber immer dessen bewusst, dass ich und die Community Sie auf dem ganzen Weg mit Liebe und Unterstützung begleiten werden, weil wir uns von ganzem Herzen wünschen, dass Sie dasselbe erleben wie wir: die Erleichterung, die Heilung und die Freiheit, die sich zeigen, wenn wir endlich die dichte Energie loslassen, die in unserem Wesen gefangen war.

Auswirkungen der Selbstpartnerschaft

Nach Abschluss dieser Übung werden Sie eine erste Erleichterung Ihres Schmerzes verspüren. Weil Sie endlich »erschienen« sind, wird Ihr Inneres Wesen anfangen, sich zu entspannen und seine Panik abzulegen. Stattdessen wird es nun sagen: »Gott sei Dank, endlich bist du hier!« Durch die Wendung um 180 Grad nach innen, die Partnerschaft und das liebevolle Kennenlernen Ihres Selbst kommen Sie zu sich und bei sich selbst an. Dies ist der Weg zu Gesundheit, Vernunft, Klarheit und zur Rückgewinnung Ihrer Kraft.

8
Sich von der Illusion befreien, dass ein anderer Mensch die Quelle unseres Ichs ist

Wie oben erwähnt, ist es üblich, mit Schritt 1 eine Zeit lang weiterzuarbeiten. Dies gilt ganz besonders, wenn wir von unserem Trauma gleichsam überflutet werden. Wie lange die Arbeit mit Schritt 1 dauert, hängt davon ab, wie oft Sie mit ihm arbeiten. Doch selbst wenn Sie ihn täglich in Angriff nehmen, kann es ein paar Wochen brauchen. Um langsam wieder Kontrolle über Ihre Emotionen und in der Folge über Ihr Leben zu erlangen, ist es erforderlich, dass Sie Ihre Selbstpartnerschaft ernst nehmen und sich Ihren Traumata, wenn sie auftreten, so oft wie möglich stellen und sie heilen. Sie werden feststellen, dass sie mit der Zeit erheblich leichter werden, und wenn sich in Ihrem Fühlen und Denken Raum öffnet, können Sie zunehmend Klarheit über Ihre Situation gewinnen und auf gesündere Weise vorgehen.

Sobald Sie sich mit Ihrem Inneren Wesen verbunden und eine fühlbare Lösung und Befreiung auf der ersten Ebene der Traumata, die Ihre Genesung behindern, erreicht haben, können Sie nun den nächsten Schritt Ihrer Reise ins Auge fassen: die Illusion aufgeben und heilen, dass der narzisstische Missbraucher die Quelle Ihres Ichs ist. Ich schlage vor, dass Sie sich auf diesen nächsten Schritt einlassen, sobald Sie das Gefühl haben, dass Sie wieder regelmäßig essen, schlafen und Ihren Alltag einigermaßen normal bewältigen können. Zwar werden Sie immer noch durch narzisstisches Verhalten getriggert, jedoch haben Sie in Schritt 1 so viel Trauma auflösen können, dass Sie im täglichen Leben wieder funktionieren.

Eine besonders toxische Abhängigkeit entwickelt sich im narzisstischen Missbrauch, wenn der Narzisst für uns zur Quelle für eine (oder alle vier) der menschlichen Grundressourcen wird: Liebe, Bestätigung, Existenz und Sicherheit. Diese vier Grundlagen weben den Stoff unserer inneren Identitäten. Und wenn wir uns in unseren unterbewussten Programmen noch nicht über diese Aspekte unseres Inneren Wesens sicher sind, suchen wir unbewusst eine Art »Elternteil«, das sie uns bietet – und tragischerweise kann in einem solchen Fall ein Narzisst diese Rolle einnehmen.

Wenn der narzisstische Mensch in unserem Leben tatsächlich ein Elternteil oder ein anderes Familienmitglied ist, dann fühlen wir selbstverständlich ein tiefes Bedürfnis, dass uns dieser Mensch anerkennt, unterstützt und sich wirklich um unser Wohlergehen kümmert. Und es kann Zeiten geben, in denen wir uns sicher sind, dass es ihm wirklich wichtig ist. Allerdings sind diese Perioden in der Regel nur von kurzer Dauer aufgrund der narzisstischen Verhaltenszyklen, die für die Beziehung mit einem Narzissten typisch sind.

Erkennen, was wir uns nicht selbst geben

Egal, in welcher Situation wir uns von einem Narzissten falsch behandelt und traumatisiert fühlen – es sind immer wir selbst, die sie dazu bestimmt haben, als Quelle für unser Selbst zu dienen. Dies trifft auf alle erdenklichen Arten von Beziehung mit einem narzisstischen Menschen zu, sei er unser Geschäftspartner, Liebhaber, ein Familienmitglied oder Freund. Ich finde es großartig, was meine Freundin und Kollegin Katherine Woodward-Thomas dazu sagt: »Wir sind auf andere nur in dem Maß wütend, weil sie uns etwas nicht geben, wie wir uns dieses Etwas selbst nicht geben.« Als ich Katherine dies zum ersten Mal sagen hörte, dachte ich daran zurück, wie wütend ich auf meinen Missbraucher gewesen war, weil er mir gesagt hatte, dass er mich über alle Maßen lieben würde – und dann Dinge tat, die eindeutig bewiesen, dass dies sicherlich nicht der Fall war. Ich weiß noch, wie ich ihn anschrie: »Du hast gesagt, dass du mich liebst!« Später entdeckte ich, dass die Liebe, die ich wirklich vermisste und nach der ich laut schrie, meine eigene Liebe zu mir selbst war. Und sobald ich diese erhielt, indem ich meine inneren Wunden kennenlernte und heilte, bedeutete es mir überhaupt nichts mehr, ob er mich liebte oder nicht – weil das etwas mit ihm zu tun hatte und nicht damit, ob ich liebenswert war oder nicht.

Wenn wir noch nicht geheilt und unterbewusst abhängig sind, dann fühlen wir uns vielleicht ohne Partner als ein Nichts; oder als mangelhaft, weil wir keine Eltern haben, die uns liebevoll unterstützen und zuverlässig sind; oder unfähig ohne Geschäftspartner, der sich aufmacht und für uns Aufträge akquiriert – die Liste ließe sich unendlich verlängern. Dies alles kann unter dem Quantum-Gesetz zusammengefasst werden: *Innen wie außen*. Wenn wir etwas in unserem Leben möchten, dann müssen wir es »sein«, damit es »kommt«. Wenn wir uns nicht selbstsicher, ganz und wertvoll fühlen, weil wir noch ungeheilte, unvollendete Kindheitsprobleme mit uns herumtragen, dann werden wir uns immer wieder mit Menschen verbinden und uns an sie klammern, mit denen wir die Muster wiederholen, die mit dem in Zusammenhang stehen, was in unserem Leben gefehlt hat.

Jess zum Beispiel hatte immer das Gefühl gehabt, dass sich ihr Leben ohne Partner in einer Warteschleife befand. Sie wollte nicht allein oder mit einer Freundin verreisen. Sie hasste es, ohne einen Partner Kontakte zu pflegen und gesehen zu werden. Die Wahrheit war, dass sie sich wertlos vorkam, wenn sie nicht die eine Hälfte in einer Beziehung war. Als Single fühlte sie sich buchstäblich wie ein mangelhafter Außenseiter.

Als sie Anthony kennenlernte, schien er alles zu verkörpern, was sie sich gewünscht hatte. Er unternahm Reisen, er speiste in feinen Restaurants, er hatte einen interessanten Bekanntenkreis und lernte Menschen über seine Arbeit kennen. Mit Anthony kamen aber auch Überheblichkeit, Ungeduld und Wutanfälle, wenn nicht alles nach seinen Wünschen lief. Doch weil er alles bot, was Jess so schmerzlich vermisste, wenn sie Single war, sah sie darüber hinweg.

Nach acht Monaten erheblichen Missbrauchs schlug er sie das erste Mal, und Jess wusste, dass sie ihn verlassen musste. Sie stand jedoch unter einem unglaublichen Schock über den Verlust des Lebens, das sie mit ihm geführt hatte – des Lebens, das sie sich selbst nicht bot. Bevor sie sich dazu entschließen konnte, die Beziehung aufzugeben, wurde sie von Anthony Knall auf Fall für eine andere Frau verlassen. Und plötzlich stand Jess wieder ganz am Anfang, ohne »ein Leben«, aber mit erheblichen Missbrauchserfahrungen und neu aktivierten Traumata, die es zu lösen galt.

Jemima hingegen ließ ihren Vater ihr Leben kontrollieren. Er nutzte seinen Reichtum und seinen Einfluss, um ihr die besten geschäftlichen und gesellschaftlichen Kontakte zu verschaffen und ihr Unternehmen bekannt zu machen. Der emotionale Preis für seine Hilfe war jedoch enorm: Er forderte die totale Übereinstimmung mit seinen Meinungen und Forderungen, dazu hatte er schon ihre Mutter durch Schläge gezwungen. Jemima wollte das Leben nicht, das er für sie ausgesucht hatte. Sie träumte davon, zu reisen, einen jungen Mann kennenzulernen und sich zu verlieben. Gleichzeitig war ihr klar, dass ihr Vater sie, wenn sie sich ihm widersetzte, verstoßen würde. Der Gedanke, auf eigenen Beinen zu stehen und überleben zu müssen, erfüllte sie mit tiefer Angst.

Ähnlich erging es Patrick, dessen narzisstischer Chef so missbräuchlich geworden war, dass die Arbeitsbedingungen für Patrick psychisch unerträglich wurden. Und dennoch erstarrte er allein bei dem Gedanken, seine eigene Firma zu gründen oder sich bei einem anderen Unternehmen zu bewerben. War es nicht so, dass die Firmen gerade Mitarbeiter eher entließen, als neu einzustellen, und waren nicht die wirtschaftlichen Aussichten für kleine Unternehmen eher düster?

Narzissten machen so unglaublich süchtig, weil sie exakt das zu sein scheinen, was man vermisst – so wie Rebecca, als sie in Roberts Leben auftauchte. Anfänglich milderte Rebecca Roberts Neigung, hart gegen sich selbst zu sein. Ständig quälte er sich damit, dass er nicht gut genug arbeitete und besser werden müsste. Als er Rebecca kennenlernte, verhielt sie sich ihm gegenüber extrem aufbauend, unterstützend und liebevoll. Doch es dauerte nicht lange, bis ihre liebevollen Gesten sich in Verurteilung und Kritik verwandelten. In dieser Phase war sie jedoch schon bei Robert eingezogen und genoss das gemeinsame Leben in einem teuren Wohnviertel von Melbourne. Rebecca wurde schwanger, hörte auf zu arbeiten und verlangte von Robert, dass er weiter ihren teuren Geschmack finanzierte.

Doch nichts, was Robert tat, war jemals gut genug. Robert war sich bewusst, dass er jetzt mit einer Frau verheiratet war und mit ihr ein gemeinsames Kind hatte, die keinerlei Ähnlichkeit mit der Frau aufwies, in die er sich verliebt hatte. Er war nun mit einer Person zusammen, die ihn genauso behandelte, wie er sich immer selbst behandelt hatte: streng und ohne jede Nachsicht.

Unser Inneres Selbst erwachsen werden lassen

Egal, wie wir es auch drehen und wenden: Wenn wir uns für eine Thriver-Genesung entscheiden, sind wir auf der Suche nach dieser uns befreienden Wahrheit. Wenn wir als Erwachsene einem anderen Erwachsenen oder äußeren Umständen die Verantwortung überlassen, als Quelle für unser Selbst zu dienen, dann geben wir auf gefährliche Weise unsere Kraft und Eigenmacht aus den Händen. Es bedeutet, dass wir keine solide, gesunde Beziehung mit uns selbst oder mit dem Leben aufbauen.

Es bedeutet auch, dass wir noch nicht die Verantwortung dafür übernehmen, in jenen Bereichen erwachsen zu werden, in denen wir gebrochen und nicht geheilt sind.

Jess hielt daran fest, dass sie einen Partner für ein erfülltes Leben brauchte – damit handelte sie exakt so, wie sie es bei ihrer Mutter erlebt hatte: ganz und gar auf ihr Bedürfnis konzentriert, einen Mann zu haben, weil sie glaubte, nicht ohne sein zu können. Ihre Mutter hatte niemals ein solides Selbstbewusstsein aufgebaut und besaß auch nicht die Ressourcen, Jess darin zu unterstützen, ein solches zu entwickeln. Gleichermaßen war Roberts Vater hart und kritisch, und Robert hatte seine kritische Stimme verinnerlicht und richtete sie gegen sich selbst. Jemima und Patrick besaßen als Erwachsene nicht das Selbstvertrauen, die Verantwortung für ihr Leben, ihr Wohlergehen und ihre Sicherheit zu übernehmen. Wenn unsere unsicheren oder zerstörten Anteile nicht geheilt werden, benehmen wir uns nicht wie gesunde Erwachsene, die sich andere gesunde Erwachsene und Situationen suchen – sondern wir verhalten uns unbewusst wie verletzte Kinder auf der Suche nach Eltern.

Als Kinder sind wir anfänglich extrem abhängig; wir brauchen Bezugspersonen, die uns buchstäblich das Überleben ermöglichen und die für uns die Art und Weise vorgeben, wie wir unsere innere Identität entwickeln – das heißt, was wir mit der Zeit über uns selbst, das Leben und andere Menschen denken. Wenn wir uns über diese abhängigen, prägenden Jahre hinaus gesund entwickeln, dann wachsen wir in eine Unabhängigkeit hinein, in der wir das Rüstzeug haben, auf uns allein gestellt zu überleben und für uns zu sorgen – und in der wir auch die Fähigkeit haben, uns emotional vollständig zu fühlen, ohne andere zu brauchen, die unsere Gefühle für uns vervollständigen. Sind wir innerlich gefestigt, dann spiegeln die von uns gewählten Beziehungen dies wider. Weder akzeptieren wir länger Missbrauch und schlechtes Benehmen als Gegenleistung für irgendeine Ressource, nach der wir uns sehnen, noch die Tatsache, dass wir nicht ausreichend geheilt sind, um für uns selbst zu sorgen.

Narzissten erkennen, was jemand braucht

Meredith arbeitete nicht, weil sie aufgrund ihrer starken Ängste nicht dazu in der Lage war. Ihr Partner Greg erfüllte ihr alle Grundbedürfnisse, verlangte jedoch im Gegenzug, dass sie eine offene Beziehung führten, damit er an Gruppensexorgien mit anderen Männern und Frauen teilnehmen konnte.

Das ist typisch für narzisstische Menschen: Sie erkennen, was andere brauchen und sich nicht selbst geben können, und machen sie dann von sich abhängig, indem sie ihnen genau das bieten, wenn auch manchmal nur für kurze Zeit. Im Fall von Meredith musste Greg weiterhin ihre existenziellen Grundbedürfnisse befriedigen, doch im Fall von Robert konnte Rebecca, sobald er von ihr abhängig war und sie ihre Position gesichert hatte, mit dem Schauspielern aufhören und ihr wahres narzisstisches Wesen zeigen.

Viele Betroffene, die auf Narzissten hereingefallen sind, glauben vor ihrer Thriver-Genesung, dass es für sie zu spät sei, auf eine Heilung von ihren Erlebnissen zu hoffen. Aber das ist nicht wahr: Durch die Thriver-Genesung wird man nicht nur dagegen immun, noch einmal in die Falle eines Narzissten zu tappen – es löst sich auch der ganze Schmerz des bereits erlebten Missbrauchs auf.

Wir Menschen haben die wunderbare Fähigkeit, aus unseren Erfahrungen zu lernen. Allerdings können wir nur dann etwas lernen, wenn wir die Lektion, die uns das Leben erteilt hat, annehmen und entschlossen sind, sie nicht noch einmal zu wiederholen. Dazu fällt mir eines meiner liebsten Zitate von der buddhistischen Nonne und Lehrerin Pema Chödrön ein:

Nichts wird jemals verschwinden,
bis es uns gelehrt hat,
was wir wissen müssen.

Zwischenmenschliche Anziehung und Bindung beruhen auf einer Mischung aus Emotionen wie Liebe, Lust, innerer Verbundenheit und unbewussten Strömungen, die von starken chemischen Substanzen, den Neuropeptiden, vermittelt werden. Sie bestimmen die Anziehungkraft, die andere Menschen auf uns haben, und die Gefühle, die wir für sie empfinden. Narzisstische Beziehungen versorgen unsere inneren Antriebe, unsere Instinkte für uns unbewusst mit zwei wirksamen chemischen Cocktails: Sie bieten zum einen das Versprechen, all die Liebe, Bestätigung und Sicherheit, die wir in der Beziehung mit unseren Eltern und anderen Menschen nicht erhielten, doch noch zu bekommen – und tragen zum anderen exakt jene Verletzungen und Schmerzen in sich, die wir zuvor in anderen Beziehungen, auch mit unseren Eltern, erlitten und noch nicht geheilt haben.

Die Heilarbeit muss in uns selbst erfolgen

Wir fühlen uns auf eine bestimmte Weise mit unseren unterbewussten Wunden wohl, weil sie uns vertraut sind. Gleichzeitig fühlen wir uns – in dem Versuch, die Beziehungen und die Menschen in Ordnung zu bringen, die uns in der Vergangenheit nicht liebten und unterstützten – ebenso unbewusst weiterhin zu Menschen hingezogen, die uns die gleichen Wunden wieder zufügen werden.

Wir versuchen also unbewusst, das Geschehene zu korrigieren. Das Problem dabei ist, dass wir, ohne es zu wissen, das falsche Rezept anwenden. Unterbewusst glauben wir: »Wenn ich diesen Menschen in Ordnung bringen kann, dann bekomme ich endlich die Liebe/Bestätigung/Sicherheit/Existenz, die ich mir wünsche.« Das einzig richtige Rezept, die inneren Ressourcen zu schaffen, die wir uns wünschen, ist jedoch, uns zuerst selbst zu heilen – und nicht zu versuchen, einen anderen Menschen in Ordnung zu bringen.

Die Vorstellung, dass der Narzisst die Quelle für unser Selbst ist, ist fester Bestandteil jeder Beziehung mit narzisstischem Missbrauch. Nahezu alle Betroffenen berichten, dass sich für sie noch nie zuvor eine Beziehung (sei sie familiärer, beruflicher oder romantischer Natur) so »richtig« angefühlt hatte und dass sie sich nicht hatten vorstellen können, jemals einen anderen Menschen kennenzulernen, zu dem sie sich so hingezogen fühlten.

Der folgende Schritt 2 wird Ihnen helfen, gefährliche Abhängigkeiten von Narzissten aus jeglichem Umfeld zu erkennen und zu verändern.

Übung

Schritt 2
Ihre eigene Quelle werden

1. Ziehen Sie sich mit Ihrem Journal an einen ruhigen Ort zurück und geben Sie sich Zeit, sich selbst zu zentrieren, indem Sie erst einmal langsam tief ein- und ausatmen. Schließen Sie dann Ihre Augen, stellen Sie sich vor, wie sich Ihr Körper entspannt, und ignorieren Sie alle Gedanken, die in Ihrem Kopf auftauchen. Konzentrieren Sie sich einfach auf Ihre Atmung und stellen Sie sich dabei vor, wie sich Ihr Körper öffnet.
2. Spüren Sie Ihren Ängsten nach, die sich darauf beziehen, was Sie verlieren werden, wenn Sie den Narzissten gehen lassen. Fühlen Sie sie wirklich in Ihrem Körper. Beispielsweise könnten sich diese Ängste darauf richten, dass Sie eine Liebe verlieren, wie Sie sie in Ihrem Leben nicht noch einmal finden werden. Vielleicht beziehen Sie sich auf den Verlust von Sicherheit oder auf das Gefühl der Unfähigkeit, auf eigenen Füßen in der Welt zu stehen und sich dem Unbekannten zu stellen. Vielleicht fürchten Sie sich vor dem Verlust Ihres gesellschaftlichen Lebens, der Reisen oder des Lebensstils, den Sie mit diesem Menschen besaßen. Welche Antworten auch immer für Sie auftauchen, öffnen Sie Ihre Augen und notieren Sie sie in Ihrem Journal.
3. Spüren Sie achtsam in Ihren Körper hinein, während Sie sich folgende Frage stellen: »Gab es in meinem Leben schon einmal eine Zeit, in der ich die gleichen Verlustgefühle, Ängste oder Unsicherheiten verspürte?« (Es ist wichtig, dass Sie offen und mit sich selbst ehrlich sind. Denken Sie daran, dass wir wahrhaftig sein müssen, um zu heilen!) Bleiben Sie mit Ihrer ganzen Aufmerksamkeit weiter in Ihrem Körper, halten Sie ihn offen und entspannt, während Sie tief ein-

und ausatmen, und erlauben Sie den Antworten Ihres Inneren Wesens/Inneren Kindes aufzusteigen. Das könnte zum Beispiel so lauten: »Solange ich denken kann, hatte ich Angst, nicht geliebt zu werden oder die Liebe von jemandem zu verlieren.« Oder: »Ich habe Angst, die Verantwortung für meine eigenen Entscheidungen zu übernehmen, ich fühle mich wohler, wenn ich das anderen überlasse.« Oder: »Ich glaube nicht, dass ich mein Leben je auf die Reihe bringe.« Oder: »Ich kann mir nicht vorstellen, ohne einen Mann überleben zu können.« Oder: »Ich fühle mich immer unwohl und wie das fünfte Rad am Wagen, wenn ich ohne Partner unter Leute gehe oder reise oder sonst etwas unternehme.« Schreiben Sie alles auf, was in Ihnen aufsteigt.

4. Anschließend schauen Sie sich die Liste dessen an, was Sie zu verlieren fürchten, wenn Sie den Narzissten loslassen, und fragen Sie sich selbst: »Mit welchen dieser Dinge versorge ich mich nicht selbst?« Seien Sie auch hier wirklich ehrlich mit sich. Was genau ist es, das Sie sich nicht selbst geben? Fragen Sie sich dann: »Warum glaube ich, dass ich mich damit nicht selbst versorgen kann?« Fühlen Sie sich tief in die Antwort ein und schreiben Sie sie auf.

5. Nun blättern Sie in Ihrem Journal zu der Seite mit der Überschrift »Meine ehrlichen Selbstankündigungen« (siehe S. 129) und schreiben Sie eine Erklärung zu jeder Ressource auf, die Sie Ihrer Überzeugung nach nicht für sich selbst bereitstellen können. Eine ehrliche Selbstankündigung könnte wie folgt lauten: »Ich befinde mich jetzt in dem Prozess, vollständig zu werden, um echte hingebungsvolle Liebe für mich selbst zu empfinden.« Oder: »Ich befinde mich jetzt in dem Prozess, vollständig zu werden, um echte Sicherheit für mich selbst zu finden.« Vielleicht wollen Sie jede dieser Ankündigungen elfmal aufschreiben, weil die Elf eine machtvolle Zahl für Verlautbarungen ist!

6. Wenn Sie diese Übung absolviert haben, notieren Sie in Ihrem Journal, wie es Ihnen geht. Fühlen Sie sich gefestigter und hoffnungsvoller, dass Sie im Leben als Sie selbst weiterkommen können? Wenn Sie spüren, dass noch weitere Heilung erforderlich ist, arbeiten Sie so lange in Ihrem eigenen Tempo mit Schritt 2 an sich selbst weiter, bis Sie merken, dass sich jede Angst verändert hat.

Zu unserer eigenen Quelle werden

Wenn Sie mit Schritt 2 an sich selbst arbeiten und allmählich die Illusion loslassen und heilen, dass der narzisstische Mensch die Quelle Ihres Selbst ist, geschieht etwas Machtvolles: Sie werden sich nicht mehr zu dieser Person hingezogen fühlen oder sich zwanghaft mit ihr beschäftigen. Durch diese Rückkehr zu sich selbst werden Sie zur Schöpfungsenergie der Quelle Ihres Selbst, und durch diesen Heilprozess wird es Ihnen endlich möglich, sich selbst wirklich zu lieben, zu akzeptieren, zu hegen und zu pflegen.

Die Schmerzen, die Angst, die Verlustgefühle und der leere Glaube, dass Ihre Liebe und Ihr Leben von der narzisstischen Person abhängen, lösen sich auf. Es wird Ihnen klar, dass das, was Sie in der Außenwelt gesucht haben, die ganze Zeit in Ihrem Inneren vorhanden war und Sie nur nicht damit verbunden waren. Sie spüren, wie Kraft und Inspiration langsam zu Ihnen zurückkehren und Sie sich in Ihrem eigenen Körper erwachsen und leistungsfähig fühlen.

Seine eigene Quelle der Liebe, Bestätigung, Sicherheit und Existenz zu werden ist eine elementare Schlüsselkomponente der Thriver-Reise. Ich weiß jedoch, wie schwer einem das anfänglich fallen kann. Man fühlt sich so kaputt und leer, dass einem das pure Überleben wie eine Mammutaufgabe vorkommt, ganz davon zu schweigen, die Fähigkeit zu entwickeln, sich gesund und vollständig zu fühlen. Um sicherzustellen, dass Sie es schaffen, habe ich einen Schritt-für-Schritt-Übungsplan sowie andere viele weitere Angebote für Sie zusammengestellt, die Sie in Ihrem »You Can Thrive Program« finden.

Sobald Sie Schritt 2 durchgearbeitet (und vollendet) haben, werden Sie eine Veränderung erleben: Sie streben nicht mehr danach, durch andere Menschen Ihr Selbstgefühl zu erhalten, sondern werden zu Ihrer eigenen Quelle für die ersehnte Liebe und Lebenskraft. Dies verschafft Ihnen unglaubliche Erleichterung, Frieden und Freiheit, weil sich Ihre Abhängigkeit von dem narzisstischen anderen Menschen, Ihre Anhänglichkeit und Ihre Verzweiflung auflösen. Damit einher geht auch das Wissen, dass Sie durch die Ehrlichkeit mit sich selbst eines Tages alle möglichen Menschen anziehen werden, die wirklich die Ressourcen haben, um Sie zu unterstützen und zu lieben.

9
Sich selbst und Ihrem Leben vergeben

In diesem Kapitel angekommen, haben Sie bereits hart daran gearbeitet, sich von den nicht geheilten inneren Traumata zu befreien, deren Wurzeln in Ihrer Kindheit liegen – und die Sie dazu gebracht haben, in dem narzisstischen Menschen Ihre Quelle der Liebe, Bestätigung, Sicherheit und Existenz zu sehen. Dank der geleisteten Arbeit verstehen Sie inzwischen sehr viel besser, wie Sie die emotionalen Bindungen zu diesem Menschen kappen können. Wenn Sie an meinem kostenlosen Workshop teilgenommen, mit dem NARP begonnen und die Ihren Wunden zugrunde liegenden Traumata verändert haben, werden schon viele Ihrer Gefühle der Bedürftigkeit verschwunden sein. Ablösung ist das Ziel, auf das Sie zusteuern, und an diesem Punkt sollte es schon weitaus greifbarer erscheinen.

Vielleicht haben Sie auch bemerkt, dass Sie allmählich schmerzhafte Ereignisse in Ihrer Vergangenheit anders wahrnehmen (sogar solche, an denen der Narzisst nicht beteiligt war). Und anstatt sich weiter als Opfer zu fühlen, ist Ihnen vielleicht klar geworden, dass diese Erfahrungen ein größeres Geschenk mit sich bringen – das Geschenk, zu sich selbst zu finden, sich endlich selbst zu lieben und zu akzeptieren, unabhängig davon, wie sich andere Menschen in Ihrem Leben verhalten.

Vielleicht spüren Sie nun auch, wie in Ihnen ein Gefühl des Wohlbehagens und des inneren Gefestigtseins entsteht. Manche Betroffenen haben so etwas schon lange nicht mehr – oder sogar noch nie – empfunden. Es kann sich nun entfalten, weil Ihre Empfindungen, Ihre Energie und Emotionen nicht mehr nur als reine Reaktionen auf das erfolgen, was in Ihrer Außenwelt geschieht oder nicht. Sie werden nun mehr und mehr *in Ihrem Inneren* erzeugt.

Die bedeutenden Verluste betrauern

Es ist nun an der Zeit für die nächste Etappe auf Ihrer Reise zur Genesung. Schritt 3 ist eine wichtige Phase, in der eine weitere machtvolle Veränderung erfolgt: der Ausstieg aus dem Viktimisierungsmodus, der uns nach narzisstischem Missbrauch für ewige Zeiten wie eine Geisel gefangen halten kann.

Narzisstischer Missbrauch steht gleichbedeutend für Verluste, und es ist extrem schwierig, sich damit zu versöhnen. Selbst nachdem wir unsere ursprünglichen Traumata in Schritt 2 konsolidiert haben, indem wir uns dem zugewandt haben, was uns der Narzisst in unserem Leben nicht gegeben hat, haben wir dennoch schreckliche Verluste zu betrauern.

Wenn wir narzisstischen Missbrauch erlebt haben, kann sich das so anfühlen, als ob dadurch ein Teil (oder viele Teile) in uns abgestorben seien, weil so zahlreiche Dinge, von denen wir dachten, dass sie »uns« repräsentieren, verschwunden sind: Vielen Menschen in narzisstischen Beziehungen werden ihr Unterstützernetz, ihre Familie und engen Freunde gestohlen, aber auch ihr Hab und Gut, ihre Gesundheit und ihre Fähigkeit zu arbeiten.

Große Verluste sind eine unglaublich traumatische Erfahrung, mit der man zurechtkommen muss. Zusätzlich niederschmetternd ist die spätere Einsicht, dass unsere innere Stimme so oft »Alarm, Alarm« geschrien hat, um uns vor dem narzisstischen Menschen zu warnen. Uns ist klar, wie wir hätten handeln sollen: mehr auf die Vorgänge um uns herum achten, unserer inneren Stimme stärker vertrauen, die Beziehung früher lösen und das sinkende Schiff verlassen, bevor es ganz unterging. Doch wir blieben. Wir redeten uns mit dem Verstand aus, was wir fühlten, und sowieso waren wir viel zu erschöpft und zerschlagen, um irgendwas zu unternehmen. Wir schafften es ja kaum, zu überleben, geschweige denn die Ereignissen zu bewältigen oder ihnen etwas entgegenzusetzen.

Selbstverständlich ist es schwer, uns selbst zu vergeben, dass wir uns in diese Lage gebracht haben – eine Situation, in der wir mehr und mehr draufzahlen, in der wir versuchen, Katastrophen aufzufangen und unsere Beziehung zu kitten, und in der wir für unsere Anstrengungen mit völliger Mittellosigkeit und einem Trümmerfeld belohnt werden.

Die Schwierigkeit und Notwendigkeit, uns selbst zu vergeben

Als Betroffene von narzisstischem Missbrauch sind wir häufig vollkommen erschüttert angesichts der Entscheidungen, die wir getroffen haben, und angesichts dessen, wie wenig wir auf uns selbst geachtet haben. Für unsere Heilung ist dieser Punkt – wirklich – immens wichtig, denn es gehört zu den schwersten Dingen, sich selbst zu vergeben. Diese Selbstvergebung bezieht sich nicht nur auf das, was wir uns selbst, sondern auch auf das, was wir geliebten Menschen angetan haben.

Bevor ich mich durch den Heilungsprozess in Schritt 3 arbeitete, hatte ich entsetzliche Schuldgefühle, weil mein Sohn wegen meiner Beziehung mit einem missbräuchlichen Narzissten so viel erlitten hatte. Ohne Quanta Freedom Healing hätte ich mir als Mutter niemals erlaubt, diese Schuldgefühle irgendwie zu mildern. Mein Sohn erlebte Dinge, die er niemals hätte erleben sollen. Unter anderem mussten wir zusammen durch Fenster fliehen, und manchmal strandeten wir im Nirgendwo und hatten keinen Platz, wo wir hätten hingehen können. Wir wurden aus unserem eigenen Haus geworfen und zogen wie Flüchtlinge von Ort zu Ort. Und er musste erleben, wie seine Mutter in ihrem Zustand zwischen Leben und Tod vollkommen unfähig war, sich um ihn zu kümmern.

Ich ließ mich voll und ganz auf die Prozesse ein, mir selbst zu vergeben – Gott sei Dank, denn später wurde mir klar, dass ich kaum eine gesunde, liebevolle Mutter sein konnte, wenn ich bis oben hin mit toxischen Emotionen erfüllt war. Mit Schimpf und Schande können wir uns nicht heilen – und wenn wir nicht gesund sind, leiden unsere Kinder.

Dazu berichtet beispielsweise Carmel: »Bevor ich mir selbst vergab, überkompensierte ich den narzisstischen Vater meiner Kinder, mit dem ich gemeinsame Elternschaft besaß. Ich fragte meine Kinder ständig aus und versuchte sie in eine Therapie zu zwingen. Sie wehrten sich, zogen sich von mir zurück und begannen sich auf die Seite ihres Vaters zu schlagen. In Wahrheit war ich toxisch, voller Angst- und Schamgefühle. Als ich genas und meine Schuldgefühle losließ, fielen auch meine Ängste von mir ab, und ich versuchte nicht mehr, auf sie einzuwirken, um meine Schuldgefühle abzubauen. Ich realisierte, dass sie durch meine Heilung mit mir gemeinsam organisch heilten. Inzwischen geht es ihnen sehr gut.«

Unsere Schuld- und Schamgefühle können sich außer auf unsere Kinder auf viele Bereiche beziehen. Wenn wir narzisstisch missbraucht werden und süchtig nach dem Missbraucher sind, dann sind wir für andere nicht erreichbar, leicht zu triggern und in der Defensive. Wenn unsere Mitmenschen unsere toxische Beziehung nicht mehr unterstützen, stehlen wir uns heimlich fort, lügen und betrügen, nur um den Narzissten weiter zu treffen. Selbstverständlich sehen die anderen, dass bei uns irgendetwas entsetzlich schiefläuft, und sind besorgt. Doch wir versuchen nicht, ihre Sorgen zu mindern oder mit ihnen in Verbindung zu treten, sondern verstricken uns weiter in Lügen, bleiben unzuverlässig, launisch und unzugänglich.

Selbstvergebung ist sogar noch schwieriger zu erarbeiten als die Vergebung für andere. Meiner Überzeugung nach muss man jedoch zuerst sich selbst vergeben, bevor man anderen vergibt. Tatsächlich ist Selbstvergebung für uns absolut entscheidend – und deshalb steht sie in dieser Phase unserer Heilreise im Mittelpunkt. Nur wenn wir uns selbst vergeben können, können wir den Lebensprozessen vergeben, die uns zu diesem Punkt geführt haben, und das Entsetzen und die noch vorhandenen Traumata in unserem Inneren hinter uns lassen.

Dem Leben/der Quelle/der Schöpfung vergeben

In dieser Phase der Reise können wir uns auch von dem entsetzlichen Gefühl lösen, vom Leben, von der Quelle, der Schöpfung – oder wie auch immer Sie die Höhere Macht bezeichnen – zu Boden geschlagen worden zu sein. Vielleicht glauben wir, dass unser Leiden eine makabre Strafe ist, die wir aus unbekannten Gründen erhalten. Möglicherweise grübeln wir: »Ich muss in einem früheren Leben etwas Entsetzliches getan haben, um das zu verdienen!« Oder wir fürchten, dass Gott uns im Stich gelassen hat oder dass wir verflucht sind oder aufgrund irgendwelcher Taten dieses schreckliche Schicksal verdienen.

Im absoluten Gegensatz dazu akzeptieren wir auf dem Thriver-Weg zur Heilung, dass der narzisstische Missbrauch nicht »uns«, sondern zum Zweck unserer persönlichen Entwicklung »für uns« passierte. Wir machen uns bewusst, dass wir, wenn wir den Missbrauch mit diesem tieferen Verständnis verarbeiten, die ersehnte Befreiung erlangen und Segnungen erfahren können.

Dieser Aspekt des Thriver-Wegs zur Heilung, nämlich das Wachstum anzuerkennen, das aus traumatischen Erfahrungen kommen kann, wird nicht nur von unserer Community vertreten. So schreibt der Psychologe Scott Barry Kaufman für den Blog des *Scientific American:* »Seit ein paar Jahren interessieren sich Psychologen immer mehr für die positiven Lebensveränderungen, die hochbelastende Lebensereignisse begleiten, wie zum Beispiel die Diagnose einer chronischen oder tödlichen Krankheit, der Verlust eines geliebten Menschen oder sexuelle Gewalt. Für dieses als posttraumatisches Wachstum bezeichnete Phänomen haben Wissenschaftler fünf spezifische Bereiche entdeckt, in denen Widrigkeiten häufig zu einem Wachstum führen: zwischenmenschliche Beziehungen, das Erkennen von neuen Möglichkeiten für das eigene Leben, persönliche Stärke, Spiritualität und Lebensgenuss.«[1]

Die Arbeit in Schritt 3 hilft uns, uns nicht mehr als Opfer, festgefahren, traumatisiert und überfordert zu fühlen, sondern alles zu verarbeiten, was uns zugestoßen ist. Indem wir an allen Traumata arbeiten, die mit Gefühlen in Zusammenhang stehen, von Gott und der Welt verflucht und bestraft worden zu sein, schließen wir im Inneren und im Äußeren Frieden mit dem Fluss des Lebens. Die Arbeit mit mir selbst und mit vielen anderen Menschen hat mir gezeigt, dass wir uns durch die Heilarbeit in diesem Schritt einer Höheren Macht näher fühlen als je zuvor (auch vor dem Missbrauch), selbst wenn wir schon immer spirituell oder religiös waren.

Durch Schritt 3 erlangen wir die stärkende seelische Erkenntnis, dass das, was geschehen ist, tatsächlich in perfekter und göttlicher Ordnung ist. Unsere Erfahrung mit dem narzisstischen Menschen hat uns auf unserer Reise auf dem Weg unseres falschen Selbst kräftig in den Allerwertesten getreten, damit wir anhalten und den Weg unseres wahren Selbst einschlagen können.

Die Veränderung, die Sie in Schritt 3 erfahren können, besteht darin, zu erkennen, zu akzeptieren und Frieden damit zu schließen, dass *Sie auf seelischer Ebene bewusst exakt das mitgeschaffen haben, was Sie zur Heilung brauchten*. Die höchste Ebene der Vergebung weiß, *dass es nichts zu vergeben gibt* – sondern nur das Geschenk Ihrer Heilung, Wiederauferstehung und Entwicklung.

Durch die Arbeit in Schritt 3, die Heilung der Reue und des Schmerzes über das, was Sie sich selbst angetan haben und was Ihnen das Leben gebracht hat, passiert etwas Machtvolles: Sie beginnen, sich für die Wohltaten und die Fülle des Lebens zu öffnen, und fangen an, sich vom Chaos Ihrer Vergangenheit hin zum Versprechen Ihrer Zukunft zu bewegen.

Sie werden nicht nur die mit Bedauern erfüllten Muster Ihrer Erfahrungen mit dem Narzissten heilen und loslassen, sondern auch den Schmerz Ihrer früheren, schamerfüllten Erlebnisse überwinden – jener Erlebnisse, die unterbewusst dazu beitrugen, dass Sie sich überhaupt mit einem Narzissten einließen. Und dies bedeutet, dass Sie in Zukunft nicht mehr missbräuchliche und schmerzhafte Beziehungen anziehen und aufrechterhalten werden.

Atmen Sie tief ein und denken Sie daran, dass ich Ihnen zur Seite stehe, denn ich weiß, dass Vergebung eine große Sache ist. Nichts ist schwieriger, aber ich verspreche Ihnen, dass Sie danach mit enormer Erleichterung und Lebenskraft erfüllt sein werden. Durch das Loslassen überlassen Sie es zudem dem Leben, der Quelle oder der Schöpfung, sich um den Narzissten zu kümmern, und hören auf, seine schlechte Energie in sich aufzunehmen (was passiert, wenn Sie sich weiterhin in der Ungerechtigkeit des Ganzen ergehen).

Übung

Schritt 3
Loslassen und vergeben

1. Um sich auf diese Übung vorzubereiten, nehmen Sie sich Zeit und ziehen Sie sich zurück, damit Sie nicht gestört werden. Formulieren Sie die eindeutige Intention, dass Sie sich selbst die Erlaubnis geben, sich in dieser Zeit und diesem Raum ganz sich selbst zu widmen. Dann schließen Sie für wenige Minuten die Augen und konzentrieren sich darauf, mit langen, tiefen, langsamen Zügen ein- und auszuatmen. Wenn Ihre Gedanken zu wandern beginnen, schenken Sie ihnen keine Beachtung. Ignorieren Sie sie einfach und achten Sie weiter auf Ihre Atmung.
2. Nun richten Sie Ihre Aufmerksamkeit nach innen und fragen Sie Ihr Inneres Wesen liebevoll: »Woran halte ich fest und was kann ich (mir) nicht vergeben?« Dies können Dinge sein, die Sie selbst betreffen, aber auch den Narzissten, Menschen im Leben des Narzissten, Gott, das Leben selbst – einfach alles. Halten Sie nichts zurück. Dann öffnen Sie Ihre Augen und schreiben alles in Ihr Journal.
3. Als Nächstes sprechen Sie mit all der Liebe, die Sie aufbringen können, mit Ihrem Inneren Wesen/Inneren Kind, so

wie Sie mit einem geliebten Menschen sprechen würden. Fragen Sie es: »[Liebevoller Name], warum kann ich nicht vergeben?« Notieren Sie alle Antworten, die auftauchen. Wenn Sie fertig sind, stellen Sie folgende Frage: »Wovor willst du uns beschützen?« Schreiben Sie wieder die Antworten, die Sie erhalten, auf. Die nächste Frage an Ihr Inneres Wesen lautet: »Warum ist es so schrecklich schwierig, diesem Trauma zu vergeben und es loszulassen?« Halten Sie auch die Antworten darauf in Ihrem Journal fest. Wenn Sie Blockaden oder Widerstand verspüren, sagen Sie zu sich selbst: »Inneres Kind [oder Inneres Wesen], ich gebe dir die vollständige Erlaubnis, mir mitzuteilen, wie du dich fühlst – ich werde dich niemals für irgendetwas verurteilen. Ich bin hier, um dich bedingungslos zu lieben und dir bei der Heilung zu helfen.« Schreiben Sie alles auf, was Sie daraufhin spüren oder als Antwort erhalten.

4. Jetzt sagen Sie zu Ihrem Inneren Wesen/Inneren Kind: »Ich erteile dir die Erlaubnis, dich selbst zu befreien und die Traumaenergie, alle Vorfälle, die dich verletzt haben, alle Blockaden und Ängste und Weigerungen, dies alles loszulassen – wirklich alles –, es an das Leben/die Quelle/die Schöpfung zurückzugeben, um dich selbst zu befreien.« Dann visualisieren Sie, wie Sie all diese Traumata als einzelne Päckchen oder in ein großes Paket verpackt Ihrer Höheren Macht überreichen, die unfehlbar weiß, was damit zu geschehen hat. Wenn die Visualisierung einer Höheren Macht für Sie nicht funktioniert, dann stellen Sie sich einfach vor, dass Sie diese Pakete (oder das einzelne große Paket) weit fortschicken, wo sie sich in nichts auflösen oder zerfallen. Nun ist die toxische Energie – die ursprünglich gar nicht Ihre war – nicht mehr in Ihnen gefangen. Stellen Sie sich vor – und fühlen Sie es wirklich –, wie sich in Ihrem Inneren der Raum öffnet, in dem zuvor der ganze toxische Schmerz gesessen hat.

5. Visualisieren Sie, wie Sie das Licht (oder was auch immer Sie als Höhere Macht begreifen) über eine Leitung, die von der höchsten Stelle Ihres Kopfes zu einer weißen Lichtkugel darüber führt, in sich hineinleiten. Fühlen Sie, wie das Licht in den Raum eindringt, in dem sich zuvor das Trauma befand. Lassen Sie zu, dass Sie Gefühle der Erleichterung, Wärme und Heilung durchfließen, und spüren Sie diese in Ihrem Körper so intensiv wie möglich.
6. Schreiben Sie in Ihr Journal, wie sich das anfühlt. Fühlen Sie sich jetzt leichter und freier? Fühlen Sie sich, als ob Sie vergeben könnten, oder haben Sie bereits vergeben? Fühlen Sie sich, als ob Sie abgeschlossen hätten und weitergehen könnten? Wiederholen Sie die Übung, solange Sie noch den kleinsten Widerstand gegen das Vergeben verspüren.

Vergeben kann ein großer Schritt sein, den man verarbeiten muss, und es kann sein, dass Sie ihn auf Ihrer Reise viele Male wiederholen müssen. Aus der NARP-Community weiß ich, dass Modul 3 des Narcissistic Abuse Recovery Program eine Stufe ist, zu der man in der Regel oft zurückkommt, weil Vergebung – besonders wenn es darum geht, gefühlt Unverzeihliches zu verzeihen – sehr schwer zu vollbringen ist. Dies gilt besonders in Bezug auf das, was wir uns durch den narzisstischen Missbrauch ständig selbst angetan haben. Wenn jedoch Betroffene einen Durchbruch erzielen, indem es ihnen gelingt, alle toxischen Gefühle gegenüber einem Missbraucher und gegenüber sich selbst loszulassen, erreichen sie eine nie zuvor gekannte Freiheit, in der diese Person definitiv und absolut keine Macht mehr über sie hat. Es lohnt sich also unbedingt, die Reise zu unternehmen, allein um zu diesem Punkt zu gelangen.

Sich Zeit nehmen

Auch Schritt 3 kann selbstverständlich einige Zeit in Anspruch nehmen (gegen Vergebung kann sich enormer Widerstand aufgestaut haben). Doch wenn Sie ihn vollendet haben, haben Sie sich eine solide Basis erarbeitet, um sich nun ernsthaft von Ihren Traumata zu entgiften.

10
Durch Unrecht und Betrug verursachte Schmerzen heilen

Nachdem Sie daran gearbeitet haben, sich selbst und dem Leben zu vergeben, was Sie erlitten haben, werden Sie sich allmählich spürbar viel friedvoller fühlen. Wenn Sie mit dem NARP an Ihrer Heilung arbeiten, werden Sie – durch das Loslassen tonnenschwerer Traumata und die Umprogrammierung Ihrer Glaubenssätze von der Opferrolle hin zum Thriver – zunehmend fähig sein, ohne den qualvollen Kummer über Ihre Vergangenheit *in der Gegenwart zu sein*. Sehr wahrscheinlich blockieren Sie Ihre Energie nicht mehr, indem Sie sich für die Fehler, die Sie gemacht haben, ständig selbst geißeln. Und vermutlich können Sie auch die Vorstellung, sich selbst zu heilen und zu stärken, weitaus besser akzeptieren – weil Sie wissen, dass dieser Prozess *sein soll*.

Vielleicht ist Ihnen schon aufgefallen, dass sich allmählich Türen für Sie öffnen, Türen, die Ihre neue, »durch das Leben gespeiste« Zukunft repräsentieren. Und dass Sie mehr Energie und sogar Begeisterung dafür aufbringen können, für sich ein neues Leben zu schaffen. Vielleicht spüren Sie in Ihrem Inneren auch eine größere Stärke und Wärme und erkennen, dass Sie langsam zu fühlen beginnen, was es wirklich bedeutet, *sich selbst zu lieben und zu akzeptieren*.

Versöhnen, was nicht miteinander zu versöhnen ist

Alle Gefühle des Unrechts und des Betrugs loszulassen und zu heilen ist ein wesentlicher Part des Heilungsprozesses, denn um sie dreht sich – nicht selten in Endlosschleife – ein Großteil der durch Traumata in unserem Körper ausgelösten Obsessionen. Das ist nur zu verständlich, weil uns Narzissten wirklich Unfassbares antun können und es für uns, egal, wie sehr wir uns anstrengen, unmöglich sein kann, ihre Aktionen mit dem Kopf oder dem Herzen zu verstehen.

Joan zum Beispiel beschreibt ihre obsessiven Gedanken über Craig so: »Ich kann einfach nicht aufhören, immer wieder über bestimmte Szenen nachzudenken. Es vergeht kein einziger Tag, an dem ich nicht die Szenen vor meinem geistigen Auge ablaufen lasse: wie er mir in die Augen schaute und sagte, dass ich seine einzige wahre Liebe sei und wie sehr er mich vermisst habe, wenn er von einem angeblichen ›Golfausflug‹ mit seinen Freunden zurückkam – während er in Wirklichkeit zusammen mit seiner Geliebten fünf Tage nach Thailand gereist war. Und immer wieder denke ich auch über andere Gelegenheiten nach, wenn er nicht da war oder wenn er nach draußen ging, um einen Anruf entgegenzunehmen, und ich zerbreche mir den Kopf darüber, was er dabei im Schilde führte. Mir wird ganz schlecht davon, aber ich kann es nicht lassen, darüber nachzugrübeln. Es ist nun schon drei Jahre her; warum kann ich nicht aufhören zu leiden und in meinem Leben weiterkommen und einen anderen Mann kennenlernen?«

In Schritt 4 geht es darum, dass wir durch das, was uns die narzisstische Person angetan hat, ein Trauma erlitten haben, das wir *in unserem Inneren* tragen – wo es auf unglaublich schädliche Weise so lange vor sich hin gärt, bis wir es freisetzen. Negative Emotionen, die schmerzhaft in unserem Wesen festsitzen, verhindern, dass wir uns weiterentwickeln. Im Gegenteil, sie lassen uns emotional, geistig, körperlich, spirituell und finanziell zusammenbrechen. Weil wir unsere gesamte Energie darauf verwenden, unsere inneren Verheerungen irgendwie zu überleben, bleibt uns keine Energie mehr, um weiterzukommen, eine Lösung zu finden und uns ein neues Leben aufzubauen. Toxische Emotionen bringen uns dazu, dass wir uns »abwickeln« und nicht »entwickeln« – weil wir nicht wachsen, sondern vor uns hin sterben.

Darüber hinaus ist es ein besonders gemeiner Trick von Narzissten, dass sie uns über die Schmerzen, die wir über erlittenes

Unrecht und Betrug empfinden, unter Kontrolle halten. Narzissten können nur gewinnen, wenn ein anderer verliert, und sie können nur angreifen, wenn wir ihnen die Schmerzen und die Angst schenken, die ihnen dazu die Energie verleihen. Ihr Leiden und Ihre Obsession stellen sicher, dass Ihre Aufmerksamkeit *unverrückbar darauf gerichtet ist,* was der Narzisst im Schilde führt oder nicht. Und *genau dies ist* narzisstische Zufuhr.

Die Fesseln sprengen durch Loslassen der Ungerechtigkeiten

In Schritt 4 des Genesungsprozesses geht es darum, sich selbst von den Schmerzen zu befreien, die durch das Verhalten des narzisstischen Menschen ausgelöst wurden und die Sie bislang in Wut, Verbitterung und Verzweiflung gehalten haben. Das heißt, dass Sie sich noch weiter von den Mätzchen, Spielchen und Bestrafungen des Narzissten lösen. Wenn Sie Schritt 4 vollständig absolviert haben, werden Sie Ihre innere Festigkeit und Sicherheit so weit wiedergewonnen haben, dass Sie nicht mehr in Verzweiflung, Machtlosigkeit, Trauer oder Wut verfallen, wenn sich der Narzisst wieder einmal unmoralisch verhält, lügt, Sie verleumdet, etwas auf Sie projiziert oder Sie durch Gaslighting (das Verdrehen von Tatsachen, um Sie so zu verwirren und zu verunsichern, dass Sie nicht mehr Ihrer eigenen Wahrnehmung, Erinnerung und Ihrem eigenen Verstand trauen) manipulieren will.

Sie werden auch nicht mehr nach Anerkennung, Bestätigung und der Übernahme von Verantwortung seitens der narzisstischen Person für Ihr Leiden suchen und auch nicht mehr daran interessiert sein, mit ihr abzurechnen oder sich zu rächen. Sie werden nicht mehr versuchen, ihr Bedingungen zu stellen, oder darauf drängen, dass sie versteht, dass Sie »recht« haben und sie »falsch« gehandelt hat. Stattdessen werden Sie *sich loslösen.*

Wenn Ihnen die inneren Veränderungen dieses Schritts gelingen, werden die unrechten Taten und Betrügereien des Narzissten

Sie emotional nicht mehr so leicht aus der Bahn werfen können. Es ist das Geschenk von Schritt 4, dass Sie einen Bewusstseinszustand erreichen, in dem Sie das Verhalten des Narzissten nicht mehr beeinflusst und in dem Sie akzeptieren, dass er nur deshalb so handelt, wie er es tut, weil er eben ein Narzisst ist – schlicht und ergreifend. Solange ein Mensch Sie durch sein Handeln emotional beeinflussen kann, so lange – und das ist unbestreitbar wahr – *hat dieser Mensch noch immer Macht über Sie.* Dies zu verstehen ist von ganz enormer Bedeutung.

Narzissten können nicht weitermachen wie bisher und ihr toxisches Verhalten fortsetzen, sobald man ihnen keine Aufmerksamkeit oder emotionale Energie mehr schenkt. Auf dieser Stufe der Genesung geht es darum, den Energiefluss *zu unterbinden,* von dem der Narzisst gezehrt hat. Sobald Sie diese Verbindung kappen, erhält er keine narzisstische Zufuhr mehr von Ihnen und ist gezwungen, sich einen anderen Menschen zu suchen, auf dem er sein inneres Chaos abladen und von dessen Energie und Ressourcen er zehren kann.

Die Muster der Vergangenheit als Opfer ausräumen

Auf dieser Etappe des Heilprozesses werden Sie nicht nur den Schmerz über das Unrecht und den Betrug des Narzissten loslassen, sondern auch den Schmerz über andere Vorfälle dieser Art aus Ihrer Vergangenheit. Es sind jene Geschehnisse, die sich noch immer energetisch auf Sie auswirken und in Ihrem Unterbewusstsein dafür sorgen, dass Sie in das Missbrauchs- und Schmerzmuster in Ihrem Leben immer weiterführen.

Wenn Sie diese Emotionen loslassen und transformieren, werden Sie sich innerlich frei fühlen und eindeutig wissen, dass Sie *emotional nicht mehr zu diesem Muster von Unrecht und Betrug passen.* An dieser Stelle beginnen wir zu verstehen, dass Menschen und ihr Verhalten keine Macht mehr über uns haben, sobald wir selbst die

Verantwortung übernehmen für unser Wohlbefinden und die Gestaltung unseres Lebens, das sich nun aus unserem Inneren heraus entfaltet.

Vielleicht hatten Sie bislang den Eindruck, dass das Festhalten am Schmerz Ihnen Sicherheit verleiht, weil Sie dadurch immer auf Wachposten und gewappnet waren für das, was der Narzisst gerade im Schilde führte. Nachdem Sie jedoch diesen Schritt absolviert und den Schmerz verändert haben, werden Sie sich weitaus friedvoller und sicherer fühlen denn je – weil Sie nun wissen, dass Sie unangemessenes Verhalten erkennen, sich selbst wertschätzen, Grenzen setzen und ohne Furcht und Schmerz »Nein« zu allem sagen können, was nicht mehr Ihrer Wahrheit entspricht.

Jeanette beschreibt es so: »Der Narzisst nahm mir alles weg: mein Geld, meine Ersparnisse, mein Heim, mein Auto, alles, was ich besaß. Ursprünglich dachte ich, dass dies nur geschah, weil er ein erbärmlicher Mensch war. Nachdem ich jedoch mehr an meiner inneren Heilung gearbeitet hatte, verstand ich, dass dieses Traumamuster bereits in meiner Kindheit angelegt worden war. Um mich zu bestrafen, nahm meine narzisstische Mutter meine Spielsachen und warf sie weg. Ich fürchtete mich so vor ihr, dass ich ihr meine wertvollsten Stücke kampflos übergab, nur damit sie mich nicht anschrie und schlug. Heute ist mir klar, dass ich dem Narzissten alles gab, was er verlangte, um nicht verletzt zu werden, aber selbstverständlich wurde ich von Neuem verletzt. Nachdem ich nun von dem geheilt bin, was mir als Kind zugestoßen ist, weiß ich, dass ich dieses Muster auf keinen Fall wiederholen werde. Wenn es jetzt Menschen nicht passt, wenn ich ›Nein‹ sage, dann verdienen sie nicht, in meinem Leben zu sein.«

Vielen Menschen, und dazu gehöre auch ich, fällt es sehr schwer, auf andere Weise als durch die transformative Arbeit, die tief im Inneren direkt im Unterbewussten stattfindet, Unrecht und Betrug loszulassen, weil sich diese Ereignisse wie mit Sekundenkleber angeklebt an unserem Inneren Wesen festgesetzt haben. Das ist vollkommen verständlich: Häufig klammern wir uns an diesen extrem schmerzerfüllten, hoch belastenden Unrechtstraumata fest, um unsere Position als die Person, die »recht« hat und »zum Opfer« gemacht wurde, aufrechtzuerhalten und weil wir uns auf diese Weise selbst davor schützen wollen, solche Erfahrungen noch einmal zu erleben.

Es gibt Menschen, die solche Traumata mit anderen Methoden als den Quantum Tools loslassen können, doch die Mehrheit der Normalsterblichen (so wie ich und praktisch jeder andere, den ich im Zusammenhang mit der Heilung von narzisstischem Missbrauch kennengelernt habe) gelingt dies nicht.

Wenn es Ihnen auch schwerfällt, gemeines Unrecht und Betrug loszulassen, dann würde ich Sie sehr gerne zu meinem kostenlosen Workshop einladen (wenn Sie nicht ohnehin schon dabei sind). Dort können Sie erleben, wie machtvoll die Heilung verläuft, wenn wir die Quantum Tools direkt auf das Trauma anwenden und es damit aus unserem zellulären Wesen entfernen. Zugang zu diesem Schritt-für-Schritt-Workshop und viele andere Thriver-Ressourcen erhalten Sie über: www.youcanthriveprogram.com.

Übung

Schritt 4
Betrug und Unrecht loslassen

1. Um sich für die Übung vorzubereiten, nehmen Sie sich den nötigen Raum und die Zeit, um nicht gestört zu werden. Halten Sie Ihr Journal bereit. Atmen Sie tief und langsam mit geschlossenen Augen. Stellen Sie sich vor, dass Sie Ihren Körper öffnen und den Stress lösen – lassen Sie ihn einfach ziehen.
2. Verbinden Sie sich jetzt mit Ihrem Inneren Wesen/Inneren Kind. Verbinden Sie sich mit dem schrecklichen

Unrecht, das Sie erlitten haben und das Sie noch immer in Form einer gedanklichen Dauerschleife mit sich herumtragen. Öffnen Sie die Augen und schreiben Sie die Vorfälle auf, bei denen Sie Unrecht erlitten; dabei müssen Sie keine bestimmte Reihenfolge einhalten, notieren Sie sie einfach so, wie sie Ihnen einfallen.

3. Sagen Sie dann, während Sie sich mit Ihrem Inneren Kind/Inneren Wesen verbinden: »[Liebevoller Name], ich liebe dich bedingungslos und ich bin hier, um dich zu lieben und zu halten. Bitte erzähle mir, wie du dich bei diesen schlimmen Vorfällen gefühlt hast.« Schreiben Sie die Emotionen, die Sie dazu in Ihrem Körper wahrnehmen, auf, wobei Sie weiter Liebe, Anerkennung und Mitgefühl für sich selbst fühlen. Die Ereignisse, die Sie weiter oben unter Punkt 2 notiert haben, können in Ihnen das Gefühl ausgelöst haben, dass Sie zum Beispiel nicht liebenswert, dass Sie wertlos, unbedeutend, verlassen oder für immer zerstört sind. Akzeptieren Sie alles, was in Ihnen aufsteigt, während Sie bedingungslos für Ihr Inneres Wesen präsent bleiben. Erlauben Sie Ihrem Inneren Wesen/Inneren Kind, Ihnen alles mitzuteilen, was es braucht, und halten Sie alles in Ihrem Journal fest.

4. Als Nächstes sagen Sie Ihrem Inneren Wesen/Inneren Kind: »Ich möchte dich hören, verstehen und dir helfen. Wann hast du, [liebevoller Name], dich bereits in der Vergangenheit so gefühlt? Wo hat das für dich angefangen?« Vertrauen Sie allem, was aufsteigt (dies könnten Informationen aus Ihrer Kindheit oder aus einem vergangenen Leben sein), und schreiben Sie es auf. Wenn keine Informationen aufsteigen, dann ist das ebenfalls in Ordnung; machen Sie mit dem nächsten Übungsschritt weiter.

5. Gehen Sie nun zu all den Erlebnissen von Unrecht und Betrug zurück, die Sie in Punkt 2 aufgeschrieben haben.

Verbinden Sie sich nacheinander mit den einzelnen emotionalen Belastungen, die Sie dazu in Ihrem Körper verspüren. Bewerten Sie deren emotionale Intensität auf einer Skala von 0 bis 10. Nummerieren Sie diese Vorfälle von der höchsten emotionalen Belastung, die sie bewirken, bis zur am wenigsten intensiven Belastung durch.

6. Beginnen Sie mit dem am höchsten bewerteten Trauma und sagen Sie zu Ihrem Inneren Wesen/Inneren Kind: »[Liebevoller Name], ich erlaube dir, dieses Trauma loszulassen und in das ursprüngliche Nichts zurückzusenden, sodass du davon befreit bist.« Führen Sie folgende Visualisierung aus: Stellen Sie sich die negative Energie des Traumas in Ihrem Inneren vor, wie auch immer sie für Sie aussieht, und visualisieren Sie dann, wie Sie sie seitlich aus sich herausstoßen. Nutzen Sie dafür ein für Sie stimmiges inneres Bild. So könnten Sie sich zum Beispiel Stahlplatten vorstellen, die die Energie hinausstoßen, oder einen Staubsauger, der sie aufsaugt, einen Schlauch, der sie wegspült, Magnete, die sie herausziehen, oder eine Höhere Macht, die sie für Sie entfernt. Welche Vorstellung auch immer Sie verwenden, visualisieren Sie, dass sich das Trauma, wenn es Ihren Körper verlässt, in nichts auflöst oder zerfällt. Sie sind nun frei. Stellen Sie sich den Raum vor – und fühlen Sie ihn –, der sich dort geöffnet hat, wo sich zuvor all der toxische Schmerz befunden hat.

7. Lassen Sie dann das Licht über die in den vorhergehenden Schritten beschriebene Leitung in Ihren Körper und in den Raum eintreten, in dem sich zuvor das Trauma befand. »Sehen« Sie, wie dieses weiße Licht Sie – das heißt jede Zelle Ihres Körpers – erfüllt. Lassen Sie zu, dass Sie Gefühle der Erleichterung, Wärme und Heilung durchfließen.

8. Schreiben Sie auf, wie Sie sich jetzt fühlen. Haben Sie das Gefühl, als ob »das Ding«, das Sie terrorisiert hat, sich

erheblich verändert hat? Oder Sie komplett davon befreit sind? Fühlt es sich jetzt so an, als ob es zu einem ganz anderen Menschen gehört hätte? Arbeiten Sie so lange in Ihrem ganz persönlichen Tempo an Schritt 4, bis es sich so anfühlt.

9. Wiederholen Sie den Vorgang mit dem Trauma mit der nächsthöheren Bewertung auf Ihrer Liste.

Uns selbst von obsessivem Trauma befreien

Sobald wir uns allmählich immer weniger als Opfer fühlen und uns mehr und mehr vom schlechten Verhalten anderer Menschen loslösen, können wir beginnen, jegliche dichte Energie loszulassen, die uns auf einer noch tieferen Ebene an den Narzissten bindet.

11
Den Kampf um den Sieg und für Gerechtigkeit aufgeben

Wenn Sie den Schmerz über das erlittene Unrecht und den Betrug losgelassen haben, wird Ihnen das, was Sie früher zutiefst verletzte und überwältigend schmerzte, nun weniger bedeuten. In dieser Phase Ihrer Genesung sind Sie intensiv mit Ihrer Selbstpartnerschaft beschäftigt und packen engagiert die obsessiven Gedankenkreisel die unmenschlichen Erfahrungen betreffend, die Sie bislang nicht verarbeiten konnten, an. Und wenn Sie auch NARP-Heilungen durchführen, dann werden Sie mittlerweile stunden- oder gar tagelang überhaupt nicht mehr über all das nachgrübeln, was Ihnen der Narzisst angetan hat. Und wenn sonstige Probleme auftauchen – was vollkommen in Ordnung ist –, wenden Sie sich ihnen einfach weiter zu und lassen auch sie los.

Vielleicht erleben Sie mittlerweile in Ihrem Umfeld mehr gute Gelegenheiten, Gefühle und Ereignisse, und Sie beginnen eine Verbindung mit dem Leben und Dankbarkeit dafür zu verspüren. Ihre Gedanken kreisen nicht mehr zwanghaft um das Unrecht und den Betrug in Ihrem Leben, wodurch sie beides unbewusst nur noch weiter manifestiert haben. Im Gegenteil, Sie haben angefangen, sich den guten Dingen zuzuwenden, egal, wie sich der Narzisst verhält.

Zudem wirken die Versuche des Narzissten, Sie zu Fall, das heißt wieder in seine Abhängigkeit, zu bringen, nicht mehr so machtvoll wie früher – weil Sie sich von Ihrer Rolle als Quelle der narzisstischen Zufuhr loslösen. Über kurz oder lang wird er realisieren, dass es bei Ihnen keine emotionale Energie mehr zu holen und damit nichts mehr gibt, wovon er zehren könnte und *was er gegen Sie verwenden könnte.*

Damit ist es jetzt an der Zeit für die nächste Etappe auf Ihrer Heilungsreise. In Schritt 5 geht es darum, den Kampf um den »Sieg« und das Bedürfnis nach Gerechtigkeit aufzugeben. Mit diesem Schritt nehmen wir das Trauma auf einer tieferen Ebene in Angriff.

Wenn Sie den narzisstischen Menschen dazu zwingen wollen, auf irgendeine Weise dazu beizutragen, dass Sie sich besser fühlen, dann spielen Sie ihm direkt in die Hände. Der Drang zu »gewinnen« ist bei den meisten von uns extrem stark und kann uns wirklich zerstören. Deshalb werden Sie jedes Mal, wenn Sie mit dem Narzissten in den Ring steigen, um die Oberhand zu gewinnen, einfach ausgeknockt. Der Narzisst legt einfach nach, versetzt Ihnen ohne Bedauern eine endlose Reihe von Schlägen, denen Sie nichts entgegensetzen können.

Es schwächt unglaublich, wenn man mit der Überzeugung lebt: *Ich habe den Boden unter den Füßen verloren und kann erst wieder glücklich sein, wenn mir Gerechtigkeit widerfahren ist.* Das ist wirklich eine Verschwendung des Lebens, das Sie leben sollen und *können.*

Wir sind in starkem Maß darauf konditioniert und programmiert, uns über Verfehlungen aufzuregen und zu versuchen, sie zu bekämpfen, indem wir den Missetäter zur Rechenschaft ziehen. Mit Narzissten muss man sich dabei jedoch auf ein Scheitern einstellen. Wenn Sie ehrlich mit sich selbst sind, dann wissen Sie, dass das wahr ist. Sie haben erlebt, wie Ihre Anstrengungen jedes Mal nach hinten losgingen, wenn Sie versuchten, den Narzissten bloßzustellen, anderen sein wahres Gesicht zu zeigen oder ihn in die Ecke zu drängen, damit er Verantwortung übernimmt, Reue zeigt oder Wiedergutmachung leistet. Diese Vorfälle sind mit Schmerz, Frustration und allen möglichen Verrenkungen Ihrerseits belastet, sodass Sie sich im Endeffekt noch mehr missbraucht fühlen – denn letztlich *sind Sie die Person, die diskreditiert wird.*

Ein gutes Beispiel dafür ist Janet, die Mike in die Falle lief. Als er sie einmal aufs Übelste beschimpft und geschmäht hatte, schrieb sie ihm völlig verzweifelt und zutiefst gequält einen Brief, darunter auch den Satz: »Ich könnte ebenso gut meinem Leben ein Ende setzen.« Mike nutzte diese Information, um Janets Ruf bei ihrer Familie, ihrem Vorgesetzten und ihren Freunden zu beschädigen. Dabei gab er sich als netter Mensch, behauptete, um ihren Geisteszustand zu fürchten, und klagte, wie schwer es für ihn sei, mit ihr zusammenzuleben. Natürlich sprachen die besorgten Menschen in ihrem Leben Janet auf den Text an. Entsetzt, beschämt und unglaublich wütend über diese Verdrehung der Tatsachen und diesen Betrug, setzte Janet alles daran zu zeigen, was Mike ihr antat und dass er derjenige war, der für die Situation verantwortlich war. Doch je mehr sie versuchte, das Ganze aus ihrer Perspektive darzustellen, desto mehr konnte sich Mike gemütlich zurücklehnen und dabei zusehen, wie sie sich immer tiefer reinritt. Janets Verzweiflung verschlimmerte sich, als all ihre Versuche, Mike zur Rechenschaft zu ziehen, jämmerlich fehlschlugen. In der Folge vertieften sich ihre Depression, Fixierung und Angst.

Als Janet mit NARP zu arbeiten anfing, entdeckte sie glücklicherweise den wahren Grund, warum sie so machtlos darin war, sich selbst zu entlasten und Mike bloßzustellen: In ihrer Ursprungsfamilie musste Janet für ihren Vater und ihre Schwester, die beide nie Verantwortung für ihr schlechtes Verhalten übernahmen, als Sündenbock herhalten. Sobald diese Traumata geklärt und geheilt waren, verspürte sie nicht mehr den Drang, sie mit Mike zu wiederholen – und ihre Befreiung und ihre Genesung begannen.

Zu versuchen, gegen den Narzissten zu »gewinnen« und ihn zu zwingen, Verantwortung für sein Handeln zu übernehmen, ist einer der größten Fehler, den narzisstisch missbrauchte Menschen machen können. Denn dieser Fehler trägt mit am stärksten dazu bei, dass wir narzisstische Zufuhr liefern und dem Narzissten erlauben, uns weiter zu missbrauchen. Wenn wir an das Quantum-Gesetz – *Innen wie außen* – denken, verstehen wir den energetischen Grund, warum der Versuch, einen Menschen zu zwingen, sein wahres

Gesicht zu zeigen und Verantwortung zu übernehmen, scheitern muss. Denn sobald wir denken, dass wir bestimmte Bedingungen oder Umstände in der Außenwelt brauchen, um uns im Inneren ganz zu fühlen – und wir versuchen, diese Umstände herbeizuzwingen –, verstärkt das nur die Wahrnehmung, dass wir uns im Inneren eben nicht ganz fühlen. Die einzige wirkliche Lösung besteht darin, die Ganzheit *in uns selbst* zu schaffen, dann wird die Außenwelt nachziehen. Wie Gautama Buddha sagte: »Der Frieden kommt von innen. Suche ihn nicht außerhalb von dir selbst.«

Zu unseren wichtigsten Erkenntnissen über co-abhängiges Verhalten und unsere Verwicklung mit Narzissten gehört: Wenn wir an ihnen festhalten und sie einfach nicht loslassen können, bis sie sich entschuldigen, bereuen oder was auch immer wir von ihnen »brauchen«, dann können wir uns schlicht nicht von ihnen fernhalten und genesen. Wir bleiben auf gefährliche Weise mit ihnen verbunden und weiter anfällig für Missbrauch. Und wir liefern ihnen tonnenweise Munition, um uns zu diskreditieren, sowie hochgradige narzisstische Zufuhr, die in direktem Verhältnis dazu steht, wie nachteilig sie uns beeinflussen.

Meine eigene Geschichte ist ein großartiges Beispiel dafür, welch tief greifende Veränderungen wir in Bezug auf unseren Sinn für Gerechtigkeit und Rechenschaft vollziehen können. Gerechtigkeit war für mich ein großes Thema. Ich war der festen Überzeugung, dass Menschen zur Rechenschaft gezogen und gezwungen werden sollten, die Folgen für ihre Handlungen zu tragen. Zum Beispiel verleumdete mich der Narzisst, der mich missbrauchte, auf schreckliche Weise. Er erzählte überall herum, dass ich ständig Affären hätte und dass ich verrückt sei und ihn missbrauche. Praktisch jeder in meinem Umfeld glaubte seine Geschichten, auch die Polizei, die mich nicht vor seinem Stalking und seine Drohungen beschützte. Ich wurde systematisch terrorisiert, belästigt und verunglimpft, als ich versuchte, meinen Ruf wiederherzustellen und ihn zur Rechenschaft zu ziehen.

Doch erst als ich aufhörte zu versuchen, die Meinung der anderen zu verändern, sondern begann, an meiner eigenen Einstellung zu arbeiten – indem ich die damit verbundenen Traumata mit Quanta Freedom Healing aus meinem Inneren entfernte –, entdeckte ich die tiefe Furcht davor, selbst eines Fehlverhaltens beschuldigt und dafür verfolgt zu werden. Deshalb spielte es für mich eine so wichtige Rolle, was Menschen über mich dachten.

Als ich diese Traumata löste, erreichte ich ganz natürlich eine tiefe innere Ruhe, weil ich wusste, dass das, was *ich über mich selbst* dachte, wichtig war. Für mich war nicht mehr wichtig, andere Menschen davon zu überzeugen, dass ich weder eine Ehebrecherin noch verrückt war. Es war nicht einmal mehr wichtig, ihnen sein wahres Wesen klarzumachen. Ich begann einfach Frieden zu verspüren, obwohl es keinen Hinweis auf irgendeine physische Veränderung in meiner Außenwelt gab.

Und genau an diesem Punkt passiert es dann: Die Dinge beginnen, sich zu verändern und in Übereinstimmung mit dem Menschen, der wir auf einer inneren Ebene geworden sind, anders zu entwickeln. Leute sprachen mich an und entschuldigten sich für das, was sie über mich erzählt hatten. Wichtige Menschen in meinem Leben erkannten nun den wahren Charakter des Narzissten. Die Polizei erwischte ihn. Alles Mögliche veränderte sich, ohne dass ich irgendetwas »tat«. Ich begann tief im Inneren zu verstehen, dass sich die Dinge veränderten, weil ich anders »war«.

Diese Erfahrung machte auch Jay. Bevor er seine Traumata bearbeitete, war er außer sich vor Wut auf seine narzisstische Ex-Frau, mit der er vier gemeinsame Kinder hatte. Regelmäßig zitierte sie ihn regelmäßig vor Gericht, um höhere Unterhaltsforderungen für die Kinder zu stellen und Zugriff auf seine Altersversorgung zu bekommen. Jedes Mal, wenn er versuchte, im Leben weiterzukommen, zwang sie ihn wieder vor Gericht.

Schließlich war Jay total bankrott. Er musste sein Haus verkaufen, um ihr mehr Geld geben zu können. Und weil er sich aktiv um seine Kinder kümmerte und bereits teure Schulgebühren zahlte, kochte er vor Wut. Er hasste die Tatsache, dass sie »gewonnen« und erreicht hatte, was sie gewollt hatte, nämlich ihn daran zu hindern, vorwärtszukommen und glücklich und erfolgreich zu sein. Er tat alles, um im Gegenzug seine Frau als schikanösen Prozesshansel anzuklagen und vor Gericht zu bringen. Aber alle seine Versuche in dieser Richtung scheiterten und kosteten ihn im Endeffekt sogar noch mehr Geld. Erst als er seine Traumata zu lösen begann, erkannte Jay, dass noch so viel »Tun« kein traumatisiertes »Sein« ausgleichen kann.

Die steile Lernkurve, die einem durch den narzisstischen Missbrauch geboten wird, repräsentiert ein unglaubliches Phänomen der Seelenentwicklung, das uns zeigt: Es ist notwendig, sich sein wahres Selbst zurückzuerobern und sich von allen Menschen und Erfahrungen zu lösen, die nicht mit diesem wahren Selbst übereinstimmen. Das ist der größte Gewinn, den wir erzielen können. Und es ist der einzige Weg, *um wirklich gewinnen zu können.*

Wenn Sie die diesen Schritt absolvieren, werden Sie große Erleichterung empfinden und ein intensives Gefühl des Abschließens mit dem Narzissten – das Sie in dieser Intensität nie erlangt hätten, wenn er zur Rechenschaft gezogen worden wäre. In der Tiefe Ihres Herzens werden Sie wissen, dass sich das Leben selbst um den Narzissten kümmern wird; irgendwie und irgendwo zieht es jeden zur Rechenschaft. Ein falsches Selbst, das nicht auf einem Fundament aus Integrität und Ehrlichkeit gründet, ist ein Kartenhaus, das nicht ewig überdauern kann – und stets irgendwann zusammenbricht. Aber: *Das sind nicht Ihr Leben und Ihre Probleme, sondern das Leben und die Probleme des Narzissten.*

Es ist eine ganz besondere Ironie des Schicksals: Wenn man es nicht mehr braucht, dass ein bestimmter Mensch zur Rechenschaft gezogen wird, dann passiert meist genau das. Ich kann gar nicht mehr zählen, wie viele Male ich das im Lauf der Jahre erlebt habe. Wie oder wann der Narzisst gezwungen wird, Verantwortung zu übernehmen, muss Sie dabei nicht weiter interessieren, denn Ihre

Emotionen, Ihre Identität und die Konstruktion der Realität Ihres Lebens sind NICHT davon abhängig, ob dies geschieht. Der Heilungsprozess von Schritt 5 erlaubt Ihnen, sich aus dieser toxischen Abhängigkeit zu lösen und eine riesige Menge des Gifts aus Ihren Emotionen und Ihrer Psyche zu entfernen, sodass Sie einen noch höheren Grad von Freiheit und Erleichterung erreichen.

Auch bei der nächsten Übung werden Sie sich voll und ganz auf den Prozess einlassen müssen – weil er sich vollkommen gegen unsere bisherige Prägung richtet, andere Menschen für die Verletzungen und das Unrecht, die wir erlitten haben, zur Rechenschaft zu ziehen. Das gilt insbesondere, wenn der Narzisst uns kontrolliert hat, indem er uns und Menschen, die wir lieben, schreckliche Dinge antat.

Jetzt ist es an der Zeit, das Bedürfnis loszulassen, den Narzissten zu besiegen, ihm einen Strich durch die Rechnung zu machen und sich zu revanchieren – Sie werden auf diese Weise eine tiefere, echtere und machtvollere Weise finden, zu gewinnen.

Durch diesen Schritt kann sich in unserem Inneren Wesen eine wunderbare Erleichterung ausbreiten – und Sie können die Fähigkeit erlangen, Ihre Höhere Macht wirksamer in sich arbeiten zu lassen. Wenn wir versuchen, unser Leben zu kontrollieren, blockieren wir so viel von dem Reichtum und der Kraft der unendlichen Weisheit und Energie, die sich durch uns bewegt. Darum geht es, wenn Sie auf dieser Etappe der Reise das toxische Trauma loslassen.

Übung

Schritt 5
Das Bedürfnis abstreifen, den Narzissten zur Rechenschaft zu ziehen

1. Schaffen Sie für sich Raum und Zeit, damit Sie nicht gestört werden. Halten Sie Ihr Journal bereit. Es ist sehr wichtig, dass Sie liebevoll mit sich umgehen und sich selbst und

Ihr Inneres Wesen (das Ihr wahres Selbst ist) als oberste Priorität behandeln. Wir alle wünschen uns von anderen Menschen diese Hingabe, doch wie uns das Quantum-Gesetz *Innen wie außen* lehrt: Solange wir nicht mit uns selbst eine Partnerschaft eingehen, wird uns auch kein anderer Mensch mit Liebe begegnen.

Um sich auf diese Übung vorzubereiten, schließen Sie Ihre Augen, atmen Sie tief und öffnen Sie Ihren Körper. Wenn Ihre Gedanken zu wandern anfangen, konzentrieren Sie sich auf Ihre Atmung, um Ihren Geist zu beruhigen. Führen Sie dies einige Minuten lang aus, bis Sie sich entspannt und zentriert fühlen.

2. Kommunizieren Sie mit Ihrem Inneren Wesen. Wofür, möchten Sie, dass der Narzisst zur Rechenschaft gezogen wird? Oder das Justizsystem? Oder auch ein anderer Mensch? Fühlen Sie, wie die Traumata in Ihrem Körper aufleuchten, und verbinden Sie sich mit Ihrem jeweiligen Thema. Öffnen Sie Ihre Augen und notieren Sie sie in der Reihenfolge, in der sie in Ihnen auftauchen.

3. Nehmen Sie nun Ihre Liste der Vorfälle, die Sie quälen, weil niemand dafür zur Rechenschaft gezogen wurde, und verbinden Sie sich jeweils mit der damit verbundenen schmerzhaften emotionalen Belastung in Ihrem Körper. Bewerten Sie die Ereignisse auf einer Skala von 0 bis 10, wobei 0/10 die geringste und 10/10 die intensivste Belastung bezeichnet. Nummerieren Sie dann in Ihrem Journal die verzeichneten Einträge von »am intensivsten« bis »am wenigsten intensiv« durch.

4. Beginnen Sie mit der am höchsten bewerteten emotionalen Belastung und richten Sie Ihre Aufmerksamkeit intensiv auf das Trauma, mit dem sie verbunden ist. Fragen Sie Ihr Inneres Wesen/Inneres Kind, wie es sich damit fühlt, dass für dieses Trauma keine Rechenschaft abgelegt wurde. Seien Sie

liebevoll präsent und geben Sie Ihrem Inneren Wesen/Inneren Kind die volle Erlaubnis, Ihnen seine Emotionen mitzuteilen – und versichern Sie ihm, dass Sie seine Gefühle auf keinen Fall bewerten werden, weil sie alle zulässig sind. Emotionen, die sehr wahrscheinlich auftauchen, sind zum Beispiel: sich im Stich gelassen, nicht unterstützt, entwertet, brutal behandelt, ausrangiert etc. zu fühlen. Schreiben Sie alles auf, was an die Oberfläche kommt.

5. Fragen Sie jetzt Ihr Inneres Wesen/Inneres Kind mit absoluter Offenheit, Liebe und Hingabe: »[Liebevoller Name], was hast du nicht von [Name der Person oder der Institution] erhalten, das sich anfühlt wie die Emotionen, die du bereits in der Vergangenheit erlitten hast?« Fragen Sie dann: »Wo hat das für dich angefangen?« Seien Sie aufmerksam, wenn Sie sich mit Gefühlen und Gedanken verbinden, die von Ihrem Inneren Kind aufsteigen (beachten Sie, dass Informationen über vergangene Leben sowie über Ihre Kindheit auftauchen können). Vertrauen Sie allem, was Ihnen gegeben wird, und schreiben Sie es auf.

Wenn keine Informationen auftauchen, bleiben Sie einfach positiv zugewandt, liebevoll und präsent – und nehmen Sie die nächste Stufe der Übung in Angriff.

6. Jetzt sagen Sie zu Ihrem Inneren Wesen/Inneren Kind: »[Liebevoller Name], du kannst jetzt dein Bedürfnis nach Rechenschaft loslassen, damit du dich komplett loslösen und Freiheit für dich selbst erreichen kannst.« Visualisieren Sie dann Folgendes: Stellen Sie sich vor, dass der Teil Ihres Inneren Wesens, der dieses Trauma auf sich genommen hat (wie auch immer er erscheinen mag – möglicherweise als ein Kind oder ein Selbst aus einem vergangenen Leben), vor Ihnen steht. Sehen Sie dann vor Ihrem inneren Auge, wie göttliche Wesen (wie Engel oder irgendeine andere Energie, die zu Ihnen passt) Ihr Inneres Wesen umkreisen, hineingreifen

und eine große Kugel herausholen, die das Trauma enthält. Das Trauma wird dann weit entfernt abgelegt, wo es sich wieder zurück in nichts auflöst. Dadurch kann Ihr Inneres Wesen sich nun befreien. Stellen Sie sich den Raum vor – und fühlen Sie ihn –, der sich dort öffnet, wo sich zuvor all der toxische Schmerz befunden hat.

7. Lassen Sie dann das Licht und die Höhere Macht (was immer das für Sie ist) von der Lichtkugel über Ihrem Kopf über die Leitung in Ihren Körper fließen. »Sehen« Sie, wie Sie – in jeder Zelle Ihres Körpers – von diesem weißen Licht erfüllt werden. Lassen Sie zu, dass Gefühle der Erleichterung, Wärme und Heilung Sie durchfließen. Spüren Sie diese Gefühle so körperlich, wie es Ihnen möglich ist.
8. Beschreiben Sie Ihre Erfahrungen mit dieser Übung in Ihrem Journal. Wie fühlen Sie sich jetzt in Ihrem Körper? Haben Sie immer noch den Eindruck, dass Sie Rechenschaft für das Trauma brauchen, das Sie in dieser Übung verarbeitet haben? Fühlen Sie sich in Bezug auf dieses Trauma gelöst, ganz und im Reinen? Wenn nicht, arbeiten Sie so lange mit Schritt 5 weiter, bis es sich so anfühlt.
9. Wiederholen Sie jetzt die Übung mit dem Trauma mit der nächsthöchsten Bewertung auf Ihrer Liste.

Befreit vom Wunsch nach Rechenschaft

Sobald wir unser Bedürfnis nach Rechenschaft abgelegt haben, wobei es selbstverständlich einige Zeit dauern kann, bis alles entwirrt und geheilt ist (wir sind schließlich auch nur Menschen), werden wir auf der nächsten Etappe unserer Reise noch weitere Verbindungen mit unserem Missbraucher und dem Missbrauch kappen.

Mit dem Abschluss von Schritt 6 kommen wir vom Loslassen des Bedürfnisses nach Rechenschaft zum Loslassen der Verantwortung, die wir für den Narzissten übernehmen. Dieser nächste Schritt betrifft praktisch jeden, der von einem narzisstischen Menschen missbraucht wurde. Er ist deshalb so wirkungsvoll, weil viele Menschen genau in diesem Trauma gefangen bleiben, selbst nachdem ihre Liebe und ihr Bedürfnis, von dem Narzissten alles zu erhalten (wie Zuneigung, Aufmerksamkeit oder Bestätigung), sich aufgelöst haben. Nicht selten ist dieses Trauma der letzte Rest des Leims, der eine toxische Beziehung zusammenhält.

12
Das Bedürfnis loslassen, Verantwortung für den Narzissten zu übernehmen

Nachdem wir uns selbst von dem Bedürfnis befreit haben, andere Menschen zur Rechenschaft zu ziehen und zu »gewinnen«, fühlt sich unsere Genesung schon weitaus stabiler an. Viele Menschen berichten an dieser Stelle – auf dem halben Weg ihrer Reise –, dass sie sich bereits so viel freier fühlen und die Schmerzen des narzisstischen Missbrauchs in einem Maß gelindert sind, wie sie es sich nie hätten vorstellen können.

Wer die Schritte sorgfältig durcharbeitet, kann sich in so kurzer Zeit so befreit fühlen, wie er es nie für möglich gehalten hätte. Manche Betroffenen schauen schon nach Wochen oder wenigen Monaten erstaunt zurück, wie weit sie bereits gekommen sind. Und dies gilt auch für Menschen, die noch mitten in Prozessen um ihr Eigentum, Sorgerechtsstreits und anderen ungelösten Problemen mit dem Narzissten stecken. In dieser Phase ist es jedoch ungemein wichtig, dass Sie nicht denken: »Ich fühle mich jetzt besser, damit ist es genug für mich«, und sich dann auf Ihren Lorbeeren ausruhen – *weil in Ihrem Unterbewusstsein noch mehr wichtige Neuverdrahtungen und Heilungen erreicht werden müssen.*

Um Ihre eigene echte Thriver-Genesung zu erleben – also nicht nur eine Genesung als Überlebender –, ist es überaus wichtig, dass Sie sich weiterentwickeln und wirklich alle Schritte durcharbeiten. In Schritt 6 geht es nun darum, das Bedürfnis, Verantwortung für den Narzissten zu übernehmen, loszulassen und zu heilen.

Menschen, die von Narzissten missbraucht werden, sind nette Menschen

Wie wir im ersten Teil des Buches gesehen haben, sind die meisten Menschen, die narzisstisch missbraucht werden, von Natur aus empathisch. Das leuchtet ein, weil Narzissten nehmen, was sie kriegen können – und nette Menschen ihnen am ehesten etwas geben. Wer anderen gerne gefällig ist, dem fällt es schwerer, Nein zu sagen, und der versucht mit großer Wahrscheinlichkeit immer sein Bestes, um nahestehenden Menschen in der Not zu helfen. Verantwortung für andere Menschen zu übernehmen, die sich weigern, dies für sich selbst zu tun, spielt jedoch eine wichtige Rolle bei der Frage, warum wir unsere Kraft und Eigenmacht abgeben und, ohne es zu wollen, geschädigten Menschen, wie Narzissten, ermöglichen, uns zu missbrauchen.

Angela zum Beispiel tat alles für George. So spielte sie stets die Friedensstifterin zwischen ihm und seiner Familie. Sie deckte ihn und log Kunden an, wenn George nicht erschien, um Aufträge auszuführen, oder wenn er nicht hielt, was er versprochen hatte. Sie bezahlte seine Bußgelder, wenn er zu schnell gefahren war, kümmerte sich um seine Steuer und seine Rechnungen. Ständig war sie hektisch damit beschäftigt, sein Leben einigermaßen auf Spur zu halten und die durch sein unmoralisches und unverantwortliches Verhalten ausgelösten Katastrophen auszubügeln, um ihr Leben mit ihm nicht in Gefahr zu bringen. Doch je mehr sie sich auf diese Weise verhielt, desto mehr Zeit, Energie und Ressourcen verlor sie, die sie für ihr eigenes Leben gebraucht hätte. Und in der Zwischenzeit machte George wie immer einfach, was er wollte.

Diese Rolle war Angela sehr vertraut. Ihre Mutter war medikamentenabhängig gewesen, und Angela musste als ältestes Kind schon in jungen Jahren den Haushalt schmeißen und für ihre Geschwister sorgen. Sich um kranke, verantwortungslose Menschen zu kümmern war ihr Weg der Liebe; daher war er ihr so vertraut. Erst als Angela herausfand, dass George ein Verhältnis mit seiner

Sekretärin hatte, beschloss sie, sich scheiden zu lassen. Ihr Schock war riesig, als sie entdeckte, dass ihre Entscheidung, George zu verlassen, nicht garantierte, dass sie sich besser fühlte. Im Gegenteil, sie war bestürzt darüber, wie schrecklich ängstlich und deprimiert sie sich fühlte.

Glücklicherweise arbeitete Angela sechs Monate lang konzentriert mit dem NARP, um ihre ursprünglichen Traumata loszulassen. Diese waren damit verbunden, dass sie versuchte, in ihrer zerrütteten Ursprungsfamilie die Liebe zu erhalten. Nachdem sie die verlorenen oder beschädigten Anteile ihres Selbst wieder zurückgewonnen hatte, verschwanden alle ihre Missbrauchssymptome, und sie begann innerlich zu leuchten, sich selbst anzuerkennen und ihr Leben als Thriver zu leben. George versuchte nach der Trennung erneut, sie mithilfe von Schuldgefühlen, die sie früher schwach werden ließen, von sich abhängig zu machen. Doch inzwischen war sie nicht mehr emotional betroffen, sagte »Nein« und setzte das Prinzip Kein Kontakt durch.

Schuldgefühle sind Trigger, die sich auf unsere Grenzen verheerend auswirken können, wie Rhondas Beispiel zeigt. Rhondas Mutter hielt ihre Tochter immer auf Abruf bereit. Sie rief Rhonda zu allen möglichen Zeiten an, weil sie von ihr zum Einkaufen oder zum Arzt gefahren werden oder irgendetwas besorgt haben wollte – zum Beispiel einmal in der Woche bestimmtes Gebäck aus einem kilometerweit entfernten Laden. Ebenso verlangte sie von Rhonda, ihr Haus zu putzen und den Garten zu pflegen. Rhonda wiederum erhielt von ihrer Mutter keinerlei Dankbarkeit, sondern nur Forderungen, Kritik und Beschimpfungen.

Rhonda war Single und fest davon überzeugt, dass sie weder die Energie noch die Zeit für einen anderen Menschen hatte, solange ihre Mutter am Leben war. Ihre Mutter hatte hingegen ganz eindeutig viel Zeit für sich selbst. So kam es durchaus vor, dass sie zum Tanzen oder zu Verabredungen mit Männern fuhr, während Rhonda das Haus putzte oder im Garten arbeitete. Obwohl ihre beste

Freundin sie immer wieder beschwor, ihrer Mutter endlich nicht mehr zu erlauben, sie wie Dreck zu behandeln, sagte Rhonda: »Ich kann nicht aufhören, ihr zu helfen. Ich könnte nicht mit den Schuldgefühlen leben, wenn ich mich nicht mehr um sie kümmern würde.«

Im Lauf der Jahre habe ich viele Menschen wie Rhonda gesehen, die sich selbst fragten: »Wie kann ich mich lösen, wenn es mir so große Schuldgefühle bereitet? Wie kann ich Nein sagen und ihm (oder ihr) meine Hilfe entziehen?« Es ist eine Frage, die narzisstisch missbrauchte Menschen unendlich quälen kann.

Sich dem Narzissten verpflichtet und an ihn gebunden fühlen

Seitdem ich mich professionell mit narzisstischem Missbrauch beschäftige, habe ich viele Frauen (und einige Männer) gesehen, die mit ihren narzisstischen Ex-Partnern, Eltern, Freunden und Kindern verbunden bleiben, ihnen geben, was immer sie brauchen – egal, wie schlecht sie von ihnen behandelt werden, und sogar selbst dann, wenn der narzisstische Ex-Partner bereits eine neue Beziehung eingegangen ist. Es ist unheimlich, wie fest Narzissten andere Menschen im Griff haben können.

Max liebte Annie schon seit 45 Jahren. Er kam nie von ihr los, obwohl sie nach ihrer Scheidung noch dreimal geheiratet hatte. Max war ein Einsiedler und trank zu viel. Er lebte nur für die Momente, wenn ihn Annie anrief und treffen wollte. Im Lauf der Jahre hatte sie ihn um viele Gefallen gebeten – Geld, Empfehlungen, dass er sich ihre persönlichen Dramen anhörte und ihr eine starke Schulter bot, an der sie sich ausweinen konnte, wenn es mit einem ihrer Ehemänner Probleme gab. Allerdings lief das Ganze ausschließlich nach Annies Bedingungen ab. Sie war nie in irgendeiner Weise für Max da, außer es war zu ihrem Vorteil. Dennoch hatte Max das Gefühl, dass sie ihn immer noch brauchte, und er konnte sie nicht loslassen.

Häufig fühlen sich Menschen, die mit einem Narzissten verbunden sind, wie auf einem Kreuzzug, um den Narzissten vor sich selbst zu retten. Sie glauben fest, dass sie der Mensch sind, der den Narzissten auf die Seite des Lichts bringen und heilen kann. Ich selbst war auch lange davon überzeugt. Auf einer tiefen unterbewussten Ebene lautet der Glaubenssatz: »Wenn ich dich heilen kann und du nicht mehr krank bist – dann wirst du fähig sein, mich zu lieben.« Die Wahrheit ist, dass wir in diesem Fall noch immer versuchen, etwas von anderen zu bekommen, das wir noch nicht in unserem Inneren geheilt haben.

Wenn es darum geht, unsere Kinder vor sich selbst zu retten, spielen natürlich noch viele andere starke Emotionen und Kräfte in uns eine Rolle. Doch es bleibt dabei: Wir helfen ihnen nicht, indem wir versuchen, für sie ihr Leben in Ordnung zu bringen.

Wenn Sie über Ihren Hang nachgedacht haben, Verantwortung für Menschen zu übernehmen, die dies nicht für sich selbst tun, dann ist Ihnen wahrscheinlich schon bewusst, welch großen Teil Ihres Lebens Sie geopfert haben, um sich um andere zu kümmern. Sie wissen auch, wie schmerzvoll dieses Muster ist – an andere gebunden zu sein und ihnen zu helfen zu versuchen, zu wachsen und zu heilen, während sich dies massiv auf die eigenen Bedürfnisse und emotionale Gesundheit auswirkt.

Wie wir gesehen haben, wurde dieses Verhalten immer schon in jungen Jahren erlernt. Vielleicht hatten wir einen kranken, unberechenbaren oder emotional labilen Elternteil, dem wir uns anpassen und den wir ständig beobachten mussten, um uns abzusichern. Wir haben gelernt, dass uns diese Person möglicherweise weniger missbrauchte oder vernachlässigte, wenn wir ihr Verhalten voraussahen und auf sie eingingen. Oder wir lernten die schmerzvollen Konsequenzen kennen, wenn wir die Forderungen dieser Person nicht erfüllten. Vielleicht wurden wir dazu erzogen, diese Forderungen zu erfüllen, indem uns Schuld- und Minderwertigkeitsgefühle eingeimpft und wir mit zutiefst verheerenden Kommentaren bedacht wurden – zum Beispiel, dass wir ein schrecklicher oder egoistischer Mensch seien.

In genau dieser Lage befand sich Rhonda. Weil sie ein liebevoller, sanfter Mensch war, konnte ihre Mutter sie nach ihrem Willen formen, indem sie Rhondas Schuldgefühle als Waffe benutzte, sie zum Sündenbock der Familie und von Kindheit an zu ihrer persönlichen Sklavin machte.

Die Erfahrung des narzisstischen Missbrauchs beinhaltet eine machtvolle Botschaft: *Wir sind* nicht *dafür da, um die Verantwortung für andere zu übernehmen, die sich weigern, dies für sich selbst zu tun.*

Ein Narzisst ist der Inbegriff eines Menschen, der nicht bereit ist, Verantwortung für sich selbst zu übernehmen. Er geht in die Defensive, verwendet alle möglichen Vermeidungstaktiken, um sich vor der Verantwortung zu drücken, und projiziert all seine inneren Defekte und Fehler auf andere. Ein Narzisst steht nie ein für seine Schwächen, Fehler oder sein schlechtes Verhalten, sondern schiebt immer die Schuld auf andere. Indem wir mit ihm verbunden bleiben und uns für ihn verantwortlich fühlen, erlauben wir dem Missbraucher, dass er uns weiterhin für ein Verhalten beschuldigt und bestraft, für das wir nicht verantwortlich waren.

Wenn Sie bereits versucht haben, dem narzisstischen Menschen zu helfen oder ihn zu zwingen, Verantwortung zu übernehmen, dann haben Sie sehr wahrscheinlich die Erfahrung gemacht, dass er seine Fehler nicht zugegeben und akzeptiert, sondern stattdessen Sie angegriffen hat. Und Sie hatten wahrscheinlich das Gefühl, verrückt zu werden bei dem Versuch, einem wütenden Fünfjährigen im Körper eines Erwachsenen die Grundlagen menschlichen Anstands zu erklären. Doch *genau das* passiert in jeder Beziehung, die unter dem Motto steht: »versuchen, jemandem zu helfen, der sich weigert, sich selbst zu helfen«. Man kann nur auf ganzer Linie verlieren.

Menschen, die Verantwortung für Menschen übernehmen, die sich weigern, für sich selbst einzustehen, werden von diesen weder mit Liebe noch Unterstützung oder Integrität belohnt. Im Gegenteil: Da es ihnen schwerfällt, gesunde Grenzen zu ziehen und ehrlich über ihre eigenen Bedürfnisse zu sprechen, werden diese folglich auch nicht erfüllt. Menschen, die Empathie, aber keine gesunden Grenzen besitzen, neigen dazu, die Probleme anderer auf sich zu nehmen und zu »ihren« Problemen zu machen. Und diejenigen mit co-abhängigen Tendenzen konzentrieren sich eher darauf, andere in Ordnung zu bringen und ihnen zu helfen, anstatt sich selbst in Ordnung zu bringen und zu helfen. Doch dies *ermöglicht und unterstützt nur das Fehlverhalten des Narzissten.*

Die Ironie des Ganzen liegt darin, dass wir einem Narzissten durch unseren Versuch, ihm (wenn auch mit den besten Absichten) zu helfen, tatsächlich in keinster Weise helfen, weil wir ihm nicht die Kraft geben, Verantwortung für sich selbst zu übernehmen. Und ganz sicher helfen wir uns nicht selbst, wenn wir die Verantwortung für seine Verantwortungslosigkeit übernehmen.

Aufrichtige Beziehungen aufbauen, indem wir mit uns selbst ehrlich sind

Das heilende Geschenk dieses Schritts besteht darin, alle Traumata loszulassen, die Sie darin gefangen halten, Verantwortung für andere übernehmen. Dadurch erreichen Sie nicht nur die Freiheit, sich auf Ihre eigenen Bedürfnisse und Ihr eigenes Wachstum zu konzentrieren, es ermöglicht Ihnen auch, dass Sie das Wachstum in Menschen unterstützen und fördern, die Verantwortung für sich selbst übernehmen *wollen.* Das ist wirklich eines der schönsten Gefühle, die das Leben bereithält: Anderen behilflich zu sein, die sich selbst helfen und verbessern wollen, vermittelt einem ein *unbeschreibliches* Glücksgefühl.

Schritt 6 ist absolut notwendig, wenn Ihr Problem darin besteht, dass Sie sich zu Ihrem eigenen Schaden zu sehr um andere Menschen kümmern. Nachdem Sie diesen Schritt absolviert haben, werden Sie in der Lage sein, zu anderen emotional reifen Menschen gesunde Beziehungen aufzubauen, die einen Gewinn für beide Seiten darstellen. Darüber hinaus können Sie sich durch die tiefe Veränderung in Ihrem Unterbewusstsein von einem Zustand des Schuldbewusstseins hin zu einem Zustand der Selbstliebe für die *echte* Unterstützung und Güte von anderen Menschen öffnen.

Interdependenz ist die Fähigkeit, über ein gesundes Selbstwertgefühl zu verfügen und sich mit anderen Menschen zu verbinden, die ebenfalls ein solches besitzen und bereit sind, sich ihrer selbst bewusst zu sein und gemeinsam mit Ihnen zu wachsen. Auf diese Weise entstehen Beziehungen, die weder co-abhängig noch narzisstisch sind. Wenn Sie Schritt 6 absolviert haben, dann sind Sie auf dem Weg zur Interdependenz. Sie können dann anfangen, positive Beziehungen zu erleben, die für beide Seiten bereichernd sind. Und Sie können anderen weiterhin gesunde Unterstützung und Liebe entgegenbringen, ohne sich selbst zu vernachlässigen und möglicherweise sogar zu zerstören.

Es ist nun an der Zeit, Ihren übertriebenen Verantwortungssinn für andere aufzugeben. Er hat Sie dazu gebracht, Ihre Kraft und Eigenmacht an andere Menschen abzugeben und ihnen zu erlauben, Ihre Lebenskraft und Ressourcen abzuschöpfen und ihr Wohlergehen zu mindern. Mit diesem Schritt werden Sie wieder die Energie und Zuneigung zu sich selbst aufbauen, die Sie brauchen, um zuerst sich selbst mit Licht und Liebe zu erfüllen, bevor Sie diese anderen auf angemessene und gesunde Art entgegenbringen.

Übung

Schritt 6
Für sich selbst Verantwortung übernehmen

1. Nehmen Sie Ihr Journal zur Hand und suchen Sie sich einen Ort, an dem Sie nicht gestört werden und auch nicht von Nachrichten auf Ihrem Smartphone oder Ihrem Computer abgelenkt werden. Diese Zeit gehört ganz allein Ihnen.

Schließen Sie die Augen, lassen Sie die Schultern sinken, atmen Sie langsam und tief. Stellen Sie sich bei jedem Ausatmen vor, dass Sie damit Stress abgeben, während sich Ihr Körper nach und nach entspannt. Wenn störende Gedanken auftauchen, widmen Sie Ihnen keine Aufmerksamkeit, sondern konzentrieren Sie sich wieder auf Ihre Atmung.

2. Fühlen Sie sich tief in Ihre Emotionen darüber ein, wie Sie Ihre Kraft und Eigenmacht an andere übergeben, indem Sie sich zu viel um sie kümmern und alles Mögliche für sie erledigen, um geliebt zu werden – beispielsweise indem Sie »Ja« sagen, wenn »Nein« angebracht wäre. Von welchen Ihrer Handlungen wissen Sie, dass Sie damit anderen Menschen ermöglichen, Sie auszunutzen, sich der Verantwortung für sich selbst zu entziehen und Ihre Energie abzuschöpfen? Welche entsprechen nicht gesundem Geben? Öffnen Sie Ihre Augen und notieren Sie in Ihrem Journal alle Situationen, die auftauchen.

3. Gehen Sie jetzt zu diesen Situationen zurück und verbinden Sie sich mit der schmerzvollen emotionalen Belastung in Ihrem Körper, die damit im Zusammenhang steht. Bewerten Sie die Situationen auf einer Skala von 0 bis 10, wobei 0/10 die geringste und 10/10 die intensivste Belastung darstellt. Nummerieren Sie dann in Ihrem Journal die verzeichneten Einträge von »am intensivsten« bis »am wenigsten intensiv« durch.

4. Beginnen Sie mit der am höchsten bewerteten Situation. Nehmen Sie die Gefühle wahr, die auftauchen, wenn Sie sich vorstellen, dass Sie diese Dinge ab sofort nicht mehr für andere tun. Welche Ängste steigen auf? Es könnten Überzeugungen sein wie: »Wenn ich andere nicht versorge, verlassen sie mich.« Oder: »Wenn ich nicht mache, um was andere mich bitten, werde ich bestraft/vernichtet.« Oder: »Ich bin nur das wert, was ich anderen gebe.« Oder auch: »Wenn ich

nicht die Verantwortung übernehme, wird alles auseinanderfallen.« Schreiben Sie auf, welche Emotionen in Ihnen hochkommen.

5. Sagen Sie Folgendes zu Ihrem Inneren Wesen/Inneren Kind: »[Liebevoller Name], ich bin hier, um dich zu unterstützen, dich zu lieben und dir zu helfen, Dinge anders zu machen. Ich möchte, dass du weißt, dass du es bis jetzt unglaublich gut geschafft hast zu überleben, und ich gebe dir jetzt die Erlaubnis, Altes zu transformieren und Platz zu schaffen für eine neue Lebensweise.

6. Sprechen Sie weiter zu Ihrem Inneren Wesen/Inneren Kind: »[Liebevoller Name], du hast jetzt die Erlaubnis, deine Überverantwortlichkeit für andere loszulassen.« Visualisieren Sie Folgendes: Stellen Sie sich das mit diesem Problem verbundene Trauma vor. Wie sieht es aus und wo sitzt es in Ihrem Körper? Trauen Sie Ihren inneren Antworten. Dann leiten Sie das Trauma mit einer Visualisierungsmethode, die sich für Sie richtig anfühlt (siehe die Vorschläge auf S. 123), aus Ihrem Körper hinaus. Beobachten und fühlen Sie, wie es sich beim Verlassen Ihres Körpers zurück in nichts auflöst.

7. Lassen Sie jetzt das Licht über die bekannte Leitung in Ihren Körper eintreten, damit es den Raum auffüllt, den zuvor das Trauma einnahm. Fühlen Sie, wie es sich ausdehnt, und die Wärme in Ihrem Inneren. Öffnen Sie sich dem Gefühl, damit Sie so viel wie möglich davon erhalten und sich mit ihm verbinden können.

8. Wie haben Sie diese Übung erlebt? Schreiben Sie über Ihre Erfahrung in Ihr Journal. Spüren Sie dann den emotionalen Schmerzen nach, die Sie immer dann empfunden haben, wenn Sie überverantwortlich für andere waren und Kraft und Eigenmacht abgaben. Sind sie noch da? Testen Sie dies wirklich aus, indem Sie sich ein vertrautes Szenario vorstellen, in dem Sie Ihre Kraft und Eigenmacht abgaben.

Fühlt sich das noch nach Ihnen an? Schreiben Sie auf, wie Sie sich jetzt in der gleichen Situation verhalten würden. Würden Sie anders handeln? Wissen Sie jetzt ganz natürlich, wie Sie damit auf eine gesunde Art und Weise umgehen können? Wenn ja – dann haben Sie eine Transformation vollzogen. Wenn nein, dann lösen Sie weiter das Trauma, das Sie blockiert, verängstigt oder verwirrt, so lange, bis Ihr wahres Selbst (das unter all den Traumaschichten liegt) absolut weiß, was es tun muss. Arbeiten Sie weiter mit diesem Schritt, bis Sie den Punkt erreicht haben.

9. Wiederholen Sie jetzt die Übung mit dem am nächsthöchsten bewerteten Trauma auf Ihrer Liste.

Die Verantwortung dorthin zurückgeben, wo sie hingehört

Sobald Sie Schritt 6 absolviert haben – Verantwortung für Ihr eigenes Leben übernehmen und das Bedürfnis heilen, für andere Verantwortung zu übernehmen –, sind Sie in der Lage, Ihr Recht in Anspruch zu nehmen, sich auf Ihr persönliches Wohlbefinden zu konzentrieren. Damit erreichen Sie die nächste Ebene der Heilung, bei der es um die Erweiterung Ihres Ichbewusstseins und den Eintritt in Ihr wahres Selbst geht. Dort lernen Sie, wie wir die authentischsten, stärksten und liebevollsten Wesen sein können, wenn wir ehrlich zu uns selbst sind.

13
Das Geschenk des spirituellen Empowerment annehmen

Wenn wir jedes Gefühl der Verantwortung dafür, den narzisstischen Menschen in Ordnung bringen zu müssen, abgegeben haben, fühlen wir uns üblicherweise ein Stück weiter von ihm abgelöst. Und wir beginnen darüber hinaus, mit anderen Menschen auf eine viel gesündere Weise zu interagieren. Auch Sie können sich nun selbst mehr geben, sich für Ihre eigenen Bedürfnisse einsetzen und bessere Grenzen ziehen. Sie fühlen, dass Sie das Gute im Leben verdienen, und glauben nicht länger, dass Sie andere Menschen in Ordnung bringen müssen, um sich selbst in Ordnung zu fühlen.

Es ist eine solche Erleichterung, wenn man einfach Abstand nehmen und anderen Menschen erlauben kann, Verantwortung für sich selbst zu übernehmen, und wenn man anderen *nur* dann hilft, wenn es angebracht ist – und auf eine sehr viel gesündere Weise. Ihre ungesunde Verbundenheit mit Schuldgefühlen, mit der Verantwortung für andere und dem Wunsch, sie in Ordnung zu bringen, anstatt sich darauf zu konzentrieren, für sich selbst einzustehen, ist jetzt weggefallen. Und damit haben Sie die Voraussetzung geschaffen, dass Sie Ihr Leben *wirklich* gesund gestalten können.

Was uns zum nächsten Schritt bringt, der uns auf unserer Reise, die mit Schritt 3 begann, mit einem höheren Level der Akzeptanz belohnt.

Dieser Schritt ist schwer konkret zu erklären, weil es sich dabei um einen intensiven energetischen spirituellen Prozess handelt – sowohl im Hinblick auf die Veränderung, die wir erreichen wollen, als auch auf die Art und Weise, wie wir dies tun. Hier geht es darum, einen erweiterten Zustand zu erlangen – eine freiere, gestärkte, visionärere Art des Daseins –, die Ihnen erlaubt, sich für Ihr neues Leben zu öffnen und zu beginnen, es kraftvoll und organisch zu gestalten, egal, was Sie in der Vergangenheit erlebt haben.

Der evolutionäre Sprung von »Wer wir waren« zu »Wer wir sind«

Auf dieser Etappe unserer Reise vollziehen wir einen aufregenden, evolutionären Sprung in ein höheres Bewusstsein. Wir suchen gezielt die dichte Energie in unserem Ich, die mit dem Festhalten an Wertungen verbunden ist und sich der Erfahrung, wirklich bewusst und weit zu sein, widersetzt – und lösen sie, sodass wir in unseren Zellen Raum für das Leben/die Quelle/die Schöpfung schaffen. Auch wenn wir zu diesem Sprung gerne bereit sind, haben wir oft viele Anteile in uns, die sich gegen eine solche radikale Veränderung sträuben.

In diesem Schritt suchen wir zielgerichtet nach jenen Anteilen in uns, die unterbewusst daran beteiligt sind, dass wir ein Opfer bleiben, und uns daran hindern, unser höchstes und bestes Selbst zu leben.

Andrew beschreibt seine Erfahrungen mit Modul 7 des NARP so: »Ich dachte, die Arbeit in diesem Modul wäre wirklich leicht und einfach, und war überrascht, dass ich einen ganzen Monat für diese Veränderungen brauchte. Dabei wurde mir so viel offenbart, was echte Freude und Glanz in meinem Leben blockierte. Schon vor meiner Arbeit an diesem Schritt war kaum mehr etwas verblieben, was ich in Hinblick auf meine Ex-Frau noch hätte ändern können. Doch genau an diesem Punkt, bei diesem Modul, wurde mir klar, dass meine Ex zwar vollkommen aus meinem Leben verschwunden war, ich aber dennoch nach wie vor viele mich einschränkende Glaubenssätze und Traumata mit mir herumtrug: in Bezug auf das, was mir meiner Überzeugung nach zustand, in Bezug auf meine Angst, dass mich das Leben nicht bei meinem Vorankommen unterstützen würde, und in Bezug auf meine Furcht, dass ich vernichtet werden würde, wenn ich zu meinem wahren

Selbst würde. Niemals hätte ich es geschafft, ein Leben ohne diese Barrieren zu führen, hätte ich nicht an dieser Stelle daran gearbeitet. Ich fühlte mich danach wie ein vollkommen anderer Mensch. Seither bin ich definitiv nicht mehr der Alte.«

Diese Veränderung führt Sie von allem weg, was Sie zurückhält – die Einschränkungen, Ängste, Schuldgefühle, das Gefühl, es nicht besser verdient zu haben, fehlender Glaube, geringes Selbstvertrauen etc. –, hin zu dem Wissen, dass Sie sich auf einer wunderbaren Reise zur Gestaltung des wahren Lebens befinden, das Sie sich ersehnen und das Sie verdienen.

Emma fasste ihre Erfahrungen mit diesem Schritt so zusammen: »Besonders beeindruckend war dieser unglaublich große Raum, den ich in meinem Inneren wahrnahm. Wo ich immer den Schmerz darüber, was aus meinem Leben geworden war, gefühlt hatte und im Bedauern über das Erlebte gefangen gewesen war, fühlte ich nun ständig von innen heraus Erleuchtung und Freude auftauchen. Und für diese Gefühle gab es keinen anderen Grund, als einfach das Glücklichsein darüber, zu leben. Meine Gedanken kreisten nicht mehr über Verlust und Bedauern, sondern sie drehten sich um Neues und darum, Träume zu verfolgen, die ich mich zuvor niemals zu verfolgen getraut hätte.«

Das ist die Alchemie der transformativen Heilung, die Veränderung, die eintritt, wenn unsere unterbewussten Programme und die Verdrahtung unserer Hirnsynapsen von »Überleben« auf »Gestalten« umschalten. Die Energie, die wir zuvor verbrauchten, um unsere Wunden zu überleben, wird nun als eine reine, positive Kraft freigelassen und kann dazu verwendet werden, unser wahres Leben zu gestalten.

Wissen, dass wir von der Existenz geliebt werden

Wenn wir Schritt 7 erreichen, verspüren viele unter uns bereits eine große Erleichterung und emotionale Freiheit. Andere wiederum haben das Gefühl, dass sich irgendetwas einfach noch nicht bewegt.

Wenn unser Glaube an eine Höhere Macht schmerzvoll und zerbrochen ist und wenn wir uns noch nicht mit einem Bewusstsein verbinden können, das nicht gegen, sondern für uns arbeitet, dann kommen wir möglicherweise mit unserer Thriver-Genesung erst weiter, wenn wir die mit diesem Schritt verbundene tiefe innere Arbeit verrichten.

Genauso war es bei mir. Ich hatte so viele kaputte Überzeugungen über meine Verbindung zu einer Höheren Macht. Es war meine feste Überzeugung, dass ich von Gott verlassen war, das Licht nicht wert war, dass ich ein böser Mensch sein musste, mit dem Gott nicht einverstanden war, und bestraft wurde. Ich habe so viele Menschen kennengelernt, die ebenfalls unterbewusst unter den gleichen inneren Traumata litten und ein dunkles Gefühl tiefer Scham und Fehlerhaftigkeit in ihrem Inneren verspürten. Und die meisten werden sich dessen erst bewusst, wenn sie mit der tiefen inneren Arbeit in diesem Schritt beginnen.

An diesem Punkt unserer Bewusstseinsveränderung erhalten wir Geschenke der Weiterentwicklung. Wir haben unsere Traumata so weit geklärt, dass wir einen spirituellen Sprung ausführen können – unser wahres Selbst ohne unsere Traumata anzunehmen und zu verwirklichen. Dies erfordert die Internalisierung einer neuen Art des Seins, die reines Lernen weit übersteigt. Es ist praktisch unmöglich, höhere spirituelle Konzepte logisch zu verarbeiten – wir müssen sie werden.

Meiner Erfahrung nach kann man danach süchtig werden – auf eine gute Art! Wenn wir das Licht dort hineinlassen, wo zuvor Dunkelheit war, fühlen wir uns angeregt, lebendig, und wir wollen danach das NARP als permanente Art zu leben übernehmen. Auf dieser Etappe unserer Reise beginnen wir zu verstehen, dass diese Heilung nicht eine lediglich für unser Überleben notwendige Aufgabe ist. Stattdessen bietet sie uns die unglaubliche Möglichkeit, jede Gelegenheit zu nutzen, um uns zu befreien, unser Leben zu erweitern und großartige Erfahrungen zu machen – die ohne die Anwendung der Quantum Tools für uns unerreichbar gewesen wären.

In der Regel öffnen sich Ihnen nach diesem Schritt mehr Türen und ergeben sich Erfahrungen, die zu machen Sie sich *wünschen*. In diesem neuen, gestärkten Zustand, den ich unser »wahres Selbst« nenne, werden Sie die toxische Energie und die falsche und schmerzvolle Realität des Narzissten sehr weit hinter sich lassen. Indem Sie sich mit dem Geschenk Ihrer eigenen spirituellen und persönlichen Entwicklung verbinden, erreichen Sie eine viel höhere Schwingung, in der der Narzisst *nicht mehr Ihre Realität* ist.

Das bedeutet, dass Sie Ihren Fokus fest auf sich selbst richten. Sie wollen wachsen, genesen und sich entwickeln, und Sie freuen sich auf diese persönliche Reise – und gleichzeitig fühlen Sie sich, als ob Sie nach einer endlosen Wanderung durch die Wüste endlich Ihren Durst in einer herrlichen Lagune löschen würden.

Sie fühlen nun intensiv, dass Ihre Seele Ihnen *alle richtigen Botschaften* sendet – die richtigen Menschen, Stichworte, Signale und »Wege«, die Sie dahin bringen, wer Sie wirklich sein wollen –, und Sie sind offen und empfänglich für diese Signale. Das Leben öffnet sich und wird zur Quelle des Staunens und tagtäglicher glücklicher Synchronizitäten, die Sie mit Dankbarkeit und Freude erfüllen.

Ihre Arbeit in Schritt 7 macht es dem Narzissten unvergleichlich schwerer, sich in Ihr Leben zu drängen, Sie zu manipulieren oder um narzisstische Zufuhr anzuzapfen – weil Sie sich ganz und gesund fühlen und Ihr Fokus darauf liegt, sich Ihre eigene Freiheit, Wahrheit und Entwicklung zu erschaffen. Sie können jetzt das, was Sie erleben möchten, auf eine Weise zeigen, die dem Wohl der Gemeinschaft dient, indem Sie Ihre Bestimmung leben und Freude, Liebe und Frieden in Ihr Leben bringen.

Übung

Schritt 7
Die Viktimisierung aufgeben und das wahre Selbst anerkennen

1. Nehmen Sie Ihr Journal zur Hand und suchen Sie einen Ort auf, an dem Sie nicht gestört werden. Formulieren Sie die Intention, sich zum Zweck der Heilung mit Ihrem inneren Selbst zu verbinden. Schließen Sie dann ein paar Minuten lang die Augen und konzentrieren Sie sich darauf, langsam und tief ein- und auszuatmen. Wenn Gedanken auftauchen, ignorieren Sie sie einfach und konzentrieren Sie sich weiter auf Ihre Atmung.

2. Richten Sie Ihre Aufmerksamkeit auf Ihr tiefstes Inneres. Bitten Sie Ihr Inneres Wesen/Inneres Kind aufmerksam, liebevoll und freundlich, Ihnen mitzuteilen, welche seiner Anteile sich einer Befreiung widersetzen und deshalb eingeschlossen sind. Welche Anteile wollen das Gefühl der Viktimisierung nicht aufgeben oder nicht wachsen und heilen? Versichern Sie ihm, dass Sie da sind, um ihm zuzuhören, und seine Gefühle keinesfalls bewerten werden. Öffnen Sie Ihre Augen und schreiben Sie alles, was in Ihnen auftaucht, in Ihr Journal. Wenn nichts Konkretes hochkommt, ist das auch in Ordnung; achten Sie einfach auf jede dichte Energie, die Sie in Ihrem Inneren fühlen.

3. Wenn Sie Hinweise in Bezug auf Probleme erhalten haben, spüren Sie diesen jetzt nach und verbinden Sie sich mit der dazugehörigen schmerzvollen emotionalen Belastung, die Ihr Körper in sich trägt. Bewerten Sie diese auf einer Skala von 0 bis 10, wobei 0/10 die geringste und 10/10 die intensivste emotionale Belastung bezeichnet. Nummerieren Sie dann diese schmerzvollen Probleme von »am intensivsten« bis »am wenigsten intensiv« durch.

4. Sagen Sie nun zu Ihrem Inneren Wesen: »[Liebevoller Name], ich erteile dir jetzt die Erlaubnis, diese Wunde loszulassen, diesen Bruch, der uns von der Liebe, der Schöpfung und dem Leben getrennt hat.« Stellen Sie sich vor, dass an der höchsten Stelle Ihres Kopfes eine Öffnung entsteht und das Trauma von oben durch ein riesiges Rohr oder eine Art Staubsauger aus Ihnen herausgesaugt wird. Sehen Sie vor Ihrem inneren Auge, wie riesige Stücke toxischer Substanz Ihren Körper verlassen, wie alles ab- und herausgesaugt wird und sich beim Verlassen zurück in ursprüngliches Nichts auflöst. Spüren Sie, wie Ihr Inneres Wesen von den Traumata befreit wird.
5. Stellen Sie sich jetzt die große Lichtkugel über Ihrem Kopf vor, die Ihr persönliches Verständnis einer Höheren Macht verkörpert, und leiten Sie Licht durch die Öffnung in Ihren Körper hinein. Erlauben Sie ihm, dass es den Raum füllt, in dem sich zuvor das Trauma befand. Fühlen Sie, wie das Licht in Sie eintritt und Ihre Zellen ausdehnt. Öffnen Sie sich, während Sie sich mit Licht anfüllen, und spüren Sie in dieses Gefühl der Erweiterung hinein.
6. Machen Sie sich bewusst, wie Sie sich fühlen. Ist es anders als vorher? Horchen Sie sehr sorgfältig in sich hinein, ob Sie noch irgendwo stärkeren Widerstand in Ihrem Inneren fühlen. Ist die Blockade, an der Sie gerade arbeiten, noch vorhanden? Haben Sie jetzt das Gefühl, dass Sie Entwicklung, Entfaltung und Ihr persönliches Wachstum verdienen? Solange Sie noch Widerstand fühlen, wiederholen Sie diese Übung, um weiterhin Trauma aus Ihrem Körper zu entfernen, bis Sie sich weit, mit Freude erfüllt und frei fühlen.
7. Wiederholen Sie jetzt die Übung mit dem Trauma mit der nächsthöchsten Bewertung auf Ihrer Liste.
8. Wenn Sie dann das Gefühl haben, sich in der Ausdehnung Ihres wahren Selbst zu befinden, schreiben Sie in Ihrem

Journal auf die Seite »Meine ehrlichen Selbstankündigungen«: »Ich löse mich jetzt von all den falschen Vorstellungen und Überzeugungen, die mich von meinem wahren Selbst trennen. Mein wahres Selbst ist, wer ich ohne Trauma bin. Es ist sicher, mein wahres Selbst zu sein. Mein wahres Selbst wird über alle Maßen geliebt und unterstützt durch die Quelle und das Leben, weil es die Quelle und das Leben ist.« (Wenn Sie die Wirkung dieser Intention verstärken wollen, schreiben Sie sie elfmal.)

In das wahre Selbst entlassen werden

Ich hoffe von ganzem Herzen, dass Sie sich jetzt verdammt großartig finden! Aber das ist noch nicht alles. Wenn Sie das Glück hatten, in Schritt 7 eine grundlegende Veränderung hinein in ein erweitertes Bewusstsein zu erfahren (was viele erleben), könnten Sie jetzt denken, dass Sie es geschafft haben – aber die Reise ist noch nicht zu Ende.

Die Entwicklungslektion – die tiefe Erfahrung des »Überleben oder Zerbrechen« – des narzisstischen Missbrauchs ist eine machtvolle Gelegenheit, auf seelischer Ebene loszulassen, was nicht unser wahres Selbst ist, und in der Folge alles abzuwerfen, was uns in unserer spirituellen Entwicklung zurückhält. Es kommt häufig vor, dass man gerade auf einem Höhepunkt emotionaler Erleichterung und Befreiung ist – und dann trifft es einen unvorbereitet. Man denkt, dass man »angekommen« ist und einen nichts berühren kann. Aber diese höhere Schwingungsexistenz kann nicht aufrechterhalten werden, solange noch die kleinsten Reste von dem, was wir loswerden müssen – alle tief im Inneren einprogrammierten Ängste, Schmerzen, Opfergefühle, mangelnder Glaube an uns selbst etc. –, in uns lauern.

14
Die Furcht vor dem Narzissten und seinen zukünftigen Taten verlieren

Wenn Sie sich mit dem Geschenk Ihrer persönlichen und spirituellen Entwicklung verbunden haben, werden Sie beginnen, sich mehr auf die Schaffung Ihrer eigenen Wahrheit auszurichten. Das Gefühl, zu *wissen*, dass Sie das Leben, das Sie sich wünschen, erschaffen *können und wollen,* wird stärker.

Allerdings hält das Leben, wenn wir heilen und stabiler in unserem Fühlen und Dasein werden, immer wieder für uns Prüfungen parat. Es schaut vorbei und sagt: »Hast du die Botschaft wirklich verstanden? Kennst du wirklich deine eigene Kraft? Das wollen wir jetzt mal testen, damit wir wirklich sichergehen können.«

Dann werden wir durch das Ausbrechen unserer tiefsten, unserer Urängste geprüft, die sich unvermittelt in unser Bewusstsein drängen. In der Regel werden sie durch Ereignisse ausgelöst, die unseren Horror vor (Straf-)Verfolgung triggern, unsere Angst vor Autoritäten oder dem Verlassenwerden oder unsere Furcht davor, als nutzlos geworden erachtet und ersetzt zu werden – die Liste ist endlos.

Warum ist das so? Haben wir denn nicht schon so viele Traumata bereinigt, dass das Leben von nun an leicht werden sollte? Hört das denn nie auf?

Die Wahrheit ist, dass es ein unglaublicher Segen ist, dass diese Traumata nun an die Oberfläche kommen. Es zeugt von den Vernetzungen in der Dynamik des Lebens – den Verbindungen zwischen Ihrer Seele und deren Streben nach Weiterentwicklung, wobei der Narzisst das Hilfsmittel ist, um sie zu erreichen.

Wenn unsere größten Ängste erneut auftauchen, dann stellt uns das vor eine schwere Aufgabe, und es erfordert viel innere Arbeit, um sie bis zum Abschluss zu verarbeiten. Denn eines ist sicher: Frei von Angst und Schmerz sind wir erst, wenn wir alle Traumata losgelassen und umprogrammiert haben. Und genau darum geht es auf dieser Etappe unserer Genesungsreise – wenn trotz der vielen Arbeit, die wir bereits geleistet haben, mehr Schwierigkeiten auftauchen –, denn wir sollen vollständig von diesen Traumata befreit leben. Wenn unsere tiefsten, dunkelsten Ängste ausgelöst werden, dann erleben wir großes Entsetzen und Furcht vor dem Unbekannten. Diese Gefühle können einen vollkommen in Beschlag nehmen, als ob das pure Überleben – emotional oder buchstäblich – auf dem Spiel stünde.

An diesem Punkt müssen wir eine höhere spirituelle Lektion begreifen, wenn wir uns dauerhaft von unseren Ängsten befreien und unsere wirkliche Kraft behaupten wollen. Allerdings wurde niemandem von uns jemals beigebracht, sich nach innen zu wenden, um seine Emotionen zu transformieren. In der Regel besteht deshalb unsere Standardreaktion, wenn uns das Leben oder unsere Emotionen nicht das gewähren, was wir gerne hätten, darin, dass wir uns je nach dem Grad unserer Enttäuschung gestresst oder sogar machtlos fühlen.

Das Entwicklungsziel an dieser Stelle lautet: *Ich bin in der Lage, meinen Seinszustand zu verändern, unabhängig davon, was außerhalb von mir (nicht) geschieht, und dann wird sich mein ganzes Leben nach meinem inneren Zustand richten.*

War all die harte Arbeit vergebens?

Ich habe oft miterlebt, dass Menschen schnell eine unglaubliche Erleichterung und einen gewissen Grad des Empowerment erreichen und dann, wenn sie denken, dass jetzt alles wie geschmiert läuft, ihre tieferen Überlebensprogramme massiv und schmerzvoll getriggert werden (oft durch Taten des narzisstischen Menschen oder als ein altes Trauma, das einfach von innen aufsteigt).

Nachdem man sich bereits so gut gefühlt hat, ist das natürlich ein Schock. Viele empfinden sich dann als machtlos und denken:

»Meine ganze harte Arbeit war umsonst! Ich stehe genau da, wo ich angefangen habe. Wie kann es sein, dass ich wieder diese lähmenden Emotionen fühle?«

So erging es auch Louise. Sie hatte zwei Monate lang hart mit dem NARP gearbeitet, hielt erfolgreich Keinen Kontakt aufrecht und hatte eine fantastische Erleichterung und emotionale Freiheit erreicht, nachdem sie die Verlustängste aus ihrer Kindheit bereinigt hatte. Louise war nicht mehr im Kreislauf von emotionaler Panik und Machtlosigkeit gefangen, der sie in der Vergangenheit dazu gebracht hatte, ihrer narzisstischen Geliebten Claudia nachzurennen und sich an sie zu klammern, egal, wie viele andere Frauen Claudia traf und wie schlecht sie sie behandelte. Louise war begeistert, wie gut sie sich fühlte, und hatte regelmäßig über das Wunder berichtet, dass sie einfach nicht mehr über Claudia nachdachte.

Dann rief eine Freundin an und erzählte ihr, dass Claudia gerichtlich einen Anteil an Louise' Firma einklagen wollte. Peng! Louise fühlte schlagartig die alte Machtlosigkeit und das Entsetzen wie eine weiß glühende Energie in ihrem Inneren aufsteigen. Sie berichtete der NARP-Community, was passiert war, und gab zu, dass sie sich fühlte, als ob sie wieder in die »verkorksten Gedanken« gerutscht sei. Sie war emotional so gelähmt, dass sie das Trauma, das sie nun verspürte, nicht mit dem NARP behandelte und direkt in die alte Hölle zurückkehrte, nicht schlafen, essen oder im Alltag funktionieren konnte.

Obwohl Louise im NARP erst bis Modul 3 gekommen war, rieten ihr ihre Mit-Thriver angesichts ihrer Ausnahmesituation, direkt mit Modul 8 fortzufahren, um dessen spezifische Veränderungen zu erreichen: alle Ängste vor den *möglichen zukünftigen* Aktionen des narzisstischen Menschen, die einen noch in schreckliche Furcht und Machtlosigkeit stürzen, aufspüren und loslassen. Louise nahm den Rat an und grub tief sitzende Überlebensprogramme aus, die die Angst vor (Straf-)Verfolgung und Auslöschung beinhalteten. Diese entsprangen generationellen (epigenetischen) Traumata aus Vorleben sowie aus der Kindheit. Sobald sie aus ihrem Inneren Wesen heraus- und aufgelöst waren, fühlte Louise sich wieder mutig und stabil. Kurz darauf erfuhr sie, dass Claudia einen Anwalt aufgesucht hatte, der ihr aber erklärte, dass sie keine rechtliche Handhabe besäße, einen Anteil an Louise' Firma einzuklagen.

Das war selbstverständlich kein Zufall oder gar ein Wunder. Es war das Leben, das auf das Quantum-Gesetz antwortete – *Innen wie außen.*

Wenn der Narzisst angreift

Modul 8 ist ein entscheidender Schritt, denn es geht darum, unsere Furcht davor zu verlieren, was der Narzisst als Nächstes unternehmen könnte. Es ist eines der am meisten absolvierten und wiederholten Module des NARP. Das liegt daran, dass Narzissten es hassen zu verlieren. Sie können es nicht ertragen, wenn ein Mensch davonzieht und sich nicht weiter kümmert. Es ärgert sie maßlos, weil ihr falsches Selbst von diesem Menschen nicht mehr gefüttert wird. Zudem sind sie extrem paranoid und stellen sich vor, dass jeder es darauf anlegt, sie in Verruf zu bringen und bloßzustellen. Narzissten sind darauf gepolt, sich zu rächen, Menschen zu bestrafen und die Konkurrenz auszuschalten: *Wenn ich dich zuerst erwische, dann kannst du mir nicht wehtun.*

Wie wir gesehen haben, treffen uns narzisstische Menschen in unseren tiefsten Ängsten und Unsicherheiten, indem sie uns da angreifen, wo wir am verwundbarsten sind: bei unseren Kindern, Angehörigen, unserem Eigentum, unserer Sicherheit, unseren Zukunftsträumen und unserem guten Ruf. Solange wir uns nicht mit Quantum-Methoden geheilt haben, können Narzissten sicher sein, dass sie weiterhin erstklassige narzisstische Zufuhr von uns erhalten, indem sie mit tödlicher Sicherheit genau das attackieren, was uns am wichtigsten ist. Indem sie uns auf diese Weise bestrafen und uns das Leben schwer machen, stellen sie sicher, dass sie die Vergeltung erhalten, die sie zu verdienen glauben. Und wie wir gesehen haben, heiligt für Narzissten der Zweck jedes Mittel – und sie verstehen es, sie heimtückisch, gemein und gewissenlos zu nutzen.

Es ist also eine entscheidende Einsicht, dass es für die Genesung nicht ausreicht, nur zu verstehen, warum Narzissten so grausam handeln. Zum Glück streben wir, wenn wir »Quantum werden«, nach tieferen Wahrheiten, die uns im Gegensatz zu rein verstandesmäßigen Erkenntnissen den Weg zu evolutionärem Heilen öffnen. Und die tiefe Wahrheit in diesem Fall lautet, dass der Narzisst den Finger genau in die Wunden legt, die Sie am meisten schmerzen, damit Sie sich Ihrer inneren Traumata bewusst werden, um sie lösen und von ihnen befreit leben zu können. Ich bin davon überzeugt, dass das Leben/die Quelle/die Schöpfung und unsere Seele das genau richtig verstehen. Hinter all dem steckt ein tieferer Sinn.

Seelenkrieg

Nicht alle Attacken eines Narzissten müssen so gemein und offensichtlich angstauslösend sein wie bei Louise. Wir können auch auf dezentere Weise dazu gebracht werden, uns wie besessen mit möglichen Aktionen des narzisstischen Menschen zu beschäftigen – und uns dadurch entsprechend emotional gelähmt und machtlos zu fühlen.

Carolines Situation illustriert das perfekt. Sie hielt sich streng an Keinen Kontakt, blockierte ihre narzisstische Ex-Freundin auf allen Geräten und bat alle, die die Freundin anbettelte, Nachrichten an Caroline zu übermitteln, nicht darauf zu reagieren. Und dann herrschte eines Tages plötzlich tatsächlich Funkstille. Nach einer gewissen Zeit war es offensichtlich, dass Carolines narzisstische Freundin aufgehört hatte, den Kontakt mit ihr zu suchen.

Sofort begann Caroline sich obsessiv damit zu beschäftigen, *warum* ihre Freundin die Kontaktversuche abgebrochen hatte. Plante sie insgeheim irgendetwas? Fand hinter ihrem Rücken eine Schmutzkampagne statt? War es nur ein Trick, um Caroline dazu zu bringen, von sich aus mit der Freundin in Kontakt zu treten?

Egal, wie sehr sie sich auch anstrengte, nicht darüber nachzudenken, unablässig kreisten Gedanken wie diese durch ihren Kopf.

Viele verstanden Carolines Besessenheit nicht. In Wahrheit reagierte sie so, weil ihre nicht geheilten Wunden aus der Kindheit getriggert worden waren. Als sie aufhörte, sich dafür zu geißeln, wieder in das Trauma eingetaucht zu sein, und stattdessen ihre zugrunde liegenden Kindheitsverletzungen – sich nicht der Aufmerksamkeit wert fühlen und der Sündenbock sein – aufspürte und heilte, erreichte sie einen noch höheren Grad der Freiheit, Stärke und Loslösung. Wir können für uns nur gewinnen, wenn wir bewusst auf unsere tiefsten Traumata zugehen, um sie zu heilen, anstatt sie zu verdammen und zu versuchen, vor ihnen wegzurennen.

Viele Menschen leiden unter Triggern. Sie befürchten zum Beispiel, dass sie dem Narzissten nicht widerstehen können, wenn er sie kontaktiert und »hoovert«. Sehr häufig haben sie auch Angst herauszufinden, dass der Narzisst sie schon durch einen anderen Menschen ersetzt hat. Wenn dies passiert, sind in der Regel obsessive Grübeleien die Folge im Sinne von: »Bestimmt wird er/sie mit der/dem Neuen ganz anders umgehen und die Beziehung erfolgreich sein.«

An diesem Punkt unserer Reise sind Ängste mehr oder minder unvermeidlich. Es besteht nun die Gefahr, dass wir vergessen, die Traumata in unserem Körper aufzuspüren und nacheinander nach außen zu bringen, und dadurch in »verkorksten Gedanken« gefangen bleiben – und eine schwere Zeit erleiden. Allerdings passiert dies meist, weil die Betroffenen nach den anfänglichen Erfolgen – Empowerment und Erleichterung –, die sie durch harte Arbeit an sich selbst erreicht haben, mit der Praxis der inneren Veränderungen aufgehört haben. Schließlich ist das Leben ja jetzt wieder »normal«, oder?

Auch ich bin im Lauf der Jahre in diese Falle getappt – und zu der alten Illusion zurückgekehrt, dass wir, wenn uns das Trauma trifft, unsere Gefühle durch unser Denken ändern können, obwohl uns die Erfahrung immer und immer wieder gelehrt hat, wie sinnlos dies ist.

Wie Bessel van der Kolk in *Verkörperter Schrecken* schreibt: »Der größte Teil unseres bewußten Gehirns fokussiert auf die äußere Welt … Die neurowissenschaftliche Forschung zeigt, daß wir das, was wir fühlen, nur verändern können, indem wir uns unseres inneren Erlebens bewußt werden und lernen, uns mit dem, was in uns vor sich geht, vertraut zu machen.«[1]

Das trifft ganz besonders auf narzisstischen Missbrauch zu und unterstreicht, wie notwendig es ist, das Quantum-Gesetz zu verstehen. Man kann Narzissten nicht im direkten Nahkampf schlagen. In diesem energetischen Seelenkrieg kämpft man nicht nur, damit sich die eigene Seele *entwickelt,* sondern um sie *zu retten.* Wenn Sie in angstbeladenen inneren Programmen gefangen bleiben, besetzt der Narzisst Ihre Seele, um sich davon zu nähren, bis sie ganz ausgetrocknet ist. Ich weiß, das klingt schrecklich makaber und nach Science-Fiction, aber ich versichere Ihnen, es ist wahr.

Und so verrückt es auch klingen mag: Auch wenn Sie diese Angst einem Narzissten gegenüber nicht direkt ausdrücken, so ermöglicht sie ihm doch, sich an Ihnen festzusetzen und Sie auszusaugen. Selbst wenn Sie Keinen Kontakt einhalten, solange das Trauma in Ihrem Unterbewusstsein – wo alle Fäden unseres Lebens miteinander verbunden sind – tobt, erhält er Zufuhr und nutzt die Energie Ihrer Angst, um sich weiter in Ihrem Leben einzunisten und in Ihrem Inneren weiter zu terrorisieren.

Von der Dunkelheit zum Licht

Wir können Narzissten niemals mit ihren eigenen Waffen schlagen, indem wir versuchen, sie zu verletzen, bloßzustellen oder uns an ihnen zu rächen. Und wir können sicherlich nicht mit ihnen diskutieren oder eine Absprache treffen, damit sie mit ihrem Verhalten aufhören. Durch ein solches Vorgehen verstricken Sie sich nur noch tiefer im Missbrauch und liefern dem Narzissten perfekte Munition.

Wenn Sie jedoch alle Schmerzen und Ängste verändern und loslassen und in Ihrem Inneren Abgeklärtheit und Frieden herstellen, werden sich nach und nach unglaubliche Dinge ereignen. Der Narzisst verliert seine Macht. Seine Lügen, Manipulationen und Handlungen, die Sie verletzen und Ihnen Leid zufügen sollten, kommen ans Licht, und seine Täuschungstaktiken scheitern auf ganzer Linie.

Dies geschieht, weil Sie den Narzissten nicht mehr bekämpfen, sondern sich vorrangig um Ihr eigenes Inneres Wesen kümmern. Viele Menschen halten dies anfänglich für Bequemlichkeit – fälschlicherweise, denn es bedeutet nicht, dass Sie nicht für sich selbst eintreten, sondern dass Sie sich aus einer Position der Stabilität, Ruhe, Erkenntnis und Wahrheit heraus verteidigen. Sie versuchen nicht länger, den Narzissten zu entlarven und seinerseits zugrundezurichten, um Ihr eigenes Leben zurückzugewinnen, sondern Sie leben Ihre Wahrheit in *Ihrer eigenen Integrität*. Das ist unglaublich machtvoll.

Ich habe schon unzählige Male erlebt, dass Narzissten in Sorgerechtsverhandlungen, Eigentumsvereinbarungen und gemeinsamen geschäftlichen Transaktionen den Kürzeren zogen. Das zeigt, wie machtlos sie wirklich sind, wenn ihre vormaligen Opfer aufhören, sie mit Energie zu versorgen. Dann beginnen die allmächtigen Mechanismen des Lebens einen mit echter, gleich gerichteter Energie zu unterstützen, die sich vollkommen von dem unterscheidet, was der Narzisst verkörpert. Ich habe sogar gesehen, wie Narzissten kapitulierten und alles, worum man sie bat, kampflos herausgaben, weil narzisstische Menschen vor einer authentischen Person, die ihre Kraft lebt, genauso zurückschrecken wie ein Vampir vor hellem Licht. Sie tun alles, um dem zu entfliehen.

Vermutlich werden Sie mir dieses Phänomen erst glauben, wenn Sie es selbst erleben. Aber ich kann Ihnen mit jeder Faser meines Seins versichern, dass es voll und ganz der Wahrheit entspricht.

Wenn Sie an diesem Schritt hart arbeiten und ihn jedes Mal wiederholen, wenn Sie spüren, dass die Angst Sie wieder zu überwältigen beginnt – dann erwartet Sie die unglaubliche Freiheit eines Lebens ohne Angst. Sie werden, *sollte* etwas passieren, das Sie normalerweise mit Angst erfüllen und in Panik stürzen würde, ruhig und erfolgreich reagieren, sobald Sie das damit verbundene Trauma ganz aus Ihrem Inneren entfernt haben. Sie werden für sich einstehen und Ihre Wahrheit leben können und absolut gewiss sein, dass sich alles in perfekter und göttlicher Ordnung lösen wird.

Dieser Schritt erlaubt Ihnen nicht nur, sich von den Handlungen des Narzissten zu lösen, er wird Ihnen auch einen der größten Durchbrüche in Ihrem Leben verschaffen. Erst nachdem wir uns über die schrecklichen Ängste vor Verfolgung, Verlassenwerden, Zerstörung und dem Unbekannten hinausentwickelt haben, können wir im Rückblick erkennen, wie viele Bereiche unseres Lebens betroffen waren.

Können Sie sich vorstellen, welche Kraft es Ihnen verleihen wird, wenn Sie dies erreichen? Sie werden endlich frei sein, Ihr authentisches Selbst zu leben, ohne von diesen Urängsten gelähmt zu sein. Ihre Handlungen werden nicht mehr davon bestimmt sein, was Sie fürchten, sondern davon, wie Sie aus der Wahrheit Ihrer Seele heraus Glück, Erfolg und spirituelle Entfaltung schaffen können.

Tiefe, getriggerte Traumata zu erleben kann es uns schwermachen, uns auf die notwendigen Prozesse zu konzentrieren, um diese Traumata loszulassen, zu verändern und umzuprogrammieren. Manchmal ist es erforderlich, einfach die Energie des Schreckens in unserem Körper *zu erleben* – also sie zu fühlen, loszulassen und dann zu beginnen, davon zu genesen –, bevor sich unser Geist ein wenig verändern kann, um in Ruhe die damit verbundenen (Er-)Kenntnisse aufzunehmen. Doch bis dahin können uns unsere traumatischen Gedankenmuster unablässig im Kreis drehen lassen und uns immer tiefer in das Trauma hineinziehen und darin verfangen lassen.

Die innere Arbeit in Schritt 8 wird Sie ermutigen, mit sich selbst eine Partnerschaft einzugehen und jene Traumata aufzuspüren und loszulassen, die Sie bisher mit lähmender Angst erfüllt haben. Auf diese Weise werden Sie wieder die grundlegende Kontrolle über Ihre Emotionen und Ihr Leben gewinnen.

Dies kann extrem schwierig sein, *weil uns die Selbstheilung am meisten abschreckt (wenn wir erheblich getriggert sind), wenn wir sie am intensivsten ausführen müssen.* (Wenn Sie weitere Hilfe brauchen, um sich diesen schrecklichen Ängsten zu stellen und sich aus ihrem Griff zu befreien, dann kann Ihnen das »You Can Thrive Program« entscheidend dabei helfen.)

Übung

Schritt 8
Die Angst loslassen

1. Nehmen Sie Ihr Journal zur Hand und ziehen Sie sich an einen ruhigen Ort zurück, an dem Sie nicht gestört werden. Widerstehen Sie der Versuchung, während der folgenden Übung ankommende Nachrichten zu lesen, oder dem Bedürfnis, einen Streit mit dem Narzissten fortzusetzen, selbst wenn Sie das Gefühl haben, sich mitten in einer Krise (oder einem Kriegsgebiet) zu befinden. Formulieren Sie die Intention, sich nicht mehr obsessiv mit dem zu beschäftigen, was gerade vorgeht, sondern sich dem zu stellen und zu heilen, was geheilt werden muss, und die nächste Ebene Ihrer wunderbaren Entwicklung zu erreichen.

Halten Sie einige Minuten lang Ihre Augen geschlossen, atmen Sie tief ein und aus und konzentrieren Sie sich darauf, Ihren Körper zu öffnen. Wenn sich Ihr Körper langsam entspannt, fühlen Sie sich vielleicht danach, zu weinen oder zu schreien. Lassen Sie es zu. Erlauben Sie sich selbst, alles auszudrücken, was ausgedrückt werden will. Seien Sie sich

bewusst, dass Sie so Ihre aufgestauten Emotionen auf gesunde Weise loslassen können.
Atmen Sie weiter tief und langsam. Selbst wenn Ihre Gedanken jetzt unkontrolliert rasen, ignorieren Sie sie so gut wie möglich und bleiben Sie weiter auf Ihre Atmung fokussiert.
2. Konzentrieren Sie sich nun auf Ihr tiefstes Inneres und visualisieren Sie Ihr verängstigtes Inneres Wesen/Inneres Kind. Akzeptieren Sie jedes Bild, das von diesem verletzten Anteil Ihres Selbst aufsteigt. Sie könnten sich selbst als kleines Kind oder in einem Vorleben sehen. Vertrauen Sie der Person, die in Ihrem Inneren auftaucht. Was macht sie? Wie sieht sie aus? Stellen Sie sich vor, wie Sie sie betrachten, dann fest umarmen und Ihr Inneres Wesen/Inneres Kind aus tiefstem Herzen mit Liebe überschütten. Vielleicht schmiegt es sich befreit an Sie, vielleicht windet es sich aber auch aus Ihrer Umarmung oder wehrt sich dagegen. Egal, wie es sich verhält, schenken Sie ihm auf jeden Fall weiter Ihre bedingungslose Liebe. Selbst wenn Ihr Inneres Wesen/Inneres Kind versucht, von Ihnen wegzukommen, geben Sie ihm weiterhin Ihre Liebe und versichern Sie ihm: »[Liebevoller Name], ich bin da für deinen Schmerz, ohne dich für irgendetwas zu verurteilen. Ich weiß, dass dein Trauma und deine Gefühle echt und wichtig sind, und ich liebe dich so, wie du bist. Ich werde dich niemals mehr verlassen, egal, wie verletzt du bist. Ich bin da, um dich zu halten, zu lieben und dir zu helfen.« Es kann eine Weile dauern, bis sich Ihr Inneres Kind/Inneres Wesen langsam beruhigt und sich mit Ihnen verbindet.
3. Sagen Sie dann zu Ihrem Inneren Wesen/Inneren Kind: »[Liebevoller Name], ich weiß, dass dieses Trauma schrecklich und groß ist, aber ich verspreche dir, wenn wir es heilen – ganz egal, wie furchtbar es sich anfühlt –, befreien wir uns davon und müssen nicht mehr diese Angst oder deren Folgen

spüren. Ich bin für dich da, um dir zu helfen, und zusammen können und werden wir es schaffen.«

4. Bitten Sie Ihr Inneres Kind/Inneres Wesen, Ihnen seine Ängste zu beschreiben. Spüren Sie richtig in sich hinein und verbinden Sie sich mit ihm, um wahrzunehmen, was es Ihnen zu sagen hat. Bewerten oder zensieren Sie die Informationen nicht. Erlauben Sie ihnen einfach, an die Oberfläche zu kommen. Öffnen Sie dann, wenn Sie dazu bereit sind, Ihre Augen und notieren Sie alles, was Sie erfahren haben.

5. Spüren Sie jetzt in Ihren Körper hinein und bewerten Sie die Intensität jedes Traumas, das Sie identifiziert haben, auf einer Skala von 0 bis 10, wobei 0/10 die geringste und 10/10 die intensivste emotionale Belastung darstellt. Nummerieren Sie dann diese schmerzvollen Probleme von »am intensivsten« bis »am wenigsten intensiv« durch.

Beginnen Sie mit dem am höchsten bewerteten Trauma auf Ihrer Liste. Bitten Sie Ihr Inneres Wesen/Inneres Kind, sich mit den Gefühlen zu verbinden, die es in ihm auslöst, und schreiben Sie diese auf. Wahrscheinlich gehören dazu Angst, Ohnmacht, Wehrlosigkeit und fehlende Überlebenskraft, aber auch das Gefühl, von der Vernichtung oder dem Verlust von geliebten Menschen bedroht zu sein.

6. Geben Sie dann folgende Erklärung ab: »Inneres Wesen/Inneres Kind, ich gebe dir jetzt die Erlaubnis, diese Wunde loszulassen, diesen Bruch, der uns von der Sicherheit und der Macht des ganzen Lebens getrennt hat, damit wir uns als Partner zusammenschließen.« Stellen Sie sich dann vor, dass Sie das Trauma auf eine von Ihnen ausgesuchte Weise verpacken, dann ein Höheres Wesen (Ihrer Wahl) auffordern, zu kommen und es für Sie mitzunehmen – zurück zum Leben/zur Quelle/zur Schöpfung, um es wieder in Liebe und Wahrheit zurückzuverwandeln. Spüren Sie, wie sich Ihr Inneres Wesen von dem gesamten Trauma befreit.

7. Lassen Sie nun das Licht über die Leitung von der weißen Lichtkugel über Ihrem Kopf an die Stelle in Ihrem Körper fließen, an dem sich zuvor das Trauma befunden hat. Füllen Sie damit den Raum auf, der sich geöffnet hat. Fühlen Sie, wie sich das Licht in Ihrem Inneren ausdehnt und Sie wärmt. Seien Sie so offen wie möglich, um dieses Gefühl zu erhalten und sich damit zu verbinden. Wahrscheinlich fühlen Sie Erleichterung, weil Sie nun von dieser Angst befreit sind.
8. Schreiben Sie auf, wie sich das für Sie anfühlt. Gehen Sie zu dem Trauma zurück, an dem Sie gearbeitet haben, und versuchen Sie, das damit verbundene Gefühl wieder auftauchen zu lassen. Ist es noch da? Ist es weniger intensiv geworden? Ist es ganz weg? Selbst wenn nur eine Winzigkeit zurückgeblieben ist, empfehle ich Ihnen dringend, erneut tief in das Trauma einzudringen und jeden noch so kleinen Rest mithilfe dieses Schrittes zu lösen. Auf diese Weise können Sie wirklich verändern, was Ihnen zugestoßen ist.
9. Wiederholen Sie den gesamten Vorgang mit dem Trauma auf Ihrer Liste, das Sie mit der nächsthöheren Intensität bewertet haben.

Die Kraft, die wir ohne unsere Wunden haben

Durch die Arbeit in diesem Schritt werden Sie Ihre Fähigkeit entwickeln, jeden auftauchenden Trigger freudig anzunehmen und direkt zu behandeln. Das ist wirklich überaus machtvoll, weil Sie auf diese Weise unempfindlich gegenüber der Zerstörung werden, die der Narzisst Ihnen aufzwingen will. Und es befreit Sie, weil es Sie befähigt, sich in ein Leben ohne Angst weiterzuentwickeln. Dies bewirkt einen enormen Entwicklungssprung, weil Sie in der Lage sein werden, Ihr authentisches Selbst zu leben und sich stets bewusst zu sein, dass die Quelle und das Leben Sie unterstützen, wenn Sie unverwundet, von innen heraus leben.

15 Die Verbindung mit dem Narzissten endgültig lösen und heilen

Sobald Sie Schritt 8 durchgearbeitet, die Angst losgelassen und das tiefe Trauma gelöst haben, das mit Ihren ursprünglichen Überlebensprogrammen verbunden ist, haben Sie einen weiteren Meilenstein auf Ihrer Reise zu größerer persönlicher Freiheit erreicht. »Angst« wird ein Gefühl, das Sie einfach nicht mehr so beeinträchtigt wie zuvor. Sie haben begonnen, sich mit einer tieferen Macht in sich selbst zu verbinden, die Ihnen die Quantum-Erkenntnis gewährt, dass etwas Größeres Sie unterstützt. Sie haben jetzt den Schlüssel in der Hand, um Situationen zu meistern, die Sie früher in Angst und Schrecken versetzten – weil Sie Ihre Furcht losgelassen und einem machtvollen *Wissen* erlaubt haben, Sie zu erfüllen.

Doch die Genesungsreise geht weiter, denn zu narzisstischem Missbrauch gehört eine intensive zwischenmenschliche Verstrickung. Der weltbekannte argentinische Familientherapeut Salvador Minuchin, der die Strukturelle Familientherapie entwickelte, beschrieb Verstrickung als »Beziehungen mit diffusen Grenzen, geringer Loslösung und Überfürsorge für andere in der Beziehung, die zu einer verringerten Selbstautonomie führt«.[1]

Bei narzisstischem Missbrauch besteht diese Verstrickung in der intensiven Erfahrung einer toxischen Verbindung, einer parasitären Verwobenheit, die nicht weniger als eine psychische Machtübernahme ist. Viele Menschen haben den Prozess der Befreiung ihres Inneren Wesens von einem Narzissten mit einem Exorzismus verglichen. Ich glaube zwar nicht an Dämonen, die in Menschen ihr Unwesen treiben, und doch ist der Vergleich nicht falsch. Tatsächlich müssen wir diese intensive Dunkelheit loswerden, um uns mit Licht füllen zu können, mit dem Leben selbst, mit

Wohlbefinden, der Möglichkeit einer neuen Zukunft – und mit der schöpferischen Entwicklung, um in diese Zukunft einzutreten. Wir müssen den Narzissten vollständig aus unserem Dasein entfernen, das heißt, die Leinen kappen und alle damit verbundenen Glaubenssysteme loslassen, die einst unbewusst zu unserer Verstrickung mit ihm führten. Dann sind wir auf einem energetischen Level, der es ihm unmöglich macht, sich weiterhin an uns festzuhaken, um uns unsere Energie, unseren Selbstwert und unsere Ressourcen auszusaugen.

Solange wir diese Arbeit jedoch nicht leisten, bestehen die emotionalen und psychischen Bindungen, die uns an den narzisstischen Menschen fesseln, weiter. Damit verpassen wir die unglaubliche Gelegenheit, die Anteile in uns selbst zu heilen, die die narzisstische Missbrauchserfahrung unbewusst auslösten und uns leiden ließen – was auf tiefster Seelenebene den Sinn hatte, uns zu ermöglichen, uns Schritt für Schritt in die höchste und am weitesten entfaltete mögliche Version unseres Selbst zu emanzipieren.

Die Kraft zurückholen

Viele Menschen, die an ihrer spirituellen und persönlichen Entwicklung gearbeitet haben, verstehen die Prinzipien, die hinter dem Kappen von Verbindungen stehen. Es bedeutet, sich unseren ungesunden, toxischen Verbindungen mit Menschen zuzuwenden und sich in einer Visualisierung oder einem meditativen Vorgang vorzustellen, sie zu entfernen. So kann man visualisieren, dass sie verbrennen oder sich in nichts auflösen, oder man bittet ein Höheres Wesen, sie zu entfernen, oder man wendet eine andere Form der rituellen Heilung an.

Das Quantum-Gesetz behandelt dieses Vorgehen auf einer tieferen Ebene nach dem Prinzip *Innen wie außen*. Das heißt: Wenn wir nicht die ursprünglichen Traumata heilen, durch die sich solche Bindungen bilden und bestehen bleiben konnten, dann werden sie sich immer wieder neu bilden, selbst wenn wir sie zeremoniell kappen – so wie Krebs wieder wachsen kann, wenn die eigentliche Ursache der Krankheit nicht behandelt wird.

Dabei müssen wir meiner Überzeugung nach folgenden Entwicklungssprung vollziehen: Um von einem schweren Trauma zu genesen, muss man anerkennen, dass die wahre Macht zur Veränderung nur darin besteht, uns selbst zu ändern.

Ich weiß, dass dies für das Kappen von Bindungen absolut wahr ist. Bevor ich mit Quanta Freedom Healing arbeitete, versuchte ich mithilfe jeder Methode, von der ich je gehört hatte, die Verbindung zwischen dem Narzissten und mir zu durchtrennen, um mich zu lösen, meine Energie zu schützen und für ihn zu blockieren. Ich wollte verzweifelt das perfide Gefühl loswerden, dass der Narzisst von meiner Lebenskraft zehrte. Einige dieser Behandlungen und Methoden schenkten mir zeitweise Erleichterung, doch das Gefühl kehrte immer wieder zurück.

In dieser Phase hatte ich noch nicht die ursprüngliche Ursache gelöst. Mateo Sol schreibt in *Awakened Empath: The Ultimate Guide to Emotional, Psychological, and Spiritual Healing:* »Ein Energievampir kann uns niemals Energie ›stehlen‹, außer wir erlauben es ihm bewusst oder unbewusst.«[2] Die wahre Antwort lautete nicht, zu versuchen, die energetische Verbindung des Narzissten mit mir zu kappen – sondern jene Anteile in mir zu heilen, *die es ihm erlaubten, sich energetisch mit mir zu verbinden.*

Deshalb möchte ich Sie darauf hinweisen, dass Energiefeldreinigung, Auraschutz und ähnliche Methoden keine echte Heilung bringen. In meinem E-Book *Self Care When Recovering from Narcissistic Abuse* (das zum NARP gehört) stelle ich sie daher nur als ergänzende Methoden vor. Es ist wichtig zu wissen, dass wir uns mit solchen Praktiken letztendlich für alle Ewigkeit immer wieder behandeln müssen, weil sie nicht den Kern des Problems treffen. Der einzig wahre Weg ist die tief greifende Umprogrammierung unser selbst, um alle Anteile unseres Wesens zu entfernen und zu ersetzen, die die unterbewusste Entsprechung des Narzissten bilden – indem wir unser noch nicht geheiltes Trauma in Angriff nehmen. Dadurch bietet unser Energiefeld keine Ansatzpunkte mehr, weder für den aktuellen noch zukünftige Narzissten in unserem Leben.

Die Arbeit in Schritt 9 ist intensiv, tief greifend und machtvoll. Nachdem Sie die spezifischen Umprogrammierungen in den vorangegangenen acht Schritten absolviert haben, sind Sie bestens vorbereitet auf die Arbeit, die mit dem Kappen all Ihrer energetischen Verbindungen mit dem Narzissten einhergeht. Sie sind bereit, sich Ihr grundlegendes – nicht zu dem Narzissten passendes – Wesen zurückzuerobern. In diesem Schritt werden Sie auch allen verbliebenen Kummer, Verlust und Schmerz loslassen. Dies ermöglicht Ihnen, frei in Ihr neues Leben weiterzuziehen, ohne dass die schädlichen alten Erinnerungen und Wunden wieder auftauchen. Wenn Sie diesen Schritt absolviert haben, wird Ihnen der Narzisst vollkommen gleichgültig sein. Er wird Sie einfach nicht mehr interessieren, er wird zur *Erinnerung an eine Erinnerung*. Die Erleichterung, die damit einhergeht, ist natürlich *unbeschreiblich!*

Die Anteile in uns, an denen wir unbewusst noch festhalten

Schritt 9 verhilft vielen Betroffenen zu der großen Erkenntnis, dass ein Teil von ihnen bewusst oder unbewusst nach wie vor an dem Narzissten festhält, was ihnen möglicherweise bislang nicht klar war. Ausnahmslos haben wir den Narzissten, mit dem wir verstrickt waren, zu unserer Quelle der Liebe, Bestätigung, Sicherheit oder des Lebens bestimmt. Entweder wurden wir in eine narzisstische Familie hineingeboren, oder wir trugen als Erwachsene ein nicht geheiltes Kindheits- oder generationelles Trauma in uns, das uns nach einer Elternfigur suchen ließ, die sich nun anders verhalten würde.

Wie Dana nach ihrer Arbeit mit dem NARP-Modul 9 erzählte: »Als ich mit der Blockade in meinem Herzen konfrontiert wurde, die es nicht zulassen wollte, dass ich meine emotionale Verbindung mit dem Narzissten löste, stieß ich auf mein vierjähriges Inneres Kind, das weinte, weil Daddy es verlassen hatte und nichts mit ihm zu tun haben wollte. Sein Gefühl war: ›Ich darf niemals aufhören, Daddy zu lieben, egal, was passiert, denn nur so kann ich darauf hoffen, auch Liebe von ihm zu bekommen.‹« Dana erarbeitete sich die Loslösung von diesem Trauma, indem sie sich von der emotionalen Bindung an ihren Vater befreite und in der Folge entdeckte, dass sie sich auch leicht von der befreien konnte, die sie noch an ihren narzisstischen Ex-Ehemann fesselte.

Dana hatte nicht gewusst, dass dieses Trauma in ihrem Inneren wirkte; ihr war nur klar, dass sie jede Nacht träumte, mit ihrem narzisstischen Ex-Mann zusammen und glücklich zu sein. Dabei sah ihre Realität vollkommen anders aus. Nachdem sie das Trauma des »Weiter-daran-Festhaltens« beseitigt hatte, hörten die Träume auf.

Häufig bleiben Menschen »nur für den Fall« unbewusst mit dem Narzissten verbunden. Als Christopher tief in jene dichten Teile in seinem Inneren vordrang, die sich weigerten, seine Ex Margie gehen zu lassen, entdeckte er, dass ein Teil in ihm noch immer hoffte, dass sie zurückkehren, sich ändern und ihm die Frau sein würde, die er sich wünschte. »Ich hatte das immer für normal gehalten«, meinte er, »aber seitdem ich ein NARPler geworden bin, zeigt sich nun dort, wo zuvor Unbewusstheit war, zu meiner großen Freude Weisheit. Heute weiß ich, dass dieses Festhalten mich nur dazu bereitmachte, weitere narzisstische, enttäuschende Beziehungen in meinem Leben einzugehen. Und jetzt freue ich mich einfach, dass sie und ich frei sind, unsere Leben so zu gestalten, wie es unseren jeweiligen Wahrheiten entspricht. Mein Glück und meine Zukunft hängen nicht mehr von ihrer Heilung ab.«

Wir können immer noch heimlich verbunden bleiben, weil wir auf einer bestimmten Ebene nicht wollen, dass der Narzisst weiterzieht, uns vergisst, uns ersetzt. Vielleicht glauben wir, dass »das Übel, das wir kennen« besser ist als die Ungewissheit eines Lebens ohne es. Oder wir wollen unbewusst stoisch weiterhin unseren Energieaustausch mit dem Narzissten aufrechterhalten, damit Menschen, die wir lieben, nicht die Hauptlast seines Verhaltens ertragen müssen.

Als Tammy und ich zusammen mit Quanta Freedom Healing arbeiteten, legten wir diesen Grund frei: Sie wollte die energetischen Verbindungen mit ihrer narzisstischen Mutter nicht kappen, weil es sie mit Schuldgefühlen erfüllte, zu genesen und voranzukommen, während ihre Mutter sich nicht heilen konnte. Unbewusst hatte sie sich geschworen, mit ihrer Mutter verbunden zu bleiben und sich aussaugen zu lassen, um ihr so Lebenskraft zu geben (ich weiß, das klingt verrückt, aber es ist wahr!). Bevor sie Schritt 9 absolvierte, war Tammy nicht bewusst gewesen, dass sie in sehr jungen Jahren dieses innere Gelübde abgelegt hatte. Als wir es jedoch aufspürten, war die Resonanz hundertprozentig: Nun ergaben ihre Gefühle Sinn! Nachdem das Gelübde aus Tammys Energiefeld entfernt worden war, konnte sie die Bindungen zu ihrer Mutter, die sie in den Untergang zu stürzen drohten, endlich lösen.

Wenn der Narzisst weiterhin auftaucht

Eines der deutlichsten Anzeichen, dass wir noch toxische Verbindungen zu einem Narzissten haben, ist, wenn er immer wieder in unserem Leben auftaucht. Das habe ich selbst intensiv am eigenen Leib erlebt. Ich wohnte in einer Vorstadt, die gleich neben dem Viertel lag, in dem der Narzisst lebte, und beide Stadtteile hatten ein gemeinsames Zentrum mit vielen Geschäften, das auch als sozialer Treffpunkt diente. Bevor ich mit Schritt 9 arbeitete, lief ich dem Narzissten immer wieder zufällig über den Weg – zwar erheblich seltener als zuvor, weil ich sein Gift in den vorangegangenen Schritten bereits zu einem großen Teil aus meinem System entfernt hatte, aber es kam dann und wann vor. Doch nach der Arbeit in Schritt 9 passierte es nie wieder, als ob wir beide nun in zwei vollkommen verschiedenen Schwingungsuniversen leben würden. Ich dachte nicht einmal mehr an die Möglichkeit, dass wir noch einmal aufeinandertreffen könnten – und ganz ehrlich, es wäre mir auch völlig egal gewesen, wenn es wieder passiert wäre!

Lisa, eine Senior-Moderatorin des NARP-Forums, erinnert sich daran, wie sich nach neun Monaten Kein Kontakt eine Drittperson bei ihr meldete. Es ging um ein Kunstwerk, das vermeintlich dem Narzissten gehörte und sich angeblich in ihrem Besitz befand. Lisa wusste nichts davon. Dann schickte ihr der Narzisst E-Mails, in denen er ihr mit der Polizei drohte, falls sie das Kunstwerk nicht herausrückte. Lisa bewältigte mit Schritt 8 die aufsteigende Angst vor Strafverfolgung und arbeitete dann intuitiv mit Schritt 9, um alle verbliebenen Reste von sämtlichen Verbindungen mit dem Narzissten aus ihrem Körper zu entfernen.

Die Veränderung, die sie danach verspürte, beschreibt sie folgendermaßen: »Das große Trauma, das ich fand und losließ und das für diese letzten Reste der Verbindung verantwortlich war, lautete: *Ich verdiene es nicht, frei zu sein.* Ich stand in meiner Küche, und plötzlich war ich völlig ruhig. Ich wusste sofort, was ich tun musste. Ich schrieb eine kurze Nachricht an die Drittperson, erklärte, dass ich weder Interesse noch den Wunsch besäße, in die Angelegenheiten des Narzissten verwickelt zu werden, und untersagte ihr jede weitere Kontaktaufnahme mit mir. Dann löschte ich die gesamte Korrespondenz mit dieser Drittperson und blockierte sie auf allen Kommunikationskanälen. Es war das intuitive Wissen, dass es sich hier ausschließlich ›um Grenzen‹ drehte, und ich war nicht verpflichtet, bei diesem Unsinn mitzumachen. Und in diesem Moment löste sich auch der letzte Hauch von Angst und Zweifel in mir auf. Ich hatte eine neue Entwicklungsstufe erreicht. An diesem Tag wusste ich, dass ich die narzisstische Erfahrung ein für alle Mal überwunden hatte. All meine Ängste waren verschwunden, und ich verspürte absoluten Frieden.«

Sich selbst zurückgewinnen

Bei der Arbeit daran, uns vollständig von unseren Verbindungen mit dem Narzissten zu befreien, zielen wir bewusst auf die beschränkten, schmerzhaften oder anhänglichen Anteile in uns ab, die nicht bereit sind, diese Verbindung aufzugeben – und von denen wir eventuell zuvor gar nicht wussten, dass sie in uns vorhanden sind.

Wenn wir dieses fortgeschrittene Stadium unserer Reise erreichen, dürfen wir uns nicht selbst etwas vormachen – wir müssen diesen Schritt wirklich ernsthaft angehen. Persönliche Entwicklung wird niemandem auf einem Silbertablett serviert. Sie ist jenen vorbehalten, denen es ernst ist damit, sich selbst zu verwirklichen und ihre Abhängigkeit aufzugeben. Indem Narzissten uns die Energie stehlen, machen und halten sie uns von sich abhängig – selbst wenn sie uns dabei zerstören. Es ist, als ob einem ein Mensch die Seele gestohlen hätte und man sich weiter an ihn klammert, um sie vielleicht zurückzubekommen, aber auch, um ihn zu zwingen, diese Anteile von einem selbst zu sein, die sich niemals richtig entwickelt haben oder erwachsen geworden sind. Was wir kaum realisieren, ist, dass auch der Narzisst diese Anteile seiner selbst nicht unterstützt oder geheilt hat. Er tut nur so, um sämtliche Energie, die wir haben, zu absorbieren.

Deshalb müssen wir in dieser toxischen Energie-Verwicklung alle sehnsüchtigen Verbindungen und alle Hoffnungen aufgeben, dass der Narzisst eines Tages der Mensch werden wird, der zu sein er zu Anfang vorgab. Doch es braucht noch mehr: Wir müssen uns darin einfühlen, wie es wäre, ohne ihn unsere eigene Energiequelle zu sein, und konsequent alles heilen, was uns davon abhält.

Wir befinden uns jetzt auf einer tieferen, intensiveren Stufe als in Schritt 2, wo es darum ging, zur Quelle für uns selbst zu werden. In dieser letzten Schlacht, die wir noch schlagen müssen, behandeln wir alle Anteile in uns selbst, die noch an dem Narzissten festhalten und uns davon abhalten, ein selbstverwirklichter, unabhängiger, kompletter Mensch zu werden, der von seiner eigenen Energie versorgt wird. Obwohl wir höchstwahrscheinlich schon zuvor einige Ängste behandelt haben, entdecken wir erst jetzt symbiotische energetische Verbindungen, Gelübde und Bande, an deren Existenz wir nicht einmal im Traum gedacht hätten.

Während des Prozesses, diese zu finden und zu entfernen, wird sehr deutlich, warum manche Betroffene niemals von Narzissten wegkommen, sie vergessen oder von ihnen genesen können. Viele Menschen spüren in sich buchstäblich einen tiefen Abgrund, der sie mit Entsetzen erfüllt, wenn sie daran denken, tief im Inneren jene letzten Verbindungen mit dem Narzissten zu lösen und ihre eigene Kraftquelle zu werden.

Bei dieser Übung ist es von entscheidender Bedeutung, ehrlich mit sich selbst zu sein: Sie müssen allen Anteilen Ihres Selbst die Stirn bieten, die die symbiotische toxische Verbindung mit dem Narzissten aufrechterhalten möchten. Diese parasitäre Verbindung ermöglicht es nicht nur dem Narzissten, von Ihrer Energie zu zehren, auch Sie erhalten dadurch eine unterbewusste Form der Belohnung – die Sie bitter bezahlen.

Um uns losreißen zu können, müssen wir jene Anteile in uns selbst finden, die noch an der Verbindung festhalten. Und die können äußerst stark sein – so stark, dass man sich fühlt, als ob man buchstäblich sterben würde, wenn man sie löst. Ich kann mich noch gut erinnern, wie ich das Gefühl hatte, ein Teil von mir würde herausgerissen, als ich diese Bande löste, und doch gleichzeitig wusste, dass ich mit ihnen nicht überleben würde. Wenn wir diese Stufe erreicht haben, gibt es wirklich nichts mehr zu verlieren.

Nachdem ich diesen Schritt vollendet hatte, fühlte ich mich unglaublich frei – so frei wie niemals zuvor. Und das Gleiche haben mir viele andere Betroffene berichtet. Wenn Sie jedoch das Gefühl haben, dass es für Sie noch zu früh ist, diese Etappe der Reise anzutreten, dann könnte dies bedeuten, dass Sie die vorangegangenen Schritte noch nicht so gründlich vollendet haben, wie es für Schritt 9 erforderlich ist. Das ist völlig in Ordnung. Arbeiten Sie einfach noch weiter an den vorhergehenden Schritten, in denen Sie noch mehr klären und lösen müssen.

Sie können die Übung von Schritt 9 in Kombination mit Quanta Freedom Healing anwenden, um das tief in Ihrer DNA festgesetzte Trauma zu verwandeln und sich zu befreien. Wenn Sie noch nicht begonnen haben, die machtvollen Quantum-Methoden anzuwenden, empfehle ich Ihnen dringend, sich mit ihrer Hilfe von dem tief sitzenden Seelenvirus der narzisstischen Unterwanderung zu befreien. Wie bereits erwähnt, lehrt Sie das »You Can Thrive Program« genau, wie Sie Quanta Freedom Healing auf Ihrer Reise zur Heilung anwenden.

Übung

Schritt 9
Die letzten Verbindungen lösen

1. Verschaffen Sie sich genügend Raum und Zeit, in der Sie sicher nicht gestört werden. Halten Sie Ihr Journal bereit. Wenn Sie so weit sind, formulieren Sie die Intention, dass Sie sich und den Narzissten voneinander lösen werden. Seien Sie sich bewusst, dass die folgende Erklärung der größte Beweis bedingungsloser Liebe ist: *Ich liebe mich selbst und dich genug, um uns beide zu befreien, damit wir unsere Leben auf die Art und Weise fortsetzen können, die wir jeweils wählen.*
Während Sie diese Intention formulieren, öffnen Sie Ihren Körper. Atmen Sie tief und leiten Sie Ihre Aufmerksamkeit in Ihr Inneres. Beobachten Sie sanft alle Gefühle, die diese Erklärung in Ihnen auftauchen lässt. Vielleicht empfinden Sie Anspannung, Trauer, Widerstand, Angst oder eine Reihe anderer Emotionen. Sehr wahrscheinlich nehmen Sie in Ihrem Inneren keinen ruhigen Ort wahr, an dem sie solche Gefühle bloßlegen können.

Selbst wenn zahllose Gedanken, Erinnerungen oder andere Ablenkungen durch Ihren Kopf rasen, schenken Sie ihnen keine Aufmerksamkeit oder Energie, gehen Sie nicht darauf ein. Bleiben Sie einfach in Ihrem Körper präsent, beobachten Sie die Emotionen und Empfindungen, ohne sich mit verstandesmäßigen Interpretationen darüber zu beschäftigen, womit sie genau verbunden sein könnten.

2. Richten Sie Ihre Aufmerksamkeit weiter nach innen und fragen Sie liebevoll Ihr Inneres Wesen/Inneres Kind, womit diese Furcht und dieses Festhalten in Zusammenhang stehen. Stellen Sie sicher, dass Ihre Energie offen, freundlich, interessiert und unterstützend ist – ohne Bewertung. Lassen Sie sich nicht von der Furcht mitreißen, wie diese Antwort lauten könnte. Ruhen Sie in der Gewissheit, dass Energie Energie ist und das Leben/die Quelle/die Schöpfung Sie auf keinen Fall zum Untergang durch toxische, schmerzvolle energetische Verbindungen verurteilt. Jede Energie, die nicht wahr ist, kann losgelassen werden; die Entscheidung liegt immer bei Ihnen. Denken Sie daran, dass man vor nichts anderem Angst haben muss als vor der Angst selbst, und wann immer wir furchtlos auf unsere Angst zugehen, entdecken wir, dass die Angst einfach ein Teil unser selbst ist, der geliebt und zurück zur Ganzheit geheilt werden muss. Notieren Sie die Antworten auf die Frage in Ihrem Journal.

3. Spüren Sie jetzt in Ihren Körper hinein und bewerten Sie die emotionale Intensität jedes Grunds, warum Sie immer noch festhalten. Fühlen Sie die Intensität dieser Probleme und bewerten Sie sie auf einer Skala von 0 bis 10, wobei 0/10 der geringsten und 10/10 der höchsten Intensität entspricht. Nummerieren Sie sie dann durch, von der »intensivsten« bis zur »am wenigsten intensiven« Belastung.

4. Beginnen Sie mit dem als am intensivsten bewerteten Grund. Bitten Sie Ihren Körper, Ihnen das »Band« zu zeigen,

das ihn verkörpert. Suchen Sie dann innerlich Ihren Körper ab und spüren Sie, wo sich diese Energie befindet und welche Form sie besitzt. Wie sieht sie aus? Ist sie dick und schwer wie eine Kette oder ein Seil? Vielleicht sieht sie gar nicht wie ein Band aus. Vertrauen Sie dem, was Sie »sehen«.

5. Sprechen Sie dann liebevoll mit dem Teil von Ihnen, in dem die Verbindung liegt, und sagen Sie: »[Liebevoller Name], ich verstehe, dass du noch an dieser Verbindung hängst, und das ist absolut verständlich. Ich bin hier, um dich zu unterstützen und zu heilen, damit du sie sicher lösen kannst.« Geben Sie diese Erklärung aufrichtig und aus tiefstem Herzen ab, bis Sie fühlen, dass Ihnen etwas »erlaubt«, mit diesem Teil Ihrer selbst zu arbeiten.

6. Sagen Sie nun zu Ihrem Inneren Wesen/Inneren Kind: »[Liebevoller Name], ich liebe dich, und ich kann dir helfen, das loszulassen und durch die echte Liebe und die Verbindung zu ersetzen, die du wirklich brauchst und möchtest.« Stellen Sie sich dann vor, wie das Band (oder die Energie) auf irgendeine Weise mit dem Werkzeug, das Ihnen intuitiv in den Sinn kommt, durchgeschnitten, entfernt, aufgelöst oder zunichtegemacht wird. Haben Sie Vertrauen und lassen Sie sich auf den Prozess ein. Stellen Sie sicher, dass Sie sehen, wie es sich wieder in das ursprüngliche Nichts (das heißt Leben/Quelle/Schöpfung) zur Zurückverwandlung auflöst. Fühlen Sie die Erlösung in Ihrem Körper? Bleiben Sie offen und bereit, sie wahrzunehmen. Wenn Sie sie spüren, dann wissen Sie, dass Sie das Band endgültig loslassen.

7. Schreiben Sie auf, was Sie in dieser Übung erlebt haben. Fühlen Sie noch die Verbindung zum Narzissten oder spüren Sie dort, wo sie sich zuvor befand, jetzt Raum und Befreiung? Wenn Sie fühlen, dass dort noch irgendetwas übrig geblieben ist, arbeiten Sie so lange mit Schritt 9 weiter, bis Sie nur noch Erleichterung und Freiheit verspüren.

8. Wiederholen Sie dann das Ganze mit der nächstintensiven Bindung auf Ihrer Liste.
9. Wenn Sie alle toxischen Bindungen, die Sie finden können, entfernt haben, schreiben Sie in Ihr Journal auf die Seite mit der Überschrift »Meine ehrlichen Selbstankündigungen«: »Als höchsten Ausdruck der Liebe gebe ich dich und mich selbst frei, um unsere jeweils eigene Energiequelle zu sein. Ich löse mich selbst aus Machtkämpfen und symbiotischen Beziehungen. Ich danke dir für die Geschenke und die Lektionen, und ich nehme mit Freuden und voller Liebe meine Entwicklung an, weil ich weiß, wie wunderbar es für mich ist, frei zu sein.« Schreiben Sie diese machtvolle Intention elf Mal auf, um ihre Umsetzung in Ihrem Leben zu unterstützen.

Frei kommen in die eigene wahre Energie

Viele Menschen sagen mir, dass sie sich nach diesem Schritt voller Energie, Freude und Sinn fühlen und für neue aufregende Schritte in ihrem Leben motiviert sind. Die Energie, die ihnen zuvor abgesaugt wurde, ist zurückgekehrt. Großartig ist auch, dass manche, die unter einem narzisstischen Ex-Partner gelitten haben, nach der Arbeit an Schritt 9 wieder bereit sind, auf Partnersuche zu gehen!

Betroffene berichten übereinstimmend, dass sie sich nach Schritt 9 eindeutig von dem Narzissten losgelöst und auf ganz neue Weise von den Schmerzen, der Reue und der Verbitterung über ihre Erfahrung mit ihm erlöst und befreit fühlen.

16
Erlösung, Freiheit und Wahrheit verwirklichen

In den vorangegangenen neun Schritte haben Sie daran gearbeitet, Ihre Kraft zurückzuerobern, sich von der Abhängigkeit, dem Schmerz und der Angst vor dem Narzissten zu befreien und zu sich selbst zurückzufinden, um zu heilen, zu genesen und Ihr wahres Selbst einzufordern.

Narzisstische Energie ist nicht die echte Kraft des Lebens, die aus Liebe, Integrität, Frieden, Ehrlichkeit und Freude besteht. Narzissmus ist vielmehr eine falsche Existenz, die aus Illusionen, Täuschung, Betrug, Schmerzen und Angst besteht. Als Kinder hatten wir keine rationale Wahl (obgleich unterbewusst tiefere Kräfte mit im Spiel waren, wie ich in Teil 3 näher erklären werde), in welche Familie wir geboren wurden und wie wir aufwuchsen. Doch wenn wir als Erwachsene weiterhin an schmerzvollen und missbräuchlichen Beziehungen festhalten, dann wissen wir um das Trauma, mit einem falschen Selbst verbunden zu sein und zu versuchen, es mit einem »glücklichen, gesunden Leben« zu vereinen.

Durch unsere brutale Erfahrung des narzisstischen Missbrauchs und unsere Arbeit an der Thriver-Genesung haben wir gelernt, dass wir vermutlich einen schrecklichen Preis bezahlen müssen, wenn wir kein authentisches Leben führen. Wir wissen auch, dass es nur einen einzigen Weg zurück und zur Befreiung von unserem Leiden gibt: Er besteht darin, die Opferrolle aufzugeben und aufzuhören, unsere Kraft abzugeben, indem wir uns auf den Missbraucher konzentrieren, und stattdessen mit uns selbst eine Partnerschaft einzugehen und uns innerlich dazu zu verpflichten, die erforderliche Heilarbeit für unser Inneres Wesen auszuführen.

Es ist das wahre Ziel der Thriver-Reise, nach dem Überleben das

Geschenk anzunehmen, die einzige Version unser selbst zu werden, die uns jemals wirklich vollständig machen kann – und das ist der Mensch, der mit unserer Seelenwahrheit in Einklang steht und in sie integriert ist, die lebende Verkörperung unseres wahren Potenzials und unserer ehrlichsten Wünsche. Darum geht es in Schritt 10.

Was es wirklich bedeutet, uns selbst zu lieben und zu akzeptieren

In Schritt 10 verstehen wir vollkommen, was es bedeutet, uns selbst zu lieben und zu akzeptieren. Die beiden häufigsten Fragen, die Menschen stellen, die nach Selbstentwicklung, Spiritualität, Erleuchtung und innerem Frieden streben, lauten: »*Wie* kann ich lernen, mich selbst zu lieben und zu akzeptieren?« und »Was bedeutet es *wirklich,* sich selbst zu lieben und akzeptieren?«.

Die Verwirrung darüber kann überwältigend sein! Die Frage, was Selbstliebe und Selbstakzeptanz wirklich bedeuten, trieb mich jahrelang fast in den Wahnsinn, und irgendwann dachte ich: »Der Nächste, der mir erzählt, dass ich mich mehr selbst lieben muss, den erwürge ich!« Auf alle möglichen Arten versuchte ich herauszufinden, wie ich mich endlich selbst lieben und akzeptieren könnte, ohne zu merken, dass ich das Ganze völlig falsch anging. Bevor ich den Quantum-Weg zur Heilung einschlug, hatte ich keine Ahnung, dass Selbstliebe und Selbstakzeptanz fundamentale Anteile meines wahren Wesens sind und deshalb von meiner Seite aus gar keinen besonderen Aufwand erfordern (geschweige denn, dass mir die Rolle der Zellen bewusst gewesen wäre). In der Codierung meiner DNA ist von Geburt an die Fähigkeit angelegt, mich selbst genauso zu sehen und zu akzeptieren, wie mich mein Höheres Selbst und die Schöpfung erkennen: als ein Wesen, das über alle Maßen Liebe verdient, *einfach, weil es existiert.*

Dies ist das genaue Gegenteil davon, wie ich mich selbst immer sah und behandelte – nämlich mit Kritik, Verachtung, Selbstaufgabe und -zerstörung. Warum war ich so? Die Antwort ist einfach:

Weil die nicht geheilten Traumata in meinem Inneren mich dazu brachten, mich selbst so zu behandeln.

Viele Betroffene beginnen an diesem Punkt zu verstehen, dass sich bedingungslose und an Bedingungen geknüpfte Selbstliebe und -akzeptanz wie Tag und Nacht unterscheiden. Und es wird ihnen bewusst, dass wir uns unmöglich durch Scham- und Schuldgefühle kurieren können. So wie Josephine, die sagt: »Meine Liebe war extrem bedingt. Ich konnte mich nur (vielleicht) lieben, wenn ich eine unglaubliche Aufgabe bewältigte, die ich mir selbst gestellt hatte. Jede Abweichung von absoluter Spitzenleistung war nicht gut genug. Erst durch meine NARP-Reise fand ich zu wahrer, bedingungsloser Liebe zu mir selbst. Meine früheren Scham- und Schuldgefühle verwandelten sich in Unterstützung, Zärtlichkeit und liebevollen Zuspruch für mich selbst. Seither schenke ich mir in Zeiten, in denen ich strauchele, noch mehr Liebe als sonst, anstatt mich gnadenlos zu quälen.«

Ich liebe dieses Zitat aus dem Essay »Der philosophische Baum«[1] des Psychologen C. G. Jung: »Man wird nicht dadurch erleuchtet, dass man sich Lichtgestalten vorstellt, sondern durch Bewusstmachung der Dunkelheit. Letzteres ist jedoch unangenehm und daher nicht sehr populär.« Jung hatte so recht: Nur wenn wir Licht an unsere dunkelsten inneren Stellen bringen und sie dadurch heilen, werden wir gesund (oder »erleuchtet«), doch meist wurden wir dazu erzogen, genau das nicht zu tun!

Und selbst nachdem wir realisiert haben, dass wir für unsere Heilung unsere inneren dunklen Stellen anerkennen müssen, kann es noch sein, dass wir in unserem Bemühen, uns endlich selbst zu lieben und zu akzeptieren, weiterhin alles Mögliche versuchen, uns ihnen nicht zu stellen. Das ist ein eindeutiges Symptom dafür, dass wir immer noch der »bedingten Liebe« anhängen, weil wir unterbewusst glauben, fehlerhaft und nicht akzeptabel zu sein – und erst dann von einer Höheren Macht oder von anderen geliebt und akzeptiert werden zu können, wenn all unsere Wunden verschwunden sind.

In dieser Phase haben wir uns noch nicht in dem zellulären Wissen verankert, dass wir uns selbst bedingungslos lieben und akzeptieren. Wir sind es noch nicht.

In Schritt 10 zielen wir exakt auf das Trauma ab, das uns davon abhält, uns wirklich selbst zu lieben und zu akzeptieren – von dem Wissen über unsere wahre Natur und wie diese uns mit dem heiligen Raum unserer Seele und dem ganzen Leben verbindet. Von diesem Wissen getrennt zu sein lässt uns in Wertung und Schmerz verharren und hält uns in einer bedingten Form des Seins, nämlich der Vorstellung, uns erst dann selbst akzeptieren und lieben zu können, wenn wir dieses haben oder jenes tun oder das eine fühlen oder das andere werden.

Schritt 10 führt uns auf wunderbare Weise dahin, genau hier und jetzt (ganz egal, auf welcher Etappe unserer Reise wir uns befinden) zu wissen, dass alles, was wir erleben und fühlen – ohne Ausnahme – Ausdruck perfekter und göttlicher Ordnung ist. Alle Straßen führen nach Hause. Unsere Seele macht keine Fehler. Alles, was wir erschaffen, steht in vollkommenem Einklang mit den Entscheidungen und dem Ziel unserer Seele. Was immer geschieht, geschieht »für uns«, und das Einzige, was wir tun müssen, um den Schmerz zu beenden und damit zu beginnen, unser eigenes wunderbares Leben zu kreieren, ist, in diese Wahrheit zu erwachen und bewusst mit ihr zu arbeiten.

Der Thriver-Weg lehrt uns, dass es wichtig ist, sich erst der Emotion zuzuwenden, um ein göttlicher Schöpfer zu werden – sich im Inneren ganz zu fühlen, egal, wie unsere Außenwelt aussieht. Dann können wir uns dahingehend verändern, uns so, wie wir sind, selbst zu lieben und zu akzeptieren, unabhängig davon, wer wir sind, wie wir uns fühlen und was wir erleben.

Das mit unserer Selbstliebe verbundene Trauma

Aaron berichtet von seiner Arbeit mit Schritt 10: »Ich weiß, dass ich Schuldgefühle hatte und dass ich mich nicht selbst liebte und auch nicht das Gefühl hatte, meine Selbstliebe zu verdienen. Nachdem ich mit der NARP-Heilung schon so weit gekommen war, freute ich mich darauf, die Veränderungen in Schritt 10 zu meistern. Zu meiner Überraschung tauchte bei der Arbeit in mir die Überzeugung ›Ich verdiene es nicht, zu existieren‹ auf. Es fühlte sich an, als ob irgendeine Lebenskraft mich bestraft hätte, was natürlich bedeutete, dass ich noch immer unglaublich hart mit mir selbst war. Als ich das Trauma entfernte und fühlte, wie mich das Licht erfüllte, weinte ich vor Erleichterung und Freude.«

In Bezug auf die Selbstliebe kann sich unsere Konditionierung unglaublich stark auf unser Glaubenssystem auswirken. Es wird uns beigebracht, dass es »narzisstisch« ist, sich selbst zu lieben, und dass es bedeutet, dass uns andere egal sind. (Ich hoffe, dass Sie durch die Lektüre meines Buches nun wissen, dass Narzissmus das *genaue Gegenteil* von Selbstliebe ist!) Wir alle tragen in uns so viele ursprüngliche Überzeugungen, dass unser körperliches Wesen sündhaft, unrein und dem Bösen zugeneigt ist, dass wir nicht glauben können, Kinder Gottes zu sein. Und wie verhalten sich Menschen, die glauben, dass sie schändlich und fehlerhaft sind und keine Liebe verdienen? Sie spiegeln ihr inneres Trauma nach außen, indem sie ausleben, was es heißt, missbraucht zu werden oder ein Missbraucher zu sein oder beides. Diesen zerstörerischen Kreislauf überwindet der Thriver-Weg, indem er uns unsere organische, grundlegende, wahre Natur zurückbringt – die Liebe. Und sie bedeutet, mit uns selbst, dem Leben und anderen bedingungslos und auf gesunde, authentische und erfreuliche Weise verbunden zu sein.

Eine neue, anders schwingende Anziehung

In dieser Phase, in Schritt 10, lassen wir das Trauma und die Auswirkungen des Narzissten immer weiter hinter uns. Nachdem wir uns in Schritt 9 selbst auf einer tiefen Ebene von dem narzisstischen Menschen gelöst haben, um zur eigenen Quelle unseres authentischen Selbst zu werden, werden wir jetzt, in Schritt 10, organische, verbundene, echte Liebe – und damit alles andere als schwach oder ein Ziel für Missbrauch.

Tatsächlich geschieht das genaue Gegenteil, denn wenn wir wahre Liebe sind, dann sind wir wahrhaftig. Wir können schwierige Unterhaltungen führen, uns selbst akzeptieren und unsere Ansichten verteidigen und dabei wissen, dass dies ein Ausdruck von Liebe und Wahrheit ist. Indem wir uns als ganze Menschen zeigen, sind wir immun gegen Narzissten – auch, weil wir uns auf gesunde Weise um uns selbst kümmern und uns nicht selbst herabsetzen oder verletzen, um so Bestätigung und Liebe aus äußeren Quellen zu erhalten.

Auf dieser Ebene sind wir nicht mehr anfällig für Missbraucher, doch um sie zu erreichen, müssen wir lernen, uns selbst bedingungslos zu lieben und zu akzeptieren ebenso wie die Ergebnisse des Lebens, das wir gestalten. Unser Motto lautet: »Ich werde *echt* – so wie ich bin –, und dann wird mir das ganze Leben folgen.« Wir sind absolut bereit, alles Alte (d.h. die Lebensversion, von der wir bislang dachten, sie sollte die unsere sein) aufzugeben, um das echte Leben zu bekommen, das uns erwartet, wenn wir unser Inneres Wesen wertschätzen.

Endlich zu uns selbst zu finden und uns bedingungslos zu lieben und zu akzeptieren zieht noch einen weiteren wunderbaren Nebeneffekt nach sich: Zwischen uns und Menschen, die wahre Liebe verkörpern, wächst gegenseitige Anziehung. Dagegen finden wir nun Menschen unattraktiv, die gut zu unseren inneren Anteilen ohne Selbstliebe gepasst hätten. Ich erinnere mich an ein besonderes Erlebnis, das mir diese Veränderung bei mir selbst klar vor Augen führte. Ich lernte einen intelligenten, attraktiven und erfolgreichen Mann kennen, der wirklich großartig wirkte. Ich zog ihn noch als möglichen Liebespartner in Betracht, als wir uns zu unserem dritten Date trafen. Während er sich nun schon vertrauter mit mir unterhielt, wurde mir jedoch klar, dass er von anderen Menschen sehr wertend und abfällig sprach. Und als er mich dann fragte, wie ich unser Date bislang fand, erzählte ich ihm ehrlich meine Vorbehalte – ruhig und sachlich. Er erlitt einen narzisstischen Wutanfall, und ich brach das Date einfach respektvoll ab. Es war aufregend zu erleben, wie mein liebendes Selbst und meine Authentizität nun die Menschen aussonderten, die nicht zu gesunder Liebe fähig waren.

Ähnliches berichtet Kate über ihre Veränderung in Schritt 10: »Eines Morgens wachte ich auf und langte nicht mehr automatisch rüber auf die andere Bettseite, wo Jake immer neben mir geschlafen hatte. Im Gegenteil, ich fühlte mich davon abgestoßen, dass er dort immer gelegen hatte. Es war kein Ärger oder Ekel, sondern eher Verwunderung im Sinne von: Warum, um Himmels willen, bin ich überhaupt mit ihm zusammen gewesen? Erleichterung durchströmte mich, und ich fühlte mich absolut frei. Ich wusste in dem Moment, dass ich mich wirklich ehrlich liebte, und ich konnte spüren, wie diese Liebe durch meine Adern floss. Zum ersten Mal in meinem Leben verstand ich, wie sich wahre Liebe für andere, einschließlich meiner Kinder, anfühlt und wie sie sich für einen zukünftigen Partner anfühlen könnte. Ich zweifelte nicht daran, dass ich wahre Liebe erleben würde – weil ich bereits wahre Liebe *war*. Zwei Monate später spazierte der Mann, der mich bedingungslos liebt, unterstützt und mir den Rücken freihält – selbst wenn ich mal nicht in Hochform oder besonders liebevoll bin –, einfach in mein Leben.«

Der Kreis schließt sich

Unsere Thriver-Reise zur Heilung von narzisstischem Missbrauch begann mit unserer intensiven Abkopplung von uns selbst, von anderen und vom Leben selbst, die durch nicht geheilte Traumata entstanden war. Sie führte uns auf unsere ganz eigene Mission mit dem Ziel, all unsere Lücken zu schließen und ein integriertes Wesen zu werden.

In dieser Phase sind wir aus unserer früheren Trance erwacht und wissen, wie entscheidend es ist, Schöpfer unseres eigenen

Wohlbefindens zu sein, um ein authentisches Leben zu gestalten und wahrhaftig mit anderen zu interagieren. Wenn wir uns mit unserem wahren Ich verbinden, dann macht uns dieser Seinszustand frei. Er fühlt sich fest und stabil an, und die Bedürftigkeit und die Schmerzen, die entstehen, wenn wir danach streben, dass uns äußere Kräfte füllen und erfüllen, fallen von uns ab.

Sich endlich »ganz« fühlen

In Schritt 10 entdecken und erleben wir eine höhere Ebene der »Ganzheit«. Es ist jedoch wichtig zu verstehen, dass unsere Heilreise nicht nur darin besteht, einmal nacheinander diese zehn Schritte zu vollenden. Wir werden diese Schritte zu verschiedenen Zeiten in der Zukunft immer wieder neu durcharbeiten müssen, wenn unsere tiefer sitzenden Traumata getriggert werden. Ich habe vor langer Zeit gelernt, dass unser Inneres Wesen viele Schichten besitzt und Traumata auf geniale Weise in der Reihenfolge abstößt, die hilfreich ist für das mehrdimensionale Wesen, das wir nun einmal sind. Indem wir wachsen und uns entwickeln, werden wir bereit, die tieferen Schichten unseres Traumas offenzulegen und zu heilen. Schritt 10 stellt also keinesfalls das Ende Ihrer Thriver-Heilung dar. Es werden sich Ihnen auch in Zukunft immer wieder Gelegenheiten bieten, sich von falschen Überzeugungen und Traumata zu befreien, um in sich noch mehr Raum für die Entfaltung, Freude, Liebe und Erfolge zu schaffen, die Ihr wahres Geburtsrecht sind.

Indem wir genau an den Wunden arbeiten, die uns blockieren, können wir uns nun darauf einstimmen, in diesem Schritt endlich zu begreifen, was Leben bedeutet. Was ich Ihnen im Folgenden zeigen möchte, kann unmöglich mit reiner Logik verarbeitet werden, und deshalb bitte ich Sie, meine Worte, die ein Teil Ihres zellulären Wissens als wahr erkennt, zu *fühlen:* Wir beginnen, uns über das Leben klar zu werden, weil wir »Leben« geworden sind. Wir quälen uns nicht mehr oder fragen uns oder hegen auch keine

Hoffnungen mehr, ob das Leben irgendwie gut ausgehen wird, weil wir selbst der zentrale Kern geworden sind, unsere Wahrheit, *zu wissen* und *zu sein*.

Ein wahrer Thriver zu sein bedeutet, dass wir schon verwirklicht und ganz sein können, bevor das, was wir wollen, als die physische Manifestation unserer Sehnsüchte auftaucht, und wir können Freude und Entfaltung verkörpern, so wie wir jetzt sind. Sich gut zu fühlen ist nicht mehr vom »Außen« abhängig. Verbitterung, Schmerz und Bedauern aus der Vergangenheit und Angst vor der Zukunft sind Frieden und Erfüllung gewichen. Wir erleben, dass Liebe, Wahrheit, Wachstum und Glück bereits in unserem Leben vorhanden sind und sich das Leben für uns entfaltet, einfach weil wir für die Gesundheit unseres Inneren Wesens sorgen.

In diesem wahrhaftigen Selbstzustand sind wir uns zutiefst bewusst, dass wir uns selbst trauen können und niemals mehr mit weniger zufriedengeben werden. Wir verstehen, dass wir ohne Einschränkungen genau das erschaffen können, was wir wirklich in unserem Leben haben möchten. Dass wir mühelos und ohne Bedauern zu allem und jedem »Nein« sagen können, was für uns nicht gut ist. Und dass wir in all den Grauzonen dazwischen ebenfalls erfolgreich bestehen können. Uns ist klar, dass unsere Seele und unsere Existenz großes Potenzial bergen, egal, wie unser Leben jetzt gerade aussieht oder wie viele tatsächliche Verluste wir erlitten haben. Dabei *ist es nicht notwendig,* dass wir das gesamte Potenzial umsetzen, um glücklich zu sein – obwohl das im Allgemeinen möglich ist, weil wir einfach wir selbst sind.

Selbstverständlich begehen wir noch Fehler und fallen dabei auf ein Dasein als »menschliche« statt »Quantum«-Wesen zurück, doch wir lernen (hoffentlich), die verkorksten Gedanken und Selbstverurteilung schneller abzustellen als zuvor und sie durch innere Liebe und Heilung zu ersetzen. In vielerlei Hinsicht ist diese Zeit des »Fehlermachens« (wenn wir innen oder außen emotional getriggert sind, wenn die Dinge anscheinend nicht gut für uns laufen) sogar eine gute, weil wir dadurch einen weiteren blockierten Anteil unseres Inneren Wesens loslassen, der uns davon abhält, uns zur nächsthöheren, besseren Version unseres Selbst zu entwickeln.

Das Wesen unseres wahren Selbst *ist* Liebe und Anerkennung. Es weiß, dass es keine Fehler und nichts zu bedauern gibt, sondern dass alles aus einem höheren Grund geschieht und es nur Befreiung, Freiheit, Freude und Wahrheit zu erschaffen gilt. Ihm ist klar, dass jeder Zusammenbruch ausnahmslos von einem ebenso großen Durchbruch kündet.

Nachdem Sie mit Schritt 10 gearbeitet und sich mit seinem Thema verbunden haben, besitzen Sie das Potenzial, sich von den Fesseln Ihrer einprogrammierten menschlichen Erfahrung zu befreien. Ein Leben von außen nach innen verursacht die Schmerzen, die mit Konditionierungen, Erwartungen, Enttäuschungen sowie der Suche nach Liebe und Erfüllung an den falschen Orten (nämlich bei Narzissten) verbunden sind. Schritt 10 hilft Ihnen, ein unglaubliches spirituelles Wachstum zu erleben, das Sie befähigt, Ihr Leben in Zukunft von innen nach außen zu leben; ein Leben, in dem sich mehr Ziele und Träume manifestieren, als Sie je für möglich hielten – wobei Sie auf Letzteres nicht angewiesen sind, um sich ganz zu fühlen, weil Sie es ja sowieso schon sind.

Die Wirkung von Schritt 10 hängt generell davon ab, wie sorgfältig Sie die vorangegangenen Schritte durchgearbeitet haben. Wenn Sie sich von dem Narzissten losgelöst fühlen und zu spüren beginnen, wie Sie Ihre persönliche Kraft entfalten, dann ist dieser letzte Schritt für Sie unglaublich befreiend. Er wird Ihnen definitiv einen richtigen Schub versetzen. Stellen Sie jedoch sicher, dass Sie aktiv die anderen Schritte wiederholen und sorgfältig durcharbeiten, um je nach Bedarf andere noch nicht verheilte Wunden zu heilen. Und selbstverständlich gilt das auch für Schritt 10, denn es wird immer noch etwas geben, das Sie lösen und für sich zurückgewinnen müssen.

Betroffene, die sich tief in die Schritte einarbeiten, erleben in der Regel eine umfassende Befreiung, ein Wachstum an Freiheit und Wahrheit – und kommen auf der anderen Seite als gestärkte, ganze Menschen heraus. Diese Transformation wird ihnen dann vom Leben in einer Art Kettenreaktion bedingungslos zurückgespiegelt, sodass ihre äußeren Umstände zunehmend ihrem Inneren Wesen entsprechen.

Anki erzählt von ihrer Reise, die ihren Höhepunkt in Schritt 10 fand, Folgendes: »Ich bin ein völlig anderer Mensch. Als ich fünfzig war, sagten mir die Ärzte, dass ich mehrere unbehandelbare chronische Erkrankungen hätte und nie mehr arbeiten und im Alltag funktionieren könnte. Doch nach nur drei Monaten Arbeit mit NARP gehe ich wieder zur Arbeit und treibe Sport. Nach fünfzehn Jahren lebe ich zum ersten Mal wieder fast ohne Medikamente. Ich fühle mich schön und stark, und das größte Geschenk ist, dass ich mich endlich *liebe*. Nachdem ich alles in meinem Leben an den Narzissten verloren hatte, hatte ich keine Ahnung, wie um alles in der Welt ich für mich und meinen Sohn eine Bleibe finden sollte. Jetzt habe ich mein eigenes Heim in der Nähe meiner Arbeitsstelle, mitten in der Natur, mit Wald und einem See direkt vor meiner Tür! Auch die emotionalen und gesundheitlichen Veränderungen meines Sohnes und meiner anderen Kinder sind ein absolutes Wunder.«

Es ist eine solch selbstfürsorgliche und schöne Erfahrung, die Überzeugungen und Traumata zu entfernen, die uns nicht erlauben, uns selbst zu lieben und zu akzeptieren. Ich weiß, dass Ihnen die folgenden Übungen, die Ihnen helfen, dies zu erreichen, gefallen werden! Sie sollten jedoch wissen, dass diese Anteile unseres Selbst sehr schmerzhaft sein können, weil sie oft mit tiefen Schamgefühlen in Verbindung stehen – und den Ur-Traumata der Menschheit, sich fehlerhaft, nicht liebenswert und sogar »dunkel« und »böse« zu fühlen. Und ich habe in meinen Heilbehandlungen mit Quanta Freedom Healing noch nie einen Klienten mit narzisstischen Missbrauchserfahrungen kennengelernt, der nicht mit solchen Überzeugungen infiziert war.

Als Thriver ist es ganz besonders wichtig zu wissen, dass Energie nur Energie ist. Trauma-Energie ist nicht, wer Sie sind. Und weil wir nun den Thriver-Weg der Heilung annehmen, gibt es nichts zu fürchten als die Angst selbst – wie wir in Kapitel 15 gesehen haben. Es gibt keine geheimnisvolle Kraft, die Sie ausschalten kann; es gibt nur die Illusion, dass diese Dinge real sind. Sie sind es jedoch nicht – sie haben Sie das nur eine ganze Zeit glauben lassen! Wenn Sie also mit diesen schwierigen Anteilen Ihres Selbst in Kontakt treten, egal, wie schmerzhaft sie sind, denken Sie einfach daran, dass emotionaler Schmerz wie ein körperliches Trauma behandelt werden kann. Eine Fleischwunde schmerzt körperlich, aber sie ist nicht Ihr ganzes und wahres Selbst. Desgleichen sollten Sie bei emotionalem Schmerz nicht glauben, was Sie Ihr Ego (der innere Narzisst) glauben machen möchte – dass das, wofür das Trauma steht, real ist. Es ist nicht real – es ist einfach ein weiterer verletzter Anteil, den Sie aus Ihrem Selbst entfernen müssen, um sich selbst befreien zu können.

Übung

Schritt 10
Zu sich selbst zurückfinden

1. Nehmen Sie Ihr Journal zur Hand und stellen Sie sicher, dass alle Ihre Kommunikationsgeräte abgestellt sind, sodass Sie nicht gestört werden. Schließen Sie jetzt die Augen, entspannen Sie einige Minuten lang Ihren Körper und konzentrieren Sie sich dabei auf Ihre Atmung. Ignorieren Sie alle Gedanken, die in Ihnen auftauchen; bleiben Sie mit Ihrer Wahrnehmung bei der Atmung. Sagen Sie zu sich selbst, dass Sie diese Zeit und diesen Raum brauchen, um einfach »zu sein« und sich auf die kommende Übung vorzubereiten.
2. Jetzt spüren Sie in sich hinein und fragen sich: Auf welche Arten liebe ich mich nicht bedingungslos? Auf welche Weise

bin ich streng mit mir selbst? Was fühle ich tief in meinem Körper darüber, ob und wie akzeptabel und liebenswert ich bin? Seien Sie wirklich offen und ehrlich mit sich. Dann öffnen Sie Ihre Augen und notieren Ihre inneren Überzeugungen in Ihrem Journal in Form von Aussagen wie: »Ich bin …« oder »Ich bin nicht …«.

Als Nächstes richten Sie Ihre Aufmerksamkeit darauf, ob Sie fühlen, dass das Leben/die Quelle/die Schöpfung Sie liebt. Fühlen Sie sich von einer Höheren Macht geliebt und akzeptiert? Fühlen Sie sich getröstet und geborgen oder abgewiesen und auf sich allein gestellt? Schreiben Sie Ihre Überzeugungen darauf wiederum in Form von Aussagen auf wie: »Ich bin …« oder »Ich bin nicht …«.

Lassen Sie sich Zeit dabei. Hetzen Sie sich nicht.

3. Betrachten Sie nun die beiden Listen in Ihrem Journal. Spüren Sie in Ihren Körper hinein und bewerten Sie nacheinander die Intensität jedes einzelnen Traumas, das Sie identifiziert haben, wobei Sie mit 0/10 die geringste und mit 10/10 die intensivste emotionale Belastung bewerten. Nummerieren Sie sie von der höchsten bis zur geringsten Intensität durch.

4. Nehmen Sie als Erstes Ihre Liste der Überzeugungen über das Leben/die Quelle/die Schöpfung zur Hand, und beginnen Sie mit dem am höchsten bewerteten Trauma. Spüren Sie es in Ihrem Körper und atmen Sie tief in das Trauma hinein. Sagen Sie Ihrem Inneren Wesen/Inneren Kind: »Ich segne und akzeptiere dieses Trauma, um es zu transformieren und uns zu befreien.« Während Sie präsent bleiben und die innere Wunde akzeptieren, sagen Sie zu Ihrem Inneren Wesen/Inneren Kind: »[Liebevoller Name], wir werden diese Energie loslassen, weil wir wissen, dass sie aus einer anderen Zeit und von anderen Geschöpfen kam, denen auch gesagt wurde, dass sie nicht liebenswert und inakzeptabel seien.

Indem wir dich davon befreien und diese Energie transformieren, helfen wir auch anderen, sich zu befreien.«

5. Sagen Sie jetzt laut: »Ich weiß jetzt, dass ich nicht mein Trauma bin und dass ich nichts bin, was mich von meinem wahren Selbst trennt, das Einssein und Liebe ist. Ich lasse alle Illusionen los; ich erlaube ihnen, zu dem ursprünglichen Nichts zurückzukehren, aus dem sie einst kamen, und werde frei.« Stellen Sie sich auf die Weise, die sich für Sie richtig anfühlt (das könnte Ihre Lieblingsmethode aus den früheren Übungen sein) vor, wie sich die falsche Energie loslöst und Ihr Inneres Wesen befreit. Spüren Sie wirklich, wie dies geschieht.

6. Sehen Sie nun zu, wie Sie sich mit Licht anfüllen, das von oben in die Stelle eindringt, an der sich zuvor das Trauma befunden hat. Es erfüllt Ihre Zellen, bis Ihre eigenen Konturen verschwinden und Sie zu einer einzigen, fantastischen Lichtkugel werden. Lassen Sie zu, dass sich das Licht immer weiter ausdehnt, bis es auch Ihr Aurafeld (das Energiefeld um Ihren physischen Körper) erfüllt. Dann dehnen Sie das Licht weiter aus, damit es das ganze Leben durchdringt und sich so mit dem Licht verbindet, das das Leben *ist*. Atmen Sie tief, öffnen Sie Ihren Körper und werden Sie sich bewusst, dass Sie und das Licht eins sind. Sagen Sie zu sich selbst: »Ich bin das Licht, das Licht bin ich. Es gibt nichts anderes, es ist einfach.« Und dann, mit geöffnetem Körper und entspannter Atmung, *seien Sie einfach das Licht*, ohne weiter darüber nachzudenken.

7. Wenn Sie diese Übung vollendet haben, schreiben Sie auf, wie Sie sich fühlen. Haben Sie tief in Ihrem Inneren ein Gefühl von Raum, Wärme und Liebe verspürt? Wenn Sie dorthin zurückgehen und hineinspüren, können Sie noch Reste des Traumas des von der Liebe Getrenntseins in Ihrem Körper wahrnehmen? Wenn ja, arbeiten Sie weiter mit Schritt 10, bis Sie es vollkommen entfernt haben.

8. Wiederholen Sie das Verfahren mit dem Trauma mit der nächsthöheren Bewertung auf Ihrer Liste. Wenn Sie mit der Liste fertig sind, arbeiten Sie sich auf die gleiche Weise durch die Traumata, die damit verbunden sind, dass Sie sich nicht bedingungslos selbst lieben.

Der Kreis dreht sich weiter

Wenn Sie Schritt 10 absolviert haben, dürfen Sie nicht vergessen, dass Sie mit Sicherheit irgendwann in der Zukunft zu einem oder allen Schritten wieder zurückkehren müssen. Das ist ganz normal, weil unsere Entwicklung ein steter Erweiterungsprozess ist, ohne bestimmtes Ziel außer dem, Angst zu entfernen und durch Licht zu ersetzen – was unser wahres Selbst ist, das uns erlaubt, *besser und besser zu werden.*

Durch die Arbeit mit diesen Schritten und die Verpflichtung, uns bei Bedarf um unser Inneres Wesen zu kümmern, entfernen wir uns immer weiter von den Illusionen und Traumata, die uns einst unbewusst im narzisstischen Missbrauch gefangen hielten – und sind nun bereit, wie ein Schmetterling aus seiner Puppe herauszuschlüpfen und ohne Angst als authentische Wesen in unser Leben zu fliegen.

DRITTER TEIL

Uns selbst und nachfolgende Generationen heilen

In diesem letzten Teil des Buches geht es darum, als Thriver zu verstehen, dass wir uns zwar, um heilen zu können, auf uns selbst konzentrieren müssen – unseren Fokus vom Narzissten und von dem, was uns geschehen ist, abwenden, um eine Selbstpartnerschaft einzugehen und uns selbst von unserem inneren Trauma zu lösen und zu befreien –, diese Reise jedoch keinesfalls nur uns betrifft. Sie hat Auswirkungen auf uns alle: unsere Kinder und Kindeskinder, unsere ganze Welt.

Wie ich schon in Teil 1 beschrieb, ist das Trauma eines Elternteils und die Art, wie es die Beziehung zu seinen Kindern beeinflusst, von erheblicher Bedeutung, denn es kann biologische und zelluläre Veränderungen in seinen Nachkommen verursachen. Missbrauch, Opferrolle, Machtkämpfe, Verantwortung verweigern und erlernte Hilflosigkeit sind Elemente der zerstörerischen Dynamik von Familien, die ein Trauma in sich tragen. Als Erwachsene setzen wir die Muster dieser verdrehten Beziehungsbahnen fort, denn wir kennen keine anderen.

Wenn jedoch ein Mensch sich selbst von seinen eigenen inneren Wunden befreit und beginnt, selbstverwirklicht und ganz zu werden, geschieht etwas Spektakuläres. In praktisch jedem Fall kommt es zu einem Welleneffekt, und die Auswirkungen breiten sich allmählich auf die Menschen in seiner Umgebung aus, auch auf seine Kinder.

Pippa, ein Mitglied der NARP-Community, schreibt dazu: »Ich begann meine Heilung vor fünf Jahren und führte Keinen Kontakt mit einer Verwandten ein, die beinahe unsere Familie zerstört hätte. Heute stehen wir uns als Familie näher denn je. Keine Geheimnisse, keine Manipulation und keine Kommunikation über drei Ecken mehr. Im Lauf der Zeit habe ich nicht nur mich selbst geheilt, sondern auch viele meiner Familienmitglieder in meine Heilsitzungen mit einbezogen. Der Welleneffekt hat sich verstärkt. Mein Sohn, der so viel erleiden musste, auch eine Elternentfremdung wegen seiner narzisstischen Ex-Frau, ist nach zwölf herzzerreißenden

Jahren, in denen er von seinen Kindern getrennt war, heute endlich wieder mit ihnen vereint – ebenso wie ich als ihre Großmutter und meine Mutter als ihre Urgroßmutter.«

Dieser dritte Teil meines Buches handelt davon, wie man das Thriving voranbringen kann, sowohl für uns selbst als auch für alles und jeden, mit dem wir in Berührung kommen; weil wir als authentische, wahrhafte Menschen, die fest mit der Wahrheit ihrer Seele, dem Leben und der Höheren Macht verbunden sind und sich als Liebe und Kraft zeigen, machtvolle Wesenheiten sind, die positiv am Leben mitwirken und sich nicht auf den negativen Teufelskreis aus Missbrauch und Missbrauchtwerden einlassen.

Auch wenn Sie kein Elternteil sind, so haben Sie doch schon allein dadurch, dass Sie erwachsen werden, indem Sie Ihr Inneres Kind heilen und ein gesundes inneres Thriver-Erwachsensein schaffen, einen besonderen Einfluss auf die Welt – nicht nur auf physisch existente Kinder, sondern auch als ein Vorbild für die verletzten Inneren Kinder anderer Menschen. Zudem wirken Sie auf Quantum-Ebene, weil Sie jedes Mal, wenn Sie eine innere Veränderung erfahren und Trauma-Energie loslassen, zu einer Schöpferkraft für Wohlbefinden werden und anderen mit gleichen menschlichen Verletzungen helfen, sich ebenfalls zu befreien und ihr Trauma zu verändern.

Die Wahrheit ist, dass wir ein gemeinsames Ganzes sind und dass jeder Einzelne immer auch das Ganze befreit. Deshalb gilt: Egal, ob Sie eigene Kinder haben oder nicht, dieser Teil des Buches hält einige machtvolle Lösungen für Sie bereit – weil er jeden von uns betrifft.

17
Die persönliche und die kollektive Thriver-Veränderung

Ich bin überzeugt, dass genau jetzt zahlreiche Menschen bis ins Mark erschüttert werden als Anstoß, um Heilung zu finden. Die Zeit fliegt, und viele von uns fragen sich, was aus ihrem Leben werden soll. Dies gilt besonders, wenn wir in eine schmerzvolle oder missbräuchliche Beziehung verwickelt sind oder bisher nicht fähig waren, gesunde Beziehungen einzugehen, oder noch nicht sehen können, dass sich unsere Träume und Erwartungen erfüllen.

Ich denke, dass die jüngeren Erwachsenen von heute die »Generation Wandel« sind. Für unsere Vorfahren war das Leben durch Geschlecht und festgelegte Beziehungsrollen bestimmt, die auf viele Arten symbiotisch und durch wechselseitige Abhängigkeit geprägt waren. Desgleichen sind viele von uns, die heute vierzig Jahre und älter sind, noch in Familienverhältnissen mit traditionellen männlichen und weiblichen Beziehungen aufgewachsen, deren Dynamik von den Gegenpolen »Macht haben« und »Macht aufgeben« geprägt war. Einer von beiden Partnern hatte in der Regel »die Hosen an«, meist der Mann. Heute scheint mir die Macht in Beziehungen gerechter verteilt zu sein. Ich sehe, dass für meinen Sohn und seine Altersgruppe, obwohl sie vielleicht mit anderen Problemen kämpfen, Dinge wie Gleichberechtigung, gemeinsame Entscheidungen, geteilte Verantwortung und Pflichten etwas *Natürliches* sind. Meine Generation dagegen, die einen großen Teil der Thriver Community bildet, kämpft noch damit, herauszufinden, wer wir sind und wo wir wirklich hinpassen. Deshalb fragen sich ältere Betroffene häufig, ob sie in ihrem Alter wirklich co-abhängige Muster verändern können, selbst wenn sie die notwendige innere Arbeit leisten. Aber narzisstischer Missbrauch grassiert natürlich auch unter jüngeren Menschen.

Die Umstände haben sich mittlerweile so unglaublich verändert. Zum ersten Mal seit Tausenden von Jahren können Frauen ohne Mann leben und sogar erfolgreich sein. Liebesziehungen gelten heute nicht mehr als gesund, wenn ihre Struktur und ihr Fortbestand auf bestimmten Geschlechterrollen basieren. Sie erfordern jetzt eine tiefer gehende Gegenseitigkeit und Verbindung, um die Zeit zu überdauern. Ich glaube, dass wir gerade eine fundamentale Veränderung hervorbringen, die in der menschlichen Geschichte beispiellos ist und absolut notwendig für unsere sich entwickelnde Welt.

Dies ist die Umstellung von der Ära der Macht zur Ära der co-kreativen Bewusstheit – in der Kooperation statt Herrschaft vorherrscht, wechselseitige Abhängigkeit statt Co-Abhängigkeit, Liebe statt Angst, Einssein statt Spaltung.

Doch nicht nur das Feld der Beziehungen erlebt eine radikale, rapide Transformation. Technologie und Medizin entwickeln sich in Lichtgeschwindigkeit; in den westlich geprägten Gesellschaften haben wir wie nie zuvor Zugang zu Informationen und Entscheidungsfreiheit. Doch trotz dieser Entwicklungen realisieren viele Menschen, dass diese Fortschritte das Glück und die Gesundheit ihrer Beziehungen weder bestimmen noch garantieren. Emotionaler, körperlicher, sexueller und Substanzmissbrauch, Depression und Suizid haben noch immer epidemische Ausmaße und bedeuten eine enorme Belastung für das Leben von Einzelnen und Familien, Unternehmen und die gesamte Gesellschaft. Ich glaube, dass der Kern des Ganzen im Trauma liegt. Das bedeutet, dass unsere Gesellschaft schlicht so lange nicht heilen kann, bis dieses Trauma gelöst ist – egal, wie groß der technologische und medizinische Fortschritt ist, den wir erleben.

Wir leben in einer Zeit, in der eine enorme Bewusstseinsveränderung erforderlich ist, wenn wir als Individuen und als

Gemeinschaft genesen wollen. Ich glaube, dass wir in Bezug auf unser Herz, unseren Geist und unsere Seele – unsere kostbaren inneren Güter – ziemlich vom Kurs abgekommen sind.

Unsere Werte haben sich von Gemeinschaft, miteinander Teilen und Güte hin zu Individualismus, Konsumismus und sofortiger persönlicher Befriedung verlagert – zu einem Preis für unser Inneres Wesen, andere Menschen und unsere Umwelt. Solange wir versuchen, uns mit Dingen zu füllen, um ganz zu sein, werden wir immer leer bleiben.

In einer solchen Situation kann sich Narzissmus bestens entfalten: »Je mehr Macht, Bedeutung und Besitz ich habe – desto größer wird meine Vormachtstellung.« Doch für all diese falsche Macht ist immer mehr Nachschub erforderlich, um sie aufrechtzuerhalten. Genug ist nie genug, weil es keine beständige, dauerhafte, verkörperte Ganzheit fördern kann. Erreicht man inneren Frieden, Glück und Liebe durch äußere Dinge? Die Antwort ist »Nein«. Wahre persönliche Erfüllung kann man nicht »bekommen«, man kann sie nur »sein«. Kein noch so intensiver *Zustand des Tuns* kann einen erloschenen *Zustand des Seins* (das heißt ein Inneres Wesen, das durch Traumata blockiert ist) ersetzen.

Bitte denken Sie jetzt nicht, dass ich grundsätzlich etwas gegen Materielles habe oder dagegen, schöne Dinge zu besitzen. Keineswegs! Ich weiß nur einfach, dass wir im falschen Film sind, wenn wir weiter versuchen, unsere innere Ganzheit durch die Anhäufung von Besitz (wieder)herzustellen. Besitztümer (und auch Menschen) können nur gewürdigt, genossen und geliebt werden, wenn sie nicht die Voraussetzung dafür sind, dass wir uns als ganz erleben. Dinge und Menschen sind unserem Leben nur dann förderlich, wenn wir bereits bedingungslos ganz sind und unser Selbstsein nicht davon abhängt, ob wir sie besitzen – oder verlieren.

Diese kollektive Bewusstseinsveränderung – die paradoxerweise im Unterbewusstsein erfolgte und uns weg von unserem Inneren Wesen und der Bedeutung von Gemeinschaft hin zu einem

Zustand der Abkopplung und der Verehrung materieller Dinge führte – hat nicht nur zur massenhaften Entstehung von Narzissmus beigetragen. Sie hat auch Menschen darin bestärkt, angeblich kraftvolle Individuen (nämlich Narzissten) als Quelle jener Dinge zu bestimmen, die ihnen ein Gefühl der Identität und Ganzheit verschaffen und die sie, wie sie glauben, nicht durch sich selbst fühlen und erhalten können.

Das Bewusstsein und die Wahlen, die wir treffen

Narzissten müssen sich nur *den Anschein geben*, uns mit den Ressourcen zu versorgen, von denen wir glauben, dass sie uns fehlen – wie Reichtum, gesellschaftliche Anerkennung, Lifestyle, Schönheit oder schmeichelnde Komplimente –, damit Co-Abhängige (Menschen, die in ihrem Inneren nicht ganz sind) nach ihnen süchtig werden und ihnen ins Netz gehen. Hungrige Menschen sind bekanntlich schlechte Einkäufer: Sie greifen häufig zu ungesunden, nährstoffarmen Lebensmitteln. Auf die Art und Weise wählen wir falsche Ichs, wenn wir emotional ausgehungert sind und noch nicht wissen, wie man sein Inneres auf gesunde Weise füllt.

Die Wahlen, die wir treffen, stehen immer in Verbindung mit dem Bewusstseinsgrad, mit dem wir handeln. Wenn wir noch nicht geheilte Traumata in uns tragen, dann fühlen wir uns nicht ganz und tendieren zu Optionen, die sofortige Befriedigung versprechen, oder Schnellschüssen, die uns zwar kurz Erleichterung gewähren, auf lange Sicht jedoch weiter von dem wegführen, was wir erstreben.

Wenn wir als Thriver weiter voranschreiten, wird uns klar, dass wir nicht nur hier sind, um uns von *diesem einen Menschen* zu befreien. Wir sind hier, um uns von den inneren Traumata zu befreien, die schmerzvolle Muster in unserem Leben erschaffen. In diesem Prozess können wir beginnen, Wahlen aus einem Zustand der Selbstpartnerschaft und Selbstliebe zu treffen. Dadurch hören wir auf, toxische Menschen für uns auszuwählen, und verabschieden uns auch von anderen schädlichen und ungesunden Gewohnheiten. Wir haben keine Lust mehr, uns selbst zu verletzen.

In diesem Zusammenhang schreibt Megan über ihre Thriver-Transformation: »Nachdem ich mich von dem Narzissten entgiftet hatte, wollte ich die anderen Energielecks in meinem Leben in Angriff nehmen – bisher nicht geheilte Anteile in mir, die ich bislang mit meinen ganz eigenen »Medikamenten« behandelt hatte. Ich spürte sie mit NARP auf und heilte sie, und ganz von allein, ohne dass ich mich bemühen musste, hörte ich gleichzeitig mit dem Rauchen auf. Ich konnte einfach nicht den Gedanken an eine weitere Zigarette in meinem Mund ertragen, und das, nachdem ich dreißig Jahre lang so süchtig gewesen war, dass ich eine Schachtel am Tag rauchte! Ich wandte mich auch von ungesundem Essen wie Süßigkeiten und Kuchen ab, und innerhalb von vier Monaten schmolzen zwanzig Kilogramm Fett von meinem Körper ab. Heute weiß ich, warum all meine früheren Anstrengungen scheiterten. Das Trauma in meinem Inneren wollte mehr von sich selbst: Junk!«

Auf Ihrer Genesungsreise können Sie sich auf diesen Wachstumsschritt wirklich freuen: die Traumata loszulassen, die Sie in der Sucht nach Dingen verharren ließen, die Sie krank machen – beispielsweise als Sucht nach der Liebe toxischer Menschen, in Form schädlicher Gewohnheiten wie Rauchen, Junkfood essen oder Medikamente schlucken.

Das wichtigste Schlüsselelement der Heilung

Wenn wir uns von einem von Missbrauch betroffenen Menschen in einen bewussten Thriver verwandeln möchten, ist es entscheidend, die Opferrolle aufzugeben. Viktimisierung ist verführerisch, sie versorgt uns mit machtvollen Peptiden und hat viele Anhänger. Kummer und Viktimisierung leisten sich gerne Gesellschaft – und ich weiß, wie süchtig das machen kann! Vor meinem Zusammenbruch und meinem Einswerden mit dem Thriver-Weg zur Heilung verbrachte ich Stunden damit, meine Leidensgeschichte anderen

Betroffenen zu erzählen. In dem Moment fühlte ich Erleichterung durch meine Schuldlosigkeit, aber dann wurde mir im Lauf der Zeit klar, dass ich mich dadurch im Endeffekt eher schlechter als besser fühlte.

Das ist das Quantum-Abkommen: Unsere Inneren Wesen sind bedingungslos. Sie kennen keinen Unterschied zwischen Vergangenheit, Gegenwart und Zukunft (jede Emotion ist »jetzt«), es macht für sie keinen Unterschied, ob wir einen anderen Menschen mit Schuld und Schande überschütten oder uns selbst (für das Quantum-Gesetz ist das alles »eins«). Deshalb verursachen die in uns freigesetzten chemischen Stoffe der Verurteilung, Verbitterung und des Widerstands gegen das, »was ist« – und der Weigerung, das Geschenk der inneren Transformation anzunehmen, indem man anderen die Schuld gibt – eine verheerende innere Zerstörung. In diesem Zustand *entwickeln* wir uns nicht, sondern wir *lösen uns auf.*

Ich habe schon lange nicht mehr Internetforen von Missbrauchsbetroffenen besucht. Das letzte Mal (vor Jahren) wurde es mir einfach zu viel. Es brach mir das Herz, als ich den Post von einer Frau über ihre ständigen Probleme mit ihrem narzisstischen Ex-Mann las und zahllose andere ihr mitteilten, dass dies »für immer« so weiterginge, bis er jemand anderen zum Quälen finden würde. Dann schrieb auch noch die Gründerin dieser bekannten Gruppe, dass dies wahr sei – dass ihre einzige Hoffnung auf Rettung darin bestünde, dass er sie verlässt!

Ich habe unglaubliches Mitgefühl für solche Menschen, weil auch ich einmal ein chronisches Opfer war. Ein Grund, warum ich für den Thriver-Weg zur Heilung brenne, ist, dass ich weiß, dass *keinerlei Hoffnung auf Heilung besteht,* solange wir in der Viktimisierung verharren. Als Opfer warten wir darauf, dass der narzisstische Mensch die Situation in Ordnung bringen und alles, was er zerstört hat, reparieren wird oder dass er um Entschuldigung bitten und irgendwie eine Wiedergutmachung leisten wird … oder, wenn das misslingt, ins Gefängnis geworfen wird oder ein schreckliches

Karma erleidet, das uns unser Leben zurückgibt. Ich kann nur sagen: Viel Glück mit irgendeiner dieser Vorstellungen. Nichts davon wird je passieren!

Als ich das Thriver-Modell das erste Mal in Selbsthilfegruppen für Missbrauchsüberlebende vorstellte, schlug mir heftiger Widerstand entgegen. Das damals aktuelle Leitbild für Betroffene sah vor, sich vollkommen auf den Narzissten und nicht auf sich selbst zu konzentrieren. Ich hielt jedoch an meinem Modell fest, weil ich inzwischen gelernt hatte, dass alle Menschen von diesem unbewussten Virus des *Ich weigere mich, die Verantwortung dafür zu übernehmen, eine Selbstpartnerschaft mit mir einzugehen und mich selbst von meinen Traumata zu heilen* befallen sein können. Großartigerweise gibt es jetzt eine Thriver-Community, in der Menschen sich nach innen wenden und es zu ihrer größten Mission machen, sich selbst zu entwickeln.

Ich bin fest davon überzeugt: Menschen mit ganzen inneren Identitäten verletzen andere nicht, und *sie erlauben es sich auch nicht, von anderen Menschen verletzt zu werden.* Und dies ist die einzige Weise, auf die die fürchterlichen Kreisläufe der individuellen und der kollektiven Verletzungen beendet werden können.

18
Unsere kostbarste Ressource: unsere Kinder

Wie weiter oben bereits erwähnt, sind die Informationen in diesem Kapitel auch dann für Sie wichtig, wenn Sie keine Kinder haben! Aus vielerlei Gründen wollte ich ein ganzes Kapitel dem Thema Kinder widmen. Als Mutter liegen mir unsere Kinder leidenschaftlich am Herzen, und ich weiß, dass das, was zu Hause passiert, in die Welt hinausgetragen wird. Die entscheidenden Jahre unserer emotionalen Entwicklung liegen in der Kindheit; sie erschaffen den späteren Erwachsenen und beeinflussen kommende Generationen.

Ich arbeite mit vielen erwachsenen Kindern von narzisstischen Eltern und habe zudem das enorme Leid von Eltern gesehen, die Kinder mit einem narzisstischen Menschen haben. Zahllose Mitglieder der Thriver-Community haben in Bezug auf ihre Kinder unbeschreibliche Traumata erlitten.

Nach dem narzisstischen Missbrauch und vor der Thriver-Genesung ist es normal, ein viktimisierter Elternteil zu sein und noch tief unter den Auswirkungen der narzisstischen Person zu leiden. Viele Betroffene denken in dieser Situation, dass sie erst alles in ihrer Macht Stehende tun müssen, um für ihre Kinder alles in Ordnung zu bringen, bevor sie sich selbst heilen.

Selbstverständlich fühlt es sich für uns vollkommen kontraintuitiv an, loszulassen und uns darauf zu konzentrieren, uns selbst zu heilen, wenn unsere Kinder in Not sind, weil unsere größten Ängste um sie getriggert wurden. Es kann für uns der Horror sein, dass der narzisstische Mensch Zugang zu und Sorgerecht für unsere Kinder hat oder uns droht, uns unsere Kinder wegzunehmen. Vielleicht wurden Ihre Kinder durch den Narzissten schwer traumatisiert oder gegen Sie aufgehetzt. Oder Sie erkennen, was besonders verheerend ist, dass eines Ihrer Kinder selbst zum Narzissten programmiert wird. Vielleicht haben Sie aber auch ein bereits erwachsenes Kind, das in einer toxischen Beziehung mit einem narzisstischen Menschen steckt, und können nichts tun, damit es ihn verlässt.

Die eingängigste Analogie für all diese Situationen bieten die Sicherheitsinformationen in Flugzeugen: »Legen Sie erst Ihre eigene Sauerstoffmaske an, bevor Sie anderen helfen.« So, wie Sie anderen nicht helfen können, wenn Sie selbst ersticken, während der Sauerstoffdruck in der Maschine absinkt, so wenig hilfreich sind Sie für Ihre Kinder, wenn Sie von Traumata blockiert und sich intensiv viktimisiert fühlen. Je mehr wir uns darüber aufregen, wie sich der Narzisst (nicht) verhält, desto weniger Energie besitzen wir für die Heilung unserer eigenen Wunden und desto länger bleiben wir auch unerreichbar und emotional toxisch für unsere Kinder.

Gott sei Dank lehrt uns der Thriver-Weg zur Heilung: *Innen wie außen. Man muss erst die eigenen Emotionen behandeln, bevor man andere (einschließlich der eigenen Kinder) auf gesunde Weise beeinflussen kann.* Wenn wir dies verstehen, sind wir auf dem Weg zu einem entwickelten Elternteil und einem neuen, soliden Dasein – und vermitteln unseren Kindern, dass sie ganz und gesund sein können ungeachtet dessen, wie sich andere verhalten oder nicht verhalten. Wenn sie uns ganz natürlich dahin folgen, wo wir bereits hingegangen sind, absorbieren sie unsere Energieveränderung und beginnen damit auch, unglaublichen Nutzen daraus zu ziehen.

Zeigen Sie Ihren Kindern, dass Sie echt sind

Persönliche Entwicklung bedeutet, echt zu werden, eine Selbstpartnerschaft einzugehen, sich mit seinen emotionalen Traumata zu beschäftigen, sie zu lieben und zu heilen. Das alte Modell, Kindern zu sagen »Nein, mir geht's gut, es ist nichts passiert«, weil wir glauben, sie so zu schützen, zählt zu den gefährlichsten Dingen, die wir ihren Inneren Wesen antun können. Denn erstens lernen Sie dadurch, ihrem Bauchgefühl zu misstrauen: »Ich dachte, mit Mama stimmt etwas nicht, aber sie sagt mir, dass alles in Ordnung ist – ich muss mich also irren.« Und zweitens führen wir ihnen vor, dass wir Emotionen unterdrücken und uns selbst aufgeben, statt ihnen zu zeigen, dass wir unseren Emotionen nachgehen, sie selbst beruhigen, verarbeiten und heilen. Beides sind unheilvolle Rezepte, um ihre Selbstliebe und ihren Beziehungserfolg in der Zukunft zu sabotieren.

Vollkommen anders sieht es aus, wenn Thriver ihren Kindern gegenüber ehrlich zugeben, was sie gerade durchmachen. Dann sind die Kinder beruhigter – sie sind ja nicht dumm, sie wissen, dass etwas nicht in Ordnung ist! –, und sie beginnen, diesen Elternteil wie selbstverständlich zu respektieren und zu bewundern.

Ich empfehle nicht, dass wir unsere Kinder als Ratgeber benutzen, uns emotional auf sie stützen und sie als unsere Seelenretter heranziehen – auch das ist nicht gesund. Ich denke nur, dass sie sehen und wissen sollen, dass Sie sich Ihrem eigenen Trauma stellen, um davon zu genesen, und dass Sie dazu mehr Selbstliebe brauchen.

Es ist auch gesund, wenn Sie Ihren Kindern zeigen, dass Sie Grenzen ziehen und Ihr Recht wahrnehmen, sich die Zeit zu nehmen, um sich selbst zu heilen, ebenso wie sie ihren Bedürfnissen gerecht werden. Seien Sie ihnen gegenüber ehrlich darüber, was Sie fühlen, und verstecken Sie dies nicht vor ihnen. Egal, wie erschreckend es für sie anfänglich sein kann, Sie weinen zu sehen oder zu hören, wie Sie Ihr Trauma in einer Heilsitzung herausheulen, sagen Sie ihnen, wie wunderbar und erleichternd es ist, diese schmerzhaften Emotionen jetzt zu erleben und loszulassen.

Dazu berichtet Casey über ihre vier Kinder: »Mit das Beste, was ich je für meine Kinder getan habe, war, ihnen zu erlauben mitanzusehen, wie ich Selbstliebe anwandte und auf meine Wunden mit totaler Demut und Ehrlichkeit einging. Meine Kinder begannen mich mehr denn je zu respektieren und mir zu vertrauen. Ich weiß, dass es um ›Innen wie außen‹ ging, denn das war genau das, was ich mir selbst auch zugestand. Sie fingen an, mir von ihren Gefühlen über die Dinge zu erzählen, die in ihrem Leben stattfanden. Wir kamen uns näher als jemals zuvor, auch die Kinder untereinander.«

Ich liebe die innere Freiheit, die wir unseren Kindern gewähren, wenn wir uns selbst erlauben, uns in ihrer Gegenwart echt zu verhalten. Wir schenken ihnen damit folgende Botschaft: *Niemand von uns ist perfekt, und niemand ist verpflichtet, es zu sein.* Das gibt unseren Kindern das Selbstvertrauen, ebenfalls echt zu sein.

Für unsere Beziehungen mit Erwachsenen gilt dasselbe Prinzip des Echtseins. Indem Sie Sie selbst sind und lieben, wer Sie sind – mit Ihren Wunden und allem Drum und Dran –, werden Sie beginnen, andere anzuziehen, die Sie wirklich verstehen und lieben. Sie werden nicht mehr Ihr wahres Ich unterdrücken, weil Sie denken, dass es inakzeptabel ist. All dies passiert, wenn Sie beginnen, sich wahrhaftig zu zeigen. Sie fangen eine Revolution an, die anderen hilft zu verstehen, dass auch sie liebenswert sind.

Das Seelenwachstum Ihres Kindes

Für uns als Eltern ist kaum etwas so schwer, wie uns selbst zu vergeben, dass unsere Kinder wegen uns so viel durchmachen mussten. Wenn wir jedoch das Trauma aus unseren Zellen entfernen und damit Platz schaffen für ein höheres Wissen und Quantum-Wahrheiten, dann wissen wir, dass wir nichts falsch gemacht haben. Wie für viele andere ist es auch mein fester spiritueller Glaube, dass wir auf einer Seelenebene solche Verbindungen, Lektionen und Gelegenheiten »auswählen«, die uns das fruchtbarste Umfeld bieten, um die seelische Entwicklung zu erreichen, die wir anstreben. Wenn wir dann geboren werden, vergessen wir, dass wir diese Wahl getroffen haben, und müssen wieder erwachen, um diese Aufgabe zu erfüllen. (Selbstverständlich bedeutet das nicht, dass ich glaube, irgendjemand würde sich bewusst Trauma auswählen, oder dass ich Trauma für etwas halte, das der Betroffene »verdient« hätte.)

Wenn wir erwachen und realisieren, dass wir als Seelen vor der Geburt aus einem ganz bestimmten Grund gerade unsere Eltern und unser Umfeld auswählten, dann verstehen wir gleichermaßen, dass das, was mit unseren Kindern geschieht, ebenfalls auf einer unbewussten Seelenebene ihre Wahl war. Auch sie beschäftigen sich auf ihrer Seelenreise mit unerledigten Problemen, um sich zu entwickeln und zu den Menschen zu erwachen, die sie wirklich sind.

Wenn wir dies akzeptieren, können wir anfangen, mit dem, was ihnen geschehen ist, zu arbeiten, anstatt es zu verdammen. Und wie immer schaffen wir dadurch, dass wir es akzeptieren, Raum und Kraft, damit sich alles entfalten und heilen kann. Und dabei führen wir jeden der Beteiligten auf eine höhere Ebene der Energie, Freude, Liebe und Bewusstheit.

Wie wir wurden auch unsere Kinder nicht in dieses Leben geboren, damit ihnen alles auf dem Silbertablett serviert wird. Tatsächlich haben Kinder, die geschützt und behütet wurden, oft begrenzte persönliche Ressourcen und eine geringere Fähigkeit, mit sich selbst eine Partnerschaft einzugehen, sich selbst zu beruhigen und ihr Leben zu verwirklichen. Viele dieser Kinder tendieren als Erwachsene zu kontrollierenden Partnern, weil sie an ihren eigenen Ressourcen zweifeln, und werden in der Folge missbraucht (genau dies passierte zum Beispiel mir).

Wir möchten, dass unsere Kinder gesunde, emotional ganze Menschen sind, sodass sie später mit anderen gesunden Menschen Partnerschaften eingehen können. Es ist uns wichtig, dass sie alle nötigen Fähigkeiten entwickeln, damit sie uns *nicht* brauchen! So wie uns die Herausforderung in Form eines Narzissten geschenkt wurde, kann diese Erfahrung auch unseren Kindern – nur eben zu einem früheren Zeitpunkt in ihrem Leben – helfen, sich über narzisstischen Missbrauch in ihren zukünftigen Beziehungen hinauszuentwickeln. Doch dies kann nur geschehen, *wenn wir die Vollkommenheit darin akzeptieren* – und ihnen den Weg dahin vorleben.

So wie Theresa von ihrer gemeinsamen Reise mit ihrer Tochter berichtet: »Olivia litt schrecklich, als die Beziehung zu meinem Ex-Mann zerbrach und ich nach wie vor süchtig nach ihm war. Fast ein

Jahr lang blieb sie in ihrem Zimmer und traute sich nur heraus, um zur Schule zu gehen. Als ich ihn verließ und begann, mit NARP zu arbeiten, kehrte ich ins Leben zurück – und sie auch. Es war Olivia, deren Worte mich zurückhielten, als ich beinahe zu ihm zurückgekehrt wäre. Sie weckte mich aus meinem wahnsinnigen albtraumhaften Zustand, und danach traf ich mich nie mehr mit dem Narzissten und sprach auch nie mehr mit ihm. Und das hatte Olivia zu mir gesagt: ›Ich werde dich auf dieser Reise nie alleinlassen. Gott hat uns aus einem bestimmten Grund zusammengebracht: Ich habe dich ausgewählt, und du hast mich ausgewählt. Ich weiß, dass du die Situation als deine Last bezeichnest, aber sie ist unsere, weil wir auch gemeinsam das Geschenk daraus erhalten.‹ Jedem, der nicht an die Existenz von Engeln glaubt, kann ich nur sagen: Es gibt einen, es geht ihm gut, und ich habe das Privileg, dass er meine Tochter ist.«

Unsere Kinder werden auf der tiefsten Ebene heilen und sich verändern, wenn wir uns heilen und uns verändern. Sie werden alte, nicht hilfreiche Glaubenssätze hinter sich lassen, wie zum Beispiel:

»Wenn ich etwas im Äußeren in Ordnung bringen kann, dann werde ich mich im Inneren besser fühlen, weil meine emotionale Gesundheit von meinen äußeren Bedingungen abhängt.«

Stattdessen werden sie anfangen, nach dem Thriver-Modell zu leben:

»Wenn es mein größtes Ziel ist, im Inneren mein authentischstes Selbst zu sein, dann funktioniert mein Leben, unabhängig davon, wie sich irgendjemand verhält oder nicht verhält.«

Selbst wenn Sie mit einem narzisstischen Menschen eine parallele Elternschaft ausüben, sind die Aussichten für Ihr Kind gut. Immer und immer wieder habe ich den überzeugenden Beweis gesehen, dass ein Kind nur einen gesunden Elternteil braucht, dessen Beispiel es folgen kann.

Meine Definition eines gesunden Elternteils ist kurz gesagt ein Mensch, auf den die folgende Aussage zutrifft: *Ich werde nicht mehr versuchen, den narzisstischen Menschen haftbar zu machen* [was dem zum Scheitern verurteilten Versuch gleichkommt, einen Pudding an die Wand zu nageln]. *Ich werde stattdessen in meine eigene Thriver-Genesung investieren, um gesund zu werden, mir dann ein Leben zu schaffen, das weit über das hinausgeht, das ich zuvor – selbst vor dem Missbrauch – gelebt habe, ungeachtet der narzisstischen Person.*

Wenn Sie sich auf emotionaler, körperlicher, spiritueller, finanzieller und geistiger Ebene von dem narzisstischen Menschen ablösen und in sich selbst eine Quelle für alles das werden, dann hat Ihr Kind beste Chancen, Ihnen auf diesem Weg zu folgen und dies ebenfalls zu erreichen.

Von unbewusster zu bewusster Elternschaft erwachen

Wie so viele Mütter (und Väter), die das Trauma einer gemeinsamen Elternschaft mit einem narzisstischen Menschen erleben, stellte Emma fest: »Ich sorge mich sehr um meine Kinder. Er schadet ihnen unglaublich, und vor allem mein Jüngster, der ein sensibles Kind ist, hat nun erklärt, dass er sich wertlos fühlt und nicht leben mag. Ich gehe mit ihnen zur Therapie, der sie sich widersetzen, und fühle mich machtlos. Ich versuche ihnen verständlich zu machen, was für ein Mensch ihr Vater ist, und jetzt wenden sie sich gegen mich und schreien mich an.« Als Emma dies schrieb, hatte sie leider noch nicht die notwendige Zeit in ihre Heilung auf der tieferen inneren unterbewussten Ebene investiert. Obwohl sie meinen Artikeln und Videos auf YouTube folgte, arbeitete sie nicht mit dem NARP. Stattdessen berichtete sie im NARP Support Forum immer wieder über dieselben sich wiederholenden Probleme, die in ihrem Leben tief verwurzelt waren. Sie hatte eindeutig noch nicht die Lösung für ihre Schwierigkeiten internalisiert: Damit sich unser Leben und auch das unserer Kinder ändert, müssen wir uns selbst ändern – Punkt!

Ich glaube, dass alle Eltern dies schon erlebt haben: Wenn wir unsere Kinder dahin bringen wollen, dass sie etwas tun, um unsere eigenen traumatisierten Gefühle über sie zu mildern, dann wehren sie sich. In einer solchen Situation ist das Quantum-Gesetz – *Innen wie außen* – am schwersten zu befolgen. Dabei ist es so entscheidend, dass wir es verstehen, denn was könnte kostbarer sein als unsere Kinder? Dieses Gesetz besagt: Wenn wir uns aus irgendeinem Grund schrecklich fühlen, dann wird sich entsprechend die Verfassung unseres Inneren Wesens in unserem äußeren Leben widerspiegeln. Wenn wir wegen unserer Kinder traumatisiert sind, werden wir ihnen erst helfen können, wenn wir diese schrecklichen Ängste in uns verändern – also »Emotion zuerst«, anstatt zu versuchen, Veränderung außerhalb von uns zu erzwingen.

Dementsprechend ging es meinem Sohn immer schlechter, solange ich das auf ihn bezogene Trauma in mir festhielt. Er befand sich auf dem Weg zur vollkommenen Selbstzerstörung durch Drogenmissbrauch, und solange ich mir Zac in diesem schrecklichen, herzzerreißenden Zustand vorstellte, verharrte er darin. Je mehr ich versuchte, ihn zu einer Veränderung zu zwingen, desto stärker rebellierte er dagegen. Je mehr ich ihn als hoffnungslosen Fall sah, der sein Leben verschwendete und sich selbst zerstörte, desto mehr Beweise für genau diese Sichtweise erhielt ich. All meine Belehrungen und Vorschriften lösten bei ihm nichts als Widerstand, totale Verweigerung und heftige Wutanfälle aus.

Indem ich ihm sagte, dass er kaputt, ziellos und süchtig war, gab ich ihm keine energetische Unterstützung. Auf Quantum-Ebene verurteilte ich ihn. Eine Veränderung trat erst ein, als ich *aufhörte* zu versuchen, ihn zu verändern. Ich zwang ihn auszuziehen (ich wollte seine Sucht nicht mehr akzeptieren) und begann fest entschlossen, Quanta Freedom Healing bei mir anzuwenden, um mein Trauma und meine Ängste um ihn zu verändern. Gleichzeitig nährte ich meinen Glauben und mein inneres Wissen, dass »seine eigene wahre Selbst-Weisheit« in ihm entstehen würde, und zog ihm gegenüber Grenzen, durch die mein Selbst vollständig anerkannt wurde. Und plötzlich, innerhalb von kurzen drei Wochen, erlebte er eine vollständige Kehrtwendung. Er tauchte aus seiner Trance auf und legte seine Süchte ab. Irgendetwas in ihm hatte sich verändert. Zac hatte auf eigene Faust eine Reise tief greifender Selbstentwicklung begonnen – ohne den geringsten Druck von meiner Seite aus.

Wunderbarerweise meldete er sich genau an dem Tag bei mir, an dem ich nur wenige Stunden zuvor zu vollkommenem Frieden über seine Seelenreise gelangt war – und wusste, dass sein Inneres Wesen ihn führen würde und alles in perfekter und göttlicher Ordnung war. Noch in derselben Woche trafen wir uns, und ich sah, dass sich alles in ihm verändert hatte. Natürlich war ich überglücklich und unglaublich erleichtert, aber ich war nicht überrascht. Ich hatte ihn schon so »gefühlt« und wusste, dass die Veränderung unmittelbar bevorstand; ich wusste nur nicht, dass sie nach vielen Monaten absolut hoffnungslosen Kummers so schnell eintreten würde.

Als ich später über diese Vorgänge schrieb, dachte ich, dass ich Zac selbst fragen sollte, wie es dazu gekommen war, dass er sich so dramatisch veränderte, und ich gebe seine Antwort hier *Wort für Wort* wieder, weil ich sie so faszinierend fand. Er sagte: »Obwohl ich deine Arbeit kannte, warst du im Umgang mit mir ein hilfloses Opfer. Aber dann hast du aufgehört, mir Vorträge zu halten und Vorschriften zu machen und mir zu sagen, was ich zu tun hätte. Stattdessen hast du mir zugehört, und du hattest dich verändert, um authentisch zu werden. Das spornte mich an, mich selbst zu entwickeln und dein Anliegen zu unterstützen, indem ich mich der MTE-Mission anschloss. Du bist mir mit gutem Beispiel vorangegangen.«

Heute engagiert sich Zac intensiv in der Hilfe für Missbrauchsopfer, deren Familien und Kinder – und er leitet meine Organisation MTE (Abkürzung für Melanie Tonia Evans). Und ich weiß aus tiefstem Herzen, dass diese Transformation von seinem früheren in sein wahres Selbst niemals geschehen wäre, wenn ich mich nicht selbst verändert hätte – das war kein Zufall.

Die unglaubliche Quantum-Wahrheit für unsere Kinder lautet: Sie stammen von uns ab. Wo unsere Energie hingeht, wird ihre nachfolgen. Wir müssen aufhören, sie kontrollieren, in Ordnung bringen und heilen zu wollen, sondern es schaffen, uns selbst in Bezug auf sie zu heilen und unser eigenes Wohlbefinden durch feste, klare Grenzen wertzuschätzen – dann können sie sich so verändern, dass sie gesund werden.

Auch Daniel erlebte, wie viele andere, die zerstörerische Kraft der Entfremdung von seinen Kindern, die seine narzisstische Ex-Frau bewirkt hatte. Acht Jahre lang hatten sich seine Kinder von ihm abgewandt und jeglichen Kontakt zu ihm verweigert. Es gelang ihm nie, den genauen Grund dafür herauszufinden – er wusste nur, dass seine Ex-Frau sie mit schrecklichen Lügen gegen ihn aufgehetzt hatte.

Daniel war klar, dass viele Eltern in der Thriver-Community durch ihre Arbeit mit dem NARP erfolgreich wieder mit ihren Kindern zusammengekommen waren, und er arbeitete deshalb unermüdlich an sich selbst. Verständlicherweise dauerte es eine Weile, bis er endlich den Punkt erreichte, an dem er Frieden verspürte und sagen konnte: »Ich fühle nur Liebe für die Situation. Selbst wenn meine Kinder nicht zurückkehren, glaube ich, dass alles so ist, wie es sein soll.« Drei Tage später meldete sich sein ältester Sohn bei ihm. Heute ist er wieder mit allen seinen Kindern und seinem Enkelkind vereint.

Andere heilen

Wir können aber auch eine noch macht- und wirkungsvollere Methode anwenden, um jenen zu helfen, die wir lieben – jedoch erst, nachdem wir unsere eigenen traumatisierten Gefühle gegenüber unseren Kindern geheilt haben.

Bevor ich mit der Beschreibung fortfahre, muss ich Folgendes klarstellen: Unter keinen Umständen darf diese Methode bei narzisstischen Menschen angewandt werden, denn wenn man sich im

Rahmen einer Heilung tief mit ihrem Inneren Wesen verbindet, sind die Folgen schrecklich. (Es reicht wohl zu sagen, dass es Menschen, die diese Methode angewandt haben, um Narzissten zu heilen, *sehr* schlecht ergangen ist.) Nach dieser hoffentlich ausreichenden Warnung erkläre ich Ihnen gerne, was »stellvertretend heilen« bedeutet. Es ist die Fähigkeit, mit Quanta Freedom Healing die Intention zu formulieren, sein eigenes Inneres Wesen (oder seinen Körper) als Medium zu verwenden, um das Innere Wesen (oder den Körper) eines anderen Menschen für ihn von Trauma zu befreien.

Es ist von entscheidender Bedeutung, dass Sie zuvor die Zustimmung einholen, auf diese Weise einen anderen Menschen zu heilen. Diese können Sie von dem betreffenden Menschen selbst erhalten, oder Sie bitten sein Höheres Selbst darum und spüren intuitiv, ob Sie ein »Ja« erhalten oder nicht. Gehen Sie nicht ohne ausdrückliche Erlaubnis vor, denn auf diese Weise handeln Sie in Übereinstimmung mit Ihrem eigenen, jedoch nicht mit dem göttlichen Willen, und außerdem würde es sowieso nicht funktionieren. Es könnte höchstens passieren, dass Sie den Schmerz, den Sie durch die Veränderung des anderen Menschen lindern möchten, stärker zurückempfangen.

In jedem Fall müssen Sie, bevor Sie jemand anderen stellvertretend heilen, zuerst an der Angst in Ihrem Körper arbeiten, denn: *Innen wie außen.* Wenn Sie versuchen, einen anderen Menschen zu verändern, damit Sie sich selbst besser fühlen, wird das nicht funktionieren. Sie werden nur mehr von dem erschaffen, was Sie über diesen Menschen fühlen – und dieser wird all Ihren Versuchen sogar energetisch widerstehen, ihn zu bessern, wenn es dabei primär darum geht, Ihre eigenen inneren Gefühle zu lindern.

Viele Mitglieder der Thriver-Community haben durch die Stellvertreterheilung unglaubliche Ergebnisse für ihre Kinder erzielt. Im Folgenden stelle ich Ihnen dazu eine Übung vor, die Sie aber erst auf Ihr Kind anwenden dürfen, wenn Sie bereits an sich selbst gearbeitet haben, um die Ängste, die Sie um es empfinden, zu lösen. Hierfür können Sie Schritt 1 (siehe S. 132 ff.) anwenden: loslassen und verändern, »was jetzt genau am meisten schmerzt« – in diesem Fall die Angst um Ihr Kind. Wenn Sie sie nicht länger in Ihrem Körper fühlen können, dann können Sie sich überlegen, Stellvertreter-Arbeit zu leisten.

Übung

Stellvertretend heilen

1. Suchen Sie sich einen ruhigen Ort, an dem Sie nicht gestört werden, und nehmen Sie sich Zeit, um zu entspannen. Atmen Sie einige Minuten lang tief und langsam ein und aus.
2. Konzentrieren Sie sich auf die Intention, Ihren Körper als Stellvertreter für [Name Ihres Kindes] einzusetzen. Bitten Sie dann [Name Ihres Kindes] Höheres Selbst um die Erlaubnis, diese Heilung auszuführen. Sie werden intuitiv ein »Ja« oder »Nein« erhalten. Fahren Sie nicht weiter fort, wenn Sie ein »Nein« erhalten.
3. Wenn Sie ein »Ja« erhalten haben: Ihr Körper ist nun der Körper Ihres Kindes, Sie haben sein Inneres Wesen übernommen. Bitten Sie darum, dass die erste Wunde auftaucht, die entfernt werden kann, um diese Situation zu verbessern. Sie werden sie in Ihrem Körper fühlen. Es gibt jetzt nichts anderes für Sie zu tun, als sich mit dem Gefühl dieser Wunde zu verbinden. Sie brauchen nicht auf Einzelheiten einzugehen.
4. Während Sie das Trauma in dem Teil des Körpers, in dem es sitzt, voll erspüren, sagen Sie: »Ich segne und akzeptiere dich und gebe dir jetzt die Erlaubnis, zurück ins Licht zu gehen.«
5. Lassen Sie das Trauma auf dieselbe Art los, wie Sie mit Ihren eigenen Traumata gearbeitet haben: Schicken Sie es

hinauf zum höchsten Punkt Ihres Kopfes und von dort hinaus und zurück zum Leben/der Quelle/der Schöpfung, um rückverwandelt zu werden. Sehen Sie vor Ihrem inneren Auge, wie es sich in ursprüngliches Nichts auflöst.

6. Lassen Sie die Kugel des Lichts über Ihrem Kopf, die dem Leben/der Quelle/der Schöpfung entspricht, den Raum in Ihrem Inneren erfüllt, an dem sich zuvor das Trauma befand. Machen Sie sich bewusst, dass dieses Licht die Heilung und Lösung dieses früheren Traumas ist. Fühlen Sie die Erleichterung.

7. Spüren Sie in sich hinein, ob sich das Trauma gelöst hat. Können Sie es noch in Ihrem Körper fühlen? Wenn ja, gehen Sie noch einmal darauf ein und bearbeiten es wie ab Punkt 4 beschrieben.

8. Bitten Sie nun darum, dass das nächste Trauma, das gelöst werden kann, in Ihrem Körper auftaucht. Wiederholen Sie den Prozess so oft, bis alle Traumata gelöst sind.

9. Sprechen Sie nun Folgendes: »Die Heilung ist nun vollendet, und jeder ist jetzt zu seinem eigenen Bewusstsein und Raum zurückgekehrt.« Formulieren Sie die Intention für diese Trennung und stellen Sie sie sich dann bildlich vor.

Als Eltern ist es für uns eine unglaubliche Verlockung, das, was unseren Kindern geschieht, zu erkunden, sich darin einzumischen und zu versuchen, es zum Besseren zu wenden. Jedoch ist es das größte Geschenk, das wir ihnen jemals geben können, genau dies nicht zu tun, sondern die Lösung in uns selbst zu werden, sodass sie sich selbst auf diese Ebene erheben und uns dort treffen können. Dies geschieht, wenn wir sie als ihr wahres Selbst wahrnehmen und darauf zugehen.

Sie werden staunen über die Veränderungen der von ihnen geliebten Menschen, für die sie diese Heilungen ausführen.

Wie wir andere Eltern werden

In der folgenden Liste habe ich die wichtigsten Veränderungen aufgezählt, die wir in unserer Elternschaft und in der Art, wie wir unsere Beziehungen führen, erleben, wenn wir die Verantwortung übernehmen, unsere eigenen Wunden zu heilen.

Wir werden nicht mehr:

- unsere Kinder für unsere Emotionen verantwortlich machen;
- versuchen, unsere Kinder in Ordnung zu bringen, zu belehren oder ihnen Vorschriften zu machen;
- um die Liebe und Zuneigung unserer Kinder konkurrieren oder versuchen, sie gegen andere für uns zu gewinnen;
- von unseren Kindern verlangen, auf eine bestimmte Art zu denken oder sich auf eine bestimmte Art zu verhalten, um gesund zu sein;
- Schuld und Bedauern darüber fühlen, was wir unseren Kindern zugemutet haben;
- die inneren Identitäten unserer Kinder mit Botschaften wie »Du hast unrecht« beschimpfen und beschämen.

Wir beginnen im Gegenteil:

- die Wachstumslehren, die unsere Kinder durchleben, zu akzeptieren und zu loben und unsere Kinder mit Liebe und Freiraum anstatt mit Bewertung und Kontrolle zu unterstützen;
- unsere Kinder durch unser Vorbild zu lehren, dass ihr innerer Zustand nicht davon abhängt, wie sich andere verhalten oder nicht verhalten;
- ihnen vorzuleben, was Authentizität bedeutet: Verletzlichkeit, Ehrlichkeit und Demut;
- sie mit echter Reue für alle Aspekte unserer früheren Elternschaft, die sie verletzt haben, um Vergebung zu bitten; wir übernehmen von nun an die volle Verantwortung – geben zu und bitten um Verzeihung –, falls wir sie verletzend behandeln;

- unseren Kindern zu erlauben, für sich zu sprechen, und uns zu bemühen, ihnen zuzuhören und sie ohne Bewertung anzuerkennen;
- gesunde Grenzen aufrechtzuerhalten, die nicht mit Belehrungen und Vorschriften, sondern mit entschiedenen, klaren und liebevollen Handlungen durchgesetzt werden – deren Aussage nicht »Du bist nicht in Ordnung«, sondern »Dieses Verhalten war nicht in Ordnung« lautet.

Und vor allen Dingen:

- gewähren wir ihnen Vertrauen und Raum und »sehen« und »fühlen«, dass unsere Kinder die inneren Ressourcen und die Weisheit besitzen, um ihren Weg zu finden;
- stärken wir unsere Kinder, sodass sie uns nicht brauchen.

Es liegt an uns Eltern, den Kreislauf des Missbrauchs und des Missbrauchtwerdens für unsere Kinder und zukünftige Generationen zu durchbrechen. Dann werden sie anders als wir nicht mit anderen Menschen auf toxische Weise vernetzt sein, nicht versuchen, Menschen zu zwingen, sie zu lieben und zu akzeptieren, und nicht Jahre ihres Lebens damit verschwenden, den Menschen zu grollen, die ihnen nicht die Ressourcen liefern, die sie nicht selbst für sich schaffen können.

Indem sie Selbstverwirklichung und Empowerment erlangen, werden sie zur Selbstpartnerschaft und Selbstberuhigung fähig sein und dazu, ihrem Selbst zu vertrauen und es hoch zu schätzen; wahrhaft zu sein; ihre eigenen Ansichten zu verteidigen; Grenzen zu setzen; zu erkennen, was sie wollen und brauchen, und darum zu bitten; sich von Situationen und Menschen zu lösen; und ihr Leben als ganzer Mensch weiterzuleben. All diese Fähigkeiten, die der Thriver-Weg fördert, versetzen sie in die Lage, gesunde Beziehungen mit sich selbst, dem Leben und anderen zu führen.

Ihre Kinder und deren Kinder können und werden *jetzt*

beginnen, dies zu internalisieren – aber nur, wenn Sie mit gutem Beispiel vorangehen. Andernfalls bleibt ihnen nur die dieselbe Option, die wir hatten: als Erwachsene zu scheitern und die wichtigen Lernschritte später in harter Arbeit nachzuholen.

Wenn Sie nur eines aus diesem Kapitel, wenn nicht gar aus dem ganzen Buch mitnehmen, dann möge es diese grundlegende Botschaft sein: *Heilen Sie sich erst selbst.*

Dann kann alles Weitere folgen.

19
Die Thriver-Mission

Als Thriver habe ich mich für immer meinem eigenen Wachstum und meiner Entwicklung verschrieben – um ein so von Trauma befreiter ganzer Mensch zu werden, wie es meine Möglichkeiten zulassen. Zu Beginn war dies eine reine Notwendigkeit, um zu überleben: Ich hätte nicht mehr weiterleben können, hätte ich nicht diesen Weg eingeschlagen. Der Thriver-Lebensstil wurde für mich jedoch so viel mehr als nur schlichtes (wenn auch absolut notwendiges) Überleben. Er wurde zu einer Lebensart, die es mir ermöglichte, mich selbst endgültig von Beschränkungen, Ängsten und Verwirrungen zu befreien, und die mich immer wieder damit überrascht, wie wunderbar, frei und reich mein inneres und äußeres Leben werden konnte.

Aber das geschah natürlich nicht von heute auf morgen. Meine Heilung war ein langer, beständiger, hingebungsvoller, aber absolut lohnenswerter Prozess. Mir läuft es kalt den Rücken runter, wenn ich daran denke, was hätte passieren können, wenn ich nicht geheilt worden wäre! Ich hätte nicht überlebt, mein Sohn wahrscheinlich auch nicht, und selbst wenn er weitergelebt hätte, wären die ihm nachfolgenden Generationen in schweren Traumata gefangen gewesen, und die Thriver-Mission – die wahre Berufung meiner Seele – wäre nie zustande gekommen. Und ganz sicher würden Sie jetzt nicht dieses Buch lesen.

Vom reinen Überleben zum wahren Thriving

Sollten Sie momentan das Gefühl haben, eigentlich nur noch zu überleben, ist das nichts, wofür Sie sich schämen müssen. Ich versichere Ihnen, dass weder ich noch unsere Community in irgendeiner Weise darüber urteilen, an welcher Stelle Ihres Weges Sie sich gerade befinden. Das MTE-Team und ich sind hoch motiviert, Ihnen Mittel und Wege anzubieten, um aus dem reinen Überlebensmodus ins wahre Thriving zu kommen – wenn Sie sich dazu entschließen, diese anzunehmen.

Sich vom »Überlebenden« zum »Schöpfer unseres Lebens« (engl. *thriver*) zu bewegen ist ein Quantum-Konzept. Wie es der Neurowissenschaftler Joe Dispenza in seinem Workshop »Breaking the Habit of Being Yourself« (Mit der Gewohnheit brechen, man selbst zu sein) beschreibt, wird die Energie des Traumas, die in uns feststeckt (wodurch wir uns auf das Überleben konzentrieren), wenn wir sie lösen, frei und wieder für die Schöpfung verfügbar.

Viele Betroffene kommen durch narzisstischen Missbrauch sogar an einen Punkt, an dem selbst das Überleben nicht mehr möglich zu sein scheint. So wie Jayne: »Meine Lage war so schlimm, dass Überleben keine Option mehr war. Wie viele andere Menschen, die narzisstischen Missbrauch erleiden, war ich vollkommen kaputt und suizidal. Damit stand ich vor der alles entscheidenden Wahl. Ich bin so froh, dass ich mich dazu entschloss, mich meinen Wunden zu stellen und sie zu heilen, andernfalls hätten sie mich umgebracht.«

Selbstverständlich gibt es Menschen, die ihr Leben als »Überlebende« führen können. Aber reicht es, einfach nur zu überleben, wenn wir doch so viel mehr anstreben können? Ich bin felsenfest überzeugt, dass wir mehr schaffen können und sollten, und ich hoffe, Sie sind es nach der Lektüre dieses Buches auch.

Dem Thriver-Weg zufolge können wir aus der Erfahrung des narzisstischen Missbrauchs sehr viel mehr erreichen als »reines Überleben« mit anhaltenden Symptomen emotionaler Traumata wie beispielsweise PTBS, zahlreichen körperlichen Beschwerden sowie dem Verlust von Vertrauen in uns selbst, in andere und das Leben an sich. Und dabei spreche ich hier nicht nur von Menschen, die noch mit ihrem Narzissten zu tun haben. Unter den obigen Symptomen leiden klassischerweise – und schlimmstenfalls lebenslang – auch Menschen, die dem Narzissten entfliehen konnten.

Diese Community vertritt die Einstellung, dass wir nach einem solch erdbebenhaften Zusammenbruch, wie er durch narzisstischen Missbrauch verursacht wird (in einer Stärke jenseits der Richterskala!), auf der anderen Seite einen ebenso gravierenden Durchbruch – in Form von Entwicklung, Wachstum, Freude und Freiheit – erlangen sollten. Dazu durchleben wir eine intensive Transformation, nichts weniger ist als ein Prozess von Tod und Wiedergeburt, in dem wir unser altes Selbst verwandeln und unser neues wahres Selbst werden. Um dies zu erreichen, müssen wir die Heilungsreise auf einer tieferen Ebene weiterführen: vom »Was« (uns zugestoßen ist) weiter zum »Warum«.

Wenn wir als Thriver unsere Aufmerksamkeit nach innen richten, unsere Selbstverurteilung aufgeben und diese durch Interesse, Neugier, innere Suche, Selbstpartnerschaft und Heilung ersetzen, dann sind wir schon fast über den Berg. Wir sind dabei, das toxische Trauma unseres schmerzvollen Lebens loszulassen, um mit der grundlegenden Heilung voranzukommen. Dies ist die wahre Veränderung vom reinen Versuch, mit den Symptomen zurechtzukommen, zum tiefen Heilen im Kern, damit es keine Symptome mehr gibt, mit denen man zurechtkommen muss.

Uns unseren schmerzvollen Emotionen zu stellen ist anfänglich eine Herausforderung, weil uns in der Regel beigebracht wurde, sie unbedingt zu vermeiden. »Versuch einfach, nicht darüber nachzudenken« oder »Konzentrier dich lieber auf etwas Positives« ist die Art von Botschaft, die die meisten von uns erhielten. Und dann haben wir uns selbst mit Essen, Alkohol, Sex, Facebook, Fernsehen und Schlafen medikamentiert – also alles getan, um uns nicht unseren Traumata zu stellen und sie zu heilen. Wir haben einen hohen Preis dafür gezahlt, dass wir nicht in der Lage waren, uns selbst zu beruhigen, zu heilen und mit unseren Emotionen zurechtzukommen. Stattdessen trugen wir anderen Menschen auf, dies für uns zu erledigen – Menschen, die jedoch genau dies nicht taten, sondern uns unwiderlegbar das Trauma bewusst machten, das wir zuvor tief in unserem Unterbewusstsein zu vergraben versucht hatten.

Wenn wir in Selbstpartnerschaft mit uns leben und danach streben, uns vom Trauma zu befreien, um zum Thriver zu werden, lernen wir einige sehr interessante Dinge: Zum Beispiel werden die Beurteilungen, Ängste und Depressionen, die zum Leben gehören, wenn es (unabhängig von Missbrauch) nicht so läuft wie geplant, spannende Auslöser, um noch mehr Anteile unseres Selbst, die nicht mit unseren Träumen und dem von uns erwünschten Leben übereinstimmen, zu entdecken und zu heilen.

Dann erleben wir unmittelbare Veränderungen. Wir treffen gesündere Entscheidungen hinsichtlich unserer Lebensplanung und der Menschen, mit denen wir uns umgeben. Es fällt uns leichter, etwas abzulehnen, was für uns nicht gesund ist – und wir fühlen die Begeisterung darüber, dass wir endlich unser Leben auf eine Art und Weise erschaffen, die funktioniert und sinnhaft ist!

So fühlt es sich an, als Thriver zu leben.

Ich hoffe, Sie können nun verstehen, dass die Genesung von narzisstischem Missbrauch nur der Anfang ist. Die Thriver-Botschaft beinhaltet weitaus mehr als das reine Überleben des Narzissmus. Sie ist eine Botschaft, die helfen soll, damit wir und die Welt gesunden. Es geht um weitaus mehr – um eine Quantum-spirituelle Perspektive, die uns mit unserem wahren Selbst und unserem Geburtsrecht verbindet, dem unendlichen Bewusstsein und der Lebenskraft des Wohlbefindens, die uns nun, *da wir sind*, ungehindert durchströmen kann.

Hier zum Überblick noch einmal die Thriver-Prinzipien, nach denen wir unser Leben zu leben beginnen, wenn wir die Traumata gelöst haben, die uns davon abgehalten hatten, unser wahres Selbst zu sein:

Übung

Die Thriver-Prinzipien

Wenn sich in meinem Körper ein Trauma befindet, liegt es an mir, mit mir selbst eine Partnerschaft einzugehen und es zu heilen.

Meine Beziehung zu mir selbst ist die Grundlage für alle meine Beziehungen mit anderen.

Alles, was ich durch andere Menschen als fehlend oder schmerzhaft empfinde, repräsentiert, was noch zwischen mir und meinem Inneren Wesen fehlt und schmerzt.

Jeder, der auftaucht, um mich zu verletzen, ist ein »heimlicher Engel«, der sich als Missbraucher ausgibt, um mir zu helfen, mir meine unbewussten Anteile bewusst zu machen, sodass ich sie endlich heilen und mein wahres Selbst leben kann. (Und wenn dieser eine Mensch nicht aufgetaucht wäre, hätte ein anderer seinen Platz einnehmen müssen.)

Wenn in meinem Leben Dinge schieflaufen, ist es in Ordnung, denn alles hat seinen Sinn. Man muss alte Strukturen loslassen, um für neue Platz zu schaffen.

Jedes Mal, wenn ich in meinem Körper ein Trauma erlebe, finde und löse – egal, um was es sich dabei handelt –, steige ich zu der nächsthöheren, am weitesten entwickelten Version meines Selbst auf.

Ich muss nichts Neues darüber lernen, ein integriertes Wesen zu sein. Wenn ich mein Trauma loslasse, werde ich einfach das, was ich bin – ein von Natur aus ganzer Mensch.

Wenn ich mein authentisches Selbst bin, das die Wahrheit sagt, bei Schwierigkeiten mit seinem Inneren Wesen kommuniziert und auf seine Stimme hört (und bereit ist, alles zu verlieren, um alles zu bekommen), werde ich ein machtvolles Licht, das alle Dunkelheit auflöst und zurückweist.

Indem ich mein strahlendes Selbst bin, frei von Bedürftigkeit, Erwartung oder Bedingungen, bin ich über meine kühnsten Träume hinaus gesegnet und werde erblühen und reich versorgt.

Die Folgen der Thriver-Mission

Ich bin überglücklich, dass dieser Lebensstil eine echte Lösung geschaffen hat, die mir und zahlreichen anderen Menschen erlaubt hat, sich endgültig von innerem Trauma und toxischen Menschen zu befreien und ihr Leben und ihre Beziehungen auf einer Ebene zu führen, die vor der Thriver-Genesung unerreichbar war.

Nachdem ich meinen eigenen Kampf erlebt habe, der Angst und der Depression immer einen Schritt voraus zu sein und dann einen Zusammenbruch zu erleben, von dem ich mich Profis zufolge nie mehr erholen würde, helfe ich heute mit Begeisterung anderen Betroffenen, zu verstehen, *dass es einen anderen Weg zur Heilung gibt.* Einen einfacheren, viel direkteren Weg: Wenn wir das Trauma von innen her lösen, dann beginnen wir auf eine Art und in einem Tempo organisch zu genesen, wie wir es niemals für möglich gehalten hätten.

Hier kommt Quanta Freedom Healing ins Spiel. Für mich hat es sich als *die Methode* erwiesen, die meine Suche nach »irgendetwas da draußen«, das mir helfen könnte, beendete. Es war die einzige Methode, mit deren Hilfe ich einen Durchbruch erzielen, die Ursprünge meiner Traumaprogramme aufdecken und diese für immer loslassen konnte. Ich freue mich, dass ich heute E-Mails aus der ganzen Welt erhalte, von Leuten, die mir das Gleiche berichten: beispiellose und fantastische Wendungen bei quälenden emotionalen, geistigen, körperlichen, spirituellen und finanziellen Krisen mit Auswirkungen, die für die Betroffenen einen dauerhaften Überlebenskampf zu bedeuten schienen. Während ich dies schreibe, haben mehr als 20 000 Menschen das NARP absolviert und ihr Leben transformiert. Und noch mehr entdecken und erarbeiten sich gerade die Module mit unglaublichen Ergebnissen.

Es ist so großartig und aufregend, dass es damit nicht nur einen Weg gibt, unsere Inneren Wesen und unser eigenes Leben wieder auf Wohlbefinden und Liebe auszurichten, sondern dass wir jetzt auch die Quelle, der Überfluss, der Welleneffekt sein können, um tief greifende und dramatisch positive Veränderungen in unserer Umgebung und für die Menschen, die wir lieben, zu schaffen. Zusammen haben wir die Fähigkeit, uns selbst, die Muster und die alte Ordnung, von der wir gekommen sind – einschließlich des Traumas des Missbrauchs und Missbrauchtwerdens – zu verändern, um bei der Geburt einer bewussteren und liebevolleren Welt Hilfestellung zu leisten.

So werden Sie Teil der Thriver-Mission

Viele wunderbare Thriver in der Community fragen, wie sie auch anderen blockierten Menschen helfen können, ein Thriver zu werden. Meine Antwort ist stets dieselbe: »Bleib fest dabei, dich selbst von Trauma zu befreien, und werde einfach immer mehr zu deinem wahren Selbst.« Denn dadurch beginnen wir unser wahres Leben zu leben. Wir beeinflussen unsere Umgebung effektiv und positiv, wir erziehen unsere Kinder liebevoll, wir spielen kooperativ im Team. Jeder Einzelne von uns beginnt, unsere Welt zu verändern. Und wir verbinden uns ganz natürlich mit unseren höchsten Zielen und unserer wahren Berufung. Viele Menschen wissen, dass sie im Inneren eine Mission besitzen, haben jedoch Schwierigkeiten, sie zu finden, sich selbst zu vertrauen oder sich mit dieser Mission zu verbinden. Ich kann Ihnen nicht sagen, wie viele Thriver in dieser Community ihre Berufung gefunden haben und nun die Freude über und den Erfolg ihrer Mission genießen. Sie alle begannen ihr persönliches *dharma* (ein Sanskrit-Wort für unser grundlegendes Wesen oder Charakter, das meiner Meinung nach bedeutet, unser größtes Glück und Lebensziel zu finden) zu verströmen, als sie ihr wahres Selbst wurden, es war einfach eine Erweiterung des Menschen, der sie *zu sein* begannen.

Dazu schrieb mir Deb, langjähriges Mitglied von NARP:

> *Liebe Melanie, ich gehöre deiner Community schon eine Weile an, und es geht mir so gut, wie ich es mir in meinen kühnsten Träumen nicht hätte vorstellen können. Ich bin 63 Jahre alt, und meine Heilung begann, als ich mich vollkommen darauf konzentrierte, mich von dem Narzissten zu trennen und meine nicht geheilten Anteile zur Reife und Gesundheit zu heilen, sodass ich die bestmögliche Version meiner Selbst werden konnte. Ich habe erst vor Kurzem eine neue Karriere als Bademeisterin und Schwimmlehrerin begonnen und bringe Menschen aller Altersgruppen das Schwimmen bei und gebe Kurse in Wasser-Aerobic. Ich liebe es! Und all dies, obwohl ich früher unter einer Vielzahl chronischer und schmerzhafter Erkrankungen litt, darunter eine Wirbelversteifung, die Folgen einer schiefgegangenen Knieoperation sowie Fibromyalgie, Osteoarthritis, um nur einige zu nennen. Ich konnte mich kaum bewegen, geschweige denn den Alltag meistern. Doch als ich das schreckliche Trauma, das in meinem Inneren gefangen war, entfernte, verschwanden – ohne Ausnahme – auch meine Erkrankungen.*

Deb schließt mit Worten der Weisheit, die die Botschaft dieses Buches großartig zusammenfassen: »Ich hoffe nur, dass ich ein strahlendes Licht für andere sein kann. Wer sich selbst gibt, den wird der natürliche Pfad dazu führen, anderen zu geben. Das ist das Quantum-Gesetz.«

Ohne Zweifel, wenn wir unser wahres Selbst werden, dann entfaltet sich alles andere in perfekter und göttlicher Ordnung: Es öffnet sich Raum für neue Möglichkeiten, die sich für uns ergeben, und wir sind ausreichend von Trauma befreit, um endlich unserem Herzen zu folgen.

Wie anfangen?

Der erste Schritt ist der wichtigste – und meist der schwerste. Vielleicht kämpfen Sie gerade täglich mit Ihrem Trauma, was erschöpfend und beängstigend ist – und vielleicht denken Sie oft, dass es niemals enden wird. Möglicherweise haben Sie dieses Buch komplett gelesen und denken sich: »Jetzt geht es mir auch nicht besser.« Leider gibt es für die meisten von uns keine Abkürzung, wenn wir daran arbeiten wollen, unser inneres Trauma aufzuspüren und loszulassen.

Als ich damals die ersten Schritte auf meiner Reise machte, dachte ich viele Male: »Ich möchte einfach nur, dass es vorbei ist« oder »Wie lange wird das noch dauern, bis es mir gut geht?«. Ich brauchte Zeit, um zu lernen, mich bedingungslos zu lieben, also mich selbst und meine Reise zu akzeptieren und mich daran zu freuen, egal, auf welcher Etappe ich mich befand. Mein Trauma war so hochgradig, dass ich gut zwölf Monate lang fast täglich auf meiner Wohnzimmercouch meine Wunden hinausschrie – das heißt, sie losließ und durch Quellen-Energie ersetzte. (Für Sie mag der Prozess weniger intensiv oder sogar noch intensiver sein. Das hängt von Ihren individuellen Erfahrungen ab, die sich in den Traumaschichten widerspiegeln.) Der Prozess mag Ihnen qualvoll vorkommen. Aber aus meiner Erfahrung kann ich nur sagen, dass die Alternative – zu versuchen, meine Wunden zu »überleben« – nicht lebenswert war, und auch nicht die Aussicht, sich ihnen endlos stellen zu müssen. Was waren da schon zwölf Monate intensiver innerer Arbeit, wenn am Ende mein heutiges Leben wartete? Ein Wimpernschlag – nicht mehr. Durch die unglaubliche Wärme, Hingabe und Liebe, die ich durch meine Selbstpartnerschaft in dieser Zeit für mich selbst gewann, erhielt ich, was ich mir immer gewünscht hatte: *jemanden, der mich liebt.* Dies würde mir nie mehr fehlen – denn ich wurde Selbstliebe.

Ich werde häufig gefragt, ob ich noch immer Heilungen an mir selbst durchführe. Die Antwort lautet: Ja, wann immer ich mich unwohl fühle; tatsächlich habe ich heute auf dem Weg zu dem Café, in dem ich dieses letzte Kapitel schreibe, einige innere Wunden los, die sich durch den Druck des Abgabetermins in Form von Angst äußerten. Danach fühlte ich mich im Inneren ruhig und weit – und arbeite jetzt beflügelt an den letzten Seiten dieses Manuskripts. Für mich ist Quanta Freedom Healing mein Lebensstil – und wird es immer bleiben. Lange vorbei sind die Zeiten, in denen ich dachte, dass mein Verstand in der Lage wäre, meine emotionalen Probleme zu lösen. Heute ist es mein Körper, mein Inneres Wesen, in dem die meisten machtvollen Veränderungen stattfinden.

Vielleicht fragen Sie sich auch: »Wann werde ich beginnen, bei der Heilung erste Erleichterung zu verspüren und mich besser zu fühlen?« Meine persönliche Erfahrung und die von vielen anderen Thrivern ist, dass Sie schon bald einige positive Veränderungen in Ihrem Leben sehen sehen. Es ist das Quantum-Gesetz: *Innen wie außen*. Wenn wir Trauma loslassen und es durch die Energie der Quelle ersetzen, dann fangen unsere äußeren Umstände (wie auch unser emotionaler Zustand) an, sich dem neu verankerten Wohlbefinden in unserem Inneren anzugleichen.

Die meisten Menschen erleben verblüffende Veränderungen im Lauf von Monaten oder auch Wochen oder Tagen – manchmal sogar sofort –, nachdem sie mit der NARP-Heilung zu arbeiten begonnen haben. Zahllose Betroffene berichten von einem tiefen Gefühl der Erleichterung und Hoffnung bereits nach nur einer Sitzung mit Schritt 1.

Dennoch gilt es engagiert zu arbeiten, weil das Trauma so lange wiederkommen wird, bis wir von ihm befreit sind. Und ich versichere Ihnen: Wenn wir eine narzisstische Missbrauchssituation erlebt haben – diesen existenziellen Seelenhandel, der uns in die Knie zwingt und nicht mehr normal weiterleben lässt –, ist eine Menge innerer Arbeit zu leisten. Unter allem, was ich je erfahren und ausprobiert habe, kommt Quanta Freedom Healing vielleicht einer Wunderwaffe am ähnlichsten. Doch auch damit müssen wir unserer Heilarbeit eine hohe Priorität in unserem Leben einräumen und ihr viel Zeit und Raum widmen.

Das Großartige daran ist, dass Sie dabei nicht alleine sind. Sie gehören jetzt zu einer Gemeinschaft, einer unglaublichen Gruppe von Menschen, die genau verstehen, was Sie erlitten haben und was Sie gerade durchmachen. Als Thriver wissen wir, dass es lebenswichtig ist, mit Menschen verbunden zu sein, die uns motivieren, unterstützen und beflügeln können, damit wir auf unserer Reise zur Heilung weitergehen. In der Thriver Community herrscht ein einmaliges Ethos, selbst weiterzukommen und unterstützende und Selbstliebe erzeugende Methoden, Ressourcen und Tipps weiterzugeben, um anderen zu helfen, den einzigen Menschen zu heilen, den sie heilen können: sich selbst. Unser Beistand endet auch nicht nach erfolgter Heilung. Auch nachdem der Narzisst zu einer entfernten Erinnerung in Ihrem Leben geworden ist (und es sich anfühlt, als ob das Ganze einem anderen Menschen und nicht Ihnen passiert sei), versorgen wir Sie weiterhin mit den entsprechenden Werkzeugen, damit Sie in allen Bereichen Ihres künftigen Lebens als Thriver leben und sich so die Träume erfüllen können, die Ihr persönliches Geburtsrecht sind.

Ich versichere Ihnen hiermit – von Herz zu Herz –, dass Sie jetzt ein Teil von etwas Großem sind: einer Bewegung, die unglaublich an Fahrt gewonnen hat und definitiv die Dynamik von Missbrauch/Missbrauchtwerden für uns und für unsere zukünftigen Generationen verändert.

Ein weiterer schöner Nebeneffekt, der sich ergibt, wenn Sie auf der anderen Seite des narzisstischen Missbrauchs angelangt sind und ein Leben als Thriver führen: Sie können nun anderen helfen, damit sie nicht das gleiche Elend erleben müssen wie Sie. Denn wenn Sie als Schmetterling aus Ihre Puppe schlüpfen und Ihre Flügel entfalten, werden Sie den Reichtum an Licht und Gaben erkennen, den die Welt braucht und den nur Sie geben können.

Ich wünsche Ihnen von Herzen und kann es kaum erwarten, dass Sie als Thriver erblühen!

Anmerkungen

Erster Teil: Was ist narzisstischer Missbrauch?

1 Zitiert in: http://bigthink.com/philip-perry/the-bad-news-trauma-can-be-inherited-the-good-news-so-can-resilience

2 Aus: Bibel-Einheitsübersetzung, www.uibk.ac.at/theol/leseraum/bibel/ex34.html

3 Warum wir Narzissten anziehen

1 »What hurts you, blesses you. Darkness is your candle. Your boundaries are your quest.« Aus dem Gedicht »Shadow and Light Source Both«, in: Coleman Barks, *The Essential Rumi* (neue erweiterte Ausgabe), HarperCollins, 2004

5 Was mit uns geschieht, wenn wir missbraucht werden

1 Bessel van der Kolk, *Verkörperter Schrecken*, G.P. Probst Verlag, 2015, S. 247 (»Neuroscience research shows that the only way we change the way we feel is by becoming aware of our inner experience and learning to befriend what is going on inside of us.«)

2 Zitiert in einem Interview mit Fractal Enlightenment: https://fractalenlightenment.com/32650/life/understanding-the-conscious-subconscious-mind-with-bruce-lipton

3 Zitiert auf: www.brucelipton.com/resource/article/epigenetics

4 *What the Bleep do we (k)now!? – Ich weiß, dass ich nichts weiß!?* (USA 2004) von William Arntz, Matthew Hoffman, Betsy Chasse und Mark Vicente

5 Candace Pert, *Your Body is Your Subconscious Mind*, Sounds True, 2005 (Hörbuch). Siehe auch: www.azquotes.com/ author/24367-Candace_Pert

6 Aus Dr. Joe Dispenza, *Breaking the Habit of Being Yourself – How to Lose Your Mind and Create a New One*, Author's Republic, 2016

7 Zitiert auf www.thetahealing.com/about-thetahealing/theta-healing-theta-state.html

8 Bruce Lipton, *7 Ways to Reprogram Your Subconscious Mind.* Siehe: www.youtube.com/watch?v=_xz1HrGG8cc

9 Candace Pert, *Moleküle der Gefühle. Körper, Geist und Emotionen*, Rowohlt, 1999

10 *Verkörperter Schrecken*, S. 246 (»The rational, analysing part of the brain, centred on the dorsolateral prefrontal cortex, has no direct connections with the emotional brain, where most imprints of trauma reside, but the medial prefrontal cortex, the center of self-awareness does.«)

Zweiter Teil: Die Schritte zur Heilung

1 *Verkörperter Schrecken*, S. 62 (»No matter how much insight and understanding we develop, the rational brain is basically impotent to talk the emotional brain out of its reality.«)

7 Die unmittelbaren Schmerzen und Verlustgefühle loslassen

1 Amy F. T. Arnsten, »Stress Signalling Pathways that Impair Prefrontal Cortex Structure and Function.« In *Nature Reviews Neuroscience*, Juni 2009, 10(6): S. 410–422

2 Due Quach, »What is Brain 3.0 and Why Do We Need More of It?« https://medium.com/@duequach/what-is- brain-3-0-and-why-do-we-need-more-of-it-173f95bfbc05, 18. Januar 2017

3 Louise Hay, *Das Leben lieben*, Ullstein, 2004, S. 206 (»We are often frightened to look within because we think that we will find this terrible being. But in spite of what ›they‹ might have told us, what we will find is a beautiful child that longs for our love.«)

9 Sich selbst und Ihrem Leben vergeben

1 Scott Barry Kaufman, »Turning Adversity into Creative Growth«, 6. Mai 2013. Veröffentlicht auf blogs.scientificamerican.com/beautiful-minds/turning-adversity-into-creative-growth

14 Die Furcht vor dem Narzissten und seinen zukünftigen Taten verlieren

1 *Verkörperter Schrecken*, S. 247 (»Most of our conscious brain is dedicated to focusing on the outside world. However, that does not help us manage ourselves. Neuroscience research shows that the only way we can change how we feel is by becoming aware of our *inner experience* and learning to befriend what is going on inside ourselves.«)

15 Die Verbindung mit dem Narzissten endgültig lösen und heilen

1 Zitiert in Alex Podowski, »Healthy vs. Unhealthy Relationships: A Therapeutic Approach«. Veröffentlicht auf https://joinblush.com/healthy-vs-unhealthy-relationships

2 Alethia Luna and Mateo Sol, *Awakened Empath: The Ultimate Guide to Emotional, Psychological and Spiritual Healing,* Create Space, 2017

16 Erlösung, Freiheit und Wahrheit verwirklichen

1 In: C. G. Jung, *Studien über alchemistische Vorstellungen: Gesammelte Werke 13,* Patmos Verlag, 2011

Glossar

Als Stellvertreter heilen: sein eigenes Inneres Wesen als Medium benutzen, um das Innere Wesen eines anderen Menschen zu heilen und in dessen Namen Traumata zu entfernen.

Bedingte Liebe: gründet auf der Vorstellung, dass wir Liebe nur verdienen, wenn unser Verhalten die Erwartungen anderer erfüllt.

Beta-Hirnwellen: die Hirnwellen des wachen Bewusstseins, wenn die Aufmerksamkeit auf kognitive Aufgaben wie Problemlösen und Entscheidungsfindungen konzentriert ist.

Bewusste Elternschaft: das wahre Selbst eines Kindes wahrnehmen und sich damit verbinden, und nicht versuchen, das Leben des Kindes für es zu leben.

Beziehung kappen: durch Visualisierung oder Meditation ungesunde Bande mit anderen Menschen durchtrennen.

Co-Abhängigkeit: emotionale und/oder psychische Abhängigkeit von einem anderen Menschen.

Dendrit: verzweigte Zellfortsätze von Nervenzellen, die Reize zum Zellkörper weiterleiten.

Epigenetisch: Veränderungen in einem Organismus, die durch eine Modifikation der Genexpression und nicht durch die Abwandlung des genetischen Codes verursacht werden.

Falsches Selbst: eine Fassade, die als Puffer gegen den Schmerz des Traumas und der inneren Leere aufgebaut wird.

Grauer Fels: sich so ausdruckslos und uninteressant wie möglich verhalten, um einem narzisstischen Menschen keine narzisstische Zufuhr zu bieten.

Heimlicher Engel: ein Mensch, der als Missbraucher erscheint, um uns unsere unbewussten Anteile, zum Beispiel ein vergrabenes Trauma, bewusst werden zu lassen.

Höhere Macht/Leben/Quelle/Schöpfung: eine bedingungslos liebende universale Kraft.

Hoovern (narzisstisch): Der narzisstische Mensch versucht einen wie mit einem Staubsauger (engl. *hoover*) wieder in eine Beziehung zu saugen, um weiter narzisstische Zufuhr zu erhalten.

Informationelles Heilen: Heilmethoden, die auf dem Austausch von Informationen auf kognitiver Ebene basieren und nicht auf der Transformation des Unterbewussten.

Inneres Wesen/Inneres Kind: Das Innere Wesen bezieht sich auf die innere Erfahrung unseres Körpers, wo unser Unterbewusstsein als zelluläres Wesen agiert; das Innere Kind bezieht sich auf die jungen, nicht geheilten und unterentwickelten Anteile unseres Selbst, die sich in unserem Inneren Wesen befinden.

Kampf-oder-Flucht-Reaktion: ein Zustand der Übererregung (Hyperarousal) als Reaktion auf eine wahrgenommene Bedrohung.

Karma: Die spirituellen Prinzipien von Ursache und Wirkung, wobei die emotionale Struktur eines Menschen seine Zukunft beeinflusst.

Kein Kontakt: alle Formen der Kommunikation mit dem narzisstischen Menschen konsequent unterbinden.

Modifizierter Kontakt: sich emotional so weit wie möglich von dem narzisstischen Menschen ablösen, falls es die Umstände erfordern, dass man noch bis zu einem gewissen Grad Kontakt halten muss.

Narcissistic Abuse Recovery Program (NARP): ein aus mehreren Modulen aufgebautes Heilverfahren zur Befreiung von narzisstischem Missbrauch, das auf Quantum-Ebene arbeitet.

Narzisstische Kränkung: eine von einem Narzissten wahrgenommene Bedrohung für sein fragiles Selbstwertgefühl.

Narzisstische Zufuhr: Faktoren, die das fragile falsche Selbst eines narzisstischen Menschen stärken; dazu gehören beispielsweise Zuneigung, Aufmerksamkeit, Beifall, materieller Besitz und Wohlstand sowie das Gefühl von Bedeutung, das auch eintritt, wenn er von anderen gefürchtet wird.

Neuropeptide: kurzkettige, Proteinen ähnliche Eiweißverbindungen, die als Botenstoffe agieren, über die die Neuronen miteinander kommunizieren.

Parallele Elternschaft: ein Kind erziehen und sich dabei von dem anderen Elternteil ablösen und nur begrenzt in direktem Kontakt mit ihm stehen.

Posttraumatische Belastungsstörung (PTBS): eine psychische Erkrankung, die durch eine Verletzung oder schweren psychischen Schock ausgelöst wird und sich in andauerndem seelischem und emotionalem Stress äußert.

Präfrontaler Kortex: eine Hirnregion, die mit kognitiven Prozessen, Persönlichkeitsstruktur, Entscheidungsfindung und dem Moderieren von sozialem Verhalten verbunden ist.

Quanta Freedom Healing: eine einmalige Heilmethode, die eine Thriver-Genesung beinhaltet.

Quantum Law: das Gesetz der Energie, das die ganze Schöpfung durchzieht, *Innen wie außen.*

Selbstberuhigung: Emotionen unterstützen und verarbeiten und so gesund auflösen.

Selbstpartnerschaft: mit unseren inneren Emotionen mit Liebe und ohne Bewertung »sein«.

Somatisch: auf den Körper bezogen, körperlich.

Symbiotisch: Interaktion zwischen zwei verschiedenen Organismen, die in enger Verbindung stehen und einander brauchen.

Theta-Hirnwellen: Hirnwellen, die meist beim Schlaf, aber auch bei tiefer Meditation auftreten und die Lernen, Gedächtnis und Intuition verstärken.

Thriver: ein Mitglied der weltweiten Thriver Community, das durch das NARP eine lebensverändernde Heilung erreicht hat.

Transformative Heilung: eine Heilung, die mit dem Inneren Wesen arbeitet, um eine große innere Veränderung zu bewirken.

Trauma-Veränderung: eine tief greifende innere Veränderung, in der wir uns von einer spezifischen Traumaebene befreien.

Vergangenes Leben: eine frühere Inkarnation, in der eine Seele in einem anderen Körper geboren wurde.

Verkorkste Gedanken: ständige negative Gedanken, die mit dem Schmerz des inneren Traumas verbunden sind.

Wahres Selbst: unser Selbst jenseits des Traumas, das unser ganzes Potenzial ausdrückt und mit dem Leben/der Quelle/der Schöpfung harmonisiert.

Weiterführende Literatur

Dispenza, Dr. Joe, *Breaking The Habit Of Being Yourself – How To Lose Your Mind and Create a New One*, Author's Republic, 2016

Hay, Louise, *Das Leben lieben*, Ullstein, 2004

Pert, Candace, *Your Body is Your Subconscious Mind*, Sounds True, 2005

Dies., *Moleküle der Gefühle. Körper, Geist und Emotionen*, Rowohlt, 1999

Sol, Alethia Luna & Mateo, *Awakened Empath: The Ultimate Guide to Emotional, Psychological, and Spiritual Healing*, Create Space, 2017

van der Kolk, Bessel, *Verkörperter Schrecken*, Viking, 2014

Weiss, Brian, *Die zahlreichen Leben der Seele,* Goldmann, 2005

Williamson, Marianne, *Rückkehr zur Liebe: Harmonie, Lebenssinn und Glück durch »Ein Kurs in Wundern«*, Goldmann, 2016

Danksagung

Ich fühle mich gesegnet, weil ich meine Reise von einer Überlebenden zum Thriver vollbracht habe, und ich weiß, dass sie viele Engel mit mir gestaltet haben!

Leider kann ich an dieser Stelle nicht alle Menschen nennen, die dieses Buch ermöglicht haben, aber ich versuche mein Bestes.

Zuerst Mum und Dad: Durch euch lernte ich die großen Werte Integrität, Gesundheit und Stärke sowie all die anderen kleinen Dinge, die für meine Heilung und Entwicklung erforderlich waren. Ich bin glücklich über die Beziehung, die ich als Ergebnis unserer spektakulären gemeinsamen Reise zu euch habe. Ich liebe euch für immer und aus ganzem Herzen.

An meinen Sohn Zac: Du bist mein größter Lehrer. In meinen Zeiten der Dunkelheit warst du mein Licht. Und es war mir ein Privileg, das ich demütig annahm, für dich dasselbe in deiner Zeit der tiefen Verzweiflung zu sein und dir einen Weg zu bieten, so wie du mir einen Weg geboten hast, damit du erstrahlen konntest. Ich werde nie deine Worte vergessen, die mich aus dem Nebel holten: »Mum, ich weiß, es soll so sein und es wird dir besser gehen als je zuvor.« So, mein geliebter Sohn, *werde ich dich immer sehen.* Ich kann mir niemanden als CEO von MTE vorstellen, mit dem ich die Thriver-Mission lieber gemeinsam erleben würde; du inspirierst mich und erfüllst mich jeden Tag mit Stolz.

Viel Liebe und Dank gilt auch Susan Goldman, die mich vor ein paar Jahren von Los Angeles aus kontaktierte, um voller Leidenschaft dazu beizutragen, meine Arbeit bekannt zu machen und mehr Leben zu retten. Durch Susan lernte ich einige der weltweit einflussreichsten Vordenker im Bereich der persönlichen Entwicklung kennen, die mein Heilsystem in ihren Communitys verbreiteten. Durch Susan konnte ich meine Reichweite vergrößern und noch mehr Menschen berühren, und sie ist mir immer eine wunderbare, liebe Freundin und Mit-Thriver geblieben. Susan, du warst ein Engel, der mir genau zum richtigen Zeitpunkt geschickt wurde!

Und ich kann auch Theresa Cheung nicht genug danken, die mich aus dem weit entfernten Großbritannien kontaktierte und mich bat, jemanden zu finden, der mein Buch veröffentlichte. Theresa half mir dann unermüdlich, damit Zac und ich den richtigen Verlag fanden und das Ganze ins Rollen brachten. Ihre Unterstützung, Liebe und Leitung waren einmalig, und ich gehe so weit zu sagen: Theresa, meine Liebe, du warst genau der Engel, der nötig war, um dieses Buch zu verwirklichen, und ich fühle mich gesegnet, dich als meine liebe Thriver-Schwester und Freundin zu haben. Worte können nicht die Dankbarkeit ausdrücken, die Zac und ich für dich empfinden!

Ich möchte mich besonders bei Katherine Woodward Thomas, Jeanine Staples und Dr. Christiane Northrup bedanken, die liebe Freundinnen und Kolleginnen wurden, weil sie mir mit dem Prinzip, das ich so liebe, den Weg wiesen: *Wir können unser Leben von innen nach außen heilen.* Ihr alle habt mich schon unglaublich inspiriert, bevor ich das absolute Privileg erhielt, euch kennenlernen und mit euch arbeiten zu dürfen. Auch bei dir, Carol Allen, möchte ich mich dafür bedanken, dass du so engagiert meine Arbeit unterstützt und mich einigen wunderbaren Schwestern vorgestellt hat, darunter Arielle Ford und Claire Zammit. Ich bin dir so dankbar für deine Überzeugung und Unterstützung.

Meinen Quantum-Neurowissenschaftshelden Dr. Joe Dispenza, Dr. Bruce Lipton und Dr. Candace Pert, die leider verstorben ist: Danke, dass Sie am Status quo rütteln und uns zeigen, wie wir menschlichen Organismen unser Leben ändern können, anstatt einfach nur zu versuchen, mit unseren Krankheiten zu leben. Ich freue mich unglaublich, dass ich in einer Zeit lebe, in der Ihre Informationen dazu beitragen können, uns zur Wahrheit zu erwecken.

Zu dieser unglaublichen Liste von Vordenkern gehört auch Dr. Bessel van der Kolk: Danke für Ihre revolutionäre Arbeit.

Mein Dank gilt auch Jo Lal und dem Watkins-Team, die meine Vision verstanden und fühlten und dieses Buch mit ihrer Expertise unterstützten. Ich bin gespannt, wohin diese Reise führen wird!

An meine Lektorin Sue Lascelles: Dank Ihrer Sorgfalt, Geduld und Fähigkeit, die Quantum-Prinzipien zu verstehen, war unsere Zusammenarbeit ein Vergnügen! Es ist ein Segen für mich, dass Sie an diesem Projekt beteiligt waren, alles lief perfekt!

Es ist mir wichtig, auch meinem wundervollen MTE-Team zu danken. Ihr seid nicht nur meine Arbeitskollegen, sondern meine liebsten Freunde. Besonders danken möchte ich dir, Harry Springford-Williams, für deine Courage, deine Unterstützung und deinen Glauben an diese Mission und für deinen großartigen Humor, über den wir uns (immer!) schieflachen können. Und Claire Scott: Es ist unglaublich, wie du mit deiner unermüdlichen Hingabe, deinem Glauben, deiner Seele und deinem Einsatz diese Mission unterstützt. Ich weiß, dass du deine Arbeit liebst, und sie liebt dich auch! Und Sandra Newson: Danke für deinen Weitblick, dein Pflichtgefühl, du bist für MTE eine wunderbare Bereicherung! Wir sind glücklich, dass du zu unserer Thriver-Familie gehörst.

Danken möchte ich auch den Aushilfen, Moderatoren, Thrivern sowie den großartigen Mitgliedern der Community, die durch ihre regelmäßigen Beiträge andere unterstützen – für euch lebe und atme ich. Ich bin so stolz auf uns alle, dass wir die Herausforderung angenommen haben, der Wandel zu sein, den wir in unserem Leben, unserer Welt und unseren Kindern sehen möchten, und liebevoll und bedingungslos für jeden für uns da zu sein.

Wir werden das alle gemeinsam schaffen.

Ich empfinde es als Segen, dass ich den besten Job der Welt habe und mich überall Engel umgeben.

Melanie